BLAS *ar y*

BE📖BL

BLAS *ar y* BE📖BL

AWDUR A DARLUNYDD

Simon Jenkins

ADDASIAD CYMRAEG GAN ELERI HUWS

Cyhoeddwyd gan **Cyhoeddiadau'r Gair** 2017

Cyhoeddwyd yn wreiddiol dan y teitl
'*The Bible from Scratch*'
gan Lion Hudson plc.

Golygydd Cyffredinol: Aled Davies
Golygydd: Mair Jones Parry
Cysodi: Rhys Llwyd ac Ynyr Roberts

Argraffwyd yng Nghymru.

Mae'r cyhoeddwr yn cydnabod cymorth ariannol Cyng

Cyhoeddwyd gan:
Cyhoeddiadau'r Gair
Ael y Bryn, Chwilog,
Pwllheli, Gwynedd
LL53 6SH.

www.ysgolsul.com

Yn y Dechreuad . . .

Ro'n i'n un ar bymtheg oed pan godais gopi o'r Beibl a dechrau ei ddarllen fy hun am y tro cyntaf erioed. Newydd ddod yn Gristion o'n i, a rhoddodd ffrind gopi o Efengyl Ioan i mi, gyda'i bortread trydanol o Iesu fel yr atgyfodiad a'r bywyd. Wrth i mi ei ddarllen, fe gwrddais â Iesu drosof fy hun – a dyna, wrth gwrs, oedd bwriad Ioan.

Yna rhoddais gynnig ar Lyfr Job – tipyn o gamp i ddechreuwr fel fi! Er hynny, cododd lawer o'r cwestiynau mawr oedd gen i am fywyd a ffydd, a gorffen gyda gweledigaeth awdurdodol o Dduw, sydd wedi aros gyda mi byth ers hynny. Yn dilyn Job, darllenais Genesis, yr Actau a'r Salmau ac erbyn hynny ro'n i ar y ffordd i'r hyn a alwyd gan un awdur cyfoes yn 'fyd newydd, rhyfedd y Beibl'.

Rwy'n hoffi'r ymadrodd hwnnw gan ei fod yn ein hatgoffa bod y Beibl yn dod i ni o rywle arall. Cafodd ei ysgrifennu dros 2,000 o flynyddoedd yn ôl yn y Dwyrain Canol, ac ar y darlleniad cyntaf mae ei gynnwys – yn broffwydi a themlau, anialwch ac angylion – yn aml yn swnio'n ddieithr i ni. Ac eto, mae ei straeon a'i farddoniaeth yr un mor bwerus ag erioed, a hynny am eu bod yn cyfeirio mor huawdl at ein gobeithion a'n hofnau. Mae'r Beibl yn dod i ni nid yn unig o 'rywle arall' y gorffennol, ond o 'rywle arall' Duw yn ogystal.

Ysgrifennais *Blas ar y Beibl* ar gyfer pobl sy'n cychwyn ar eu taith i mewn i'r Beibl, ond hefyd ar gyfer unrhyw un sy'n awyddus am ragor o anturiaethau newydd ar ei dudalennau. Rwy'n gobeithio y bydd yn cyfleu darlun sgrin-lydan o'r Beibl, yn ogystal â chyflwyno nifer o'r manylion bach diddorol.

Mae gen i ddyled bersonol fawr o gariad a gwerthfawrogiad i David Alexander – ei anogaeth hael a'i angerdd ef i drosglwyddo'r Beibl oedd yn gyfrifol am roi i mi y dewrder i ysgrifennu a darlunio argraffiad cyntaf y llyfr hwn yn yr 1980au. Am hynny – a llawer iawn mwy – rwy'n hynod ddiolchgar iddo.

Simon Jenkins

Cynnwys
Blas ar y Beibl

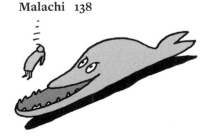

Llythyrau

Llythyrau o'r eglwysi Cristnogol cynnar – yn cynnwys pytiau dadlennol ac ysbrydoledig, a rhai i achosi embaras.

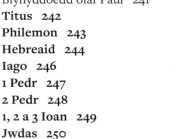

Y Diwedd

Diweddglo dramatig y Beibl – utgyrn, corau mawr, agor y llen ar y nefoedd, a phob deigryn yn cael ei sychu.

Y llyfr mawr du

Erstalwm, clamp o lyfr mawr a'i dudalennau wedi'u hymylu ag aur oedd y Beibl – ac roedd angen breichiau cyhyrog i'w godi oddi ar y silff!

Dros y blynyddoedd diwethaf, fodd bynnag, mae'r Beibl wedi cael ei ailbecynnu'n ddeniadol; mae 'na luniau o fachlud haul a phlant bach pert ar y clawr, a dyw e bellach ddim yn pwyso tunnell! Ond er bod y Beibl yn edrych yn ddigon tebyg i unrhyw lyfr poblogaidd, eto mae'n unigryw ac yn annhebyg i unrhyw beth arall.

I ddechrau, cafodd y Beibl ei gynhyrchu gan ddwy o brif grefyddau'r byd – Iddewiaeth a Christnogaeth. Mae hyn yn amlwg yn y modd mae'r Beibl wedi'i strwythuro'n ddwy 'ran' – yr Hen Destament a'r Testment Newydd. Mae'r Hen ran yn cynnwys ysgrythurau (gweithiau sanctaidd) y grefydd Iddewig, tra bod Cristnogion yn ystyried yr Hen Destament a'r Testament Newydd fel eu hysgrythurau nhw.

Ac ar ben hynny, mae 'na drydedd crefydd fyd-eang – Islam – hefyd yn ystyried y Beibl fel llyfr sanctaidd, er bod Mwslemiaid yn credu bod y Beibl wedi cael ei lygru a'i fod yn israddol i'r Qur'an.

Ystyr y gair 'testament' yw 'cytundeb'. Mae hanner cyntaf y Beibl yn canolbwyntio ar y cytundeb a wnaeth Duw gyda Moses ac Israel ar Fynydd Sinai; mae'r ail hanner yn troi o amgylch y cytundeb y sicrhaodd Duw oedd ar gael i bawb trwy farwolaeth Iesu Grist. Mae'r Hen Destament yn cynnwys 39 o lyfrau, tra bod y Testament Newydd yn fyrrach, gyda 27 o lyfrau.

Llyfrau, penodau ac adnodau

Wrth brynu Beibl, nid prynu dim ond un llyfr fyddwch chi – mae hwn yn 66 o lyfrau mewn un. Wrth edrych ar dudalen cynnwys y Beibl, fe welwch fod pob un o'r 66 llyfr wedi'i restru, ac enwau rhai'n awgrymu beth yw eu cynnwys, er enghraifft Brenhinoedd, Caniad Solomon a Datguddiad. Mae'r rhan fwyaf o'r llyfrau, fodd bynnag, wedi'u henwi ar ôl yr awdur, er enghraifft Mathew, Marc, Luc ac Ioan.

Yn y 13eg ganrif, rhannwyd y Beibl yn benodau gan Stephen Longton, a ddyrchafwyd yn ddiweddarach yn Archesgob Caergaint. Dim ond pan ddyfeisiwyd y wasg argraffu y rhannwyd y testun ymhellach yn adnodau.

Crëwyd adnodau'r Testament Newydd yn yr 1550au gan Robert Stephanus. Yn ôl y chwedl, gwnaeth y gwaith tra oedd yn marchogaeth rhwng Paris a Lyon . . . sydd, efallai, yn esbonio pam bod rhai adnodau'n gorffen mewn mannau annisgwyl!

Cafodd y llyfrau hyn eu hysgrifennu, eu golygu a'u casglu at ei gilydd dros gyfnod o ryw 1,500 o flynyddoedd, i ffurfio'r gyfrol drwchus rydyn ni'n ei hadnabod fel y Beibl. Yn ystod y cyfnod hwnnw, casglwyd pob math o ddeunyddiau: caneuon, cytundebau cyfreithiol, llythyrau, straeon, posau, hanesion swyddogol, cerddi, achresi ac ati. Oherwydd hyn, mae'r Beibl fel ryw warws anferth gydag amrywiaeth eang o ryfeddodau a thrugareddau hynod a diddorol wedi'u storio ar ei silffoedd.

Mae'r siart gyferbyn yn dangos sut mae'r gwahanol elfennau hyn yn ffitio gyda'i gilydd yn y Beibl.

Gan fod y Beibl yn cynnwys dros dri-chwarter miliwn o eiriau, mae meddwl am ei ddarllen o glawr i glawr yn ymddangos yn dasg frawychus. Ond yn ogystal â chael ei rannu'n ddau destament a 66 o lyfrau, mae pob llyfr hefyd wedi'i rannu'n benodau, a phob pennod wedi'i rhannu'n adnodau o frawddeg neu ddwy yr un. Gyda hyn mewn golwg, mae'n dipyn haws meddwl am fentro ar y dasg.

Llyfr hynafol, ysgubol

Mae'r Beibl hefyd yn hynod am ei boblogrwydd parhaus. Ydych chi erioed wedi ystyried pa mor rhyfeddol yw'r ffaith fod y Beibl yn dal i fod ymhlith y llyfrau sy'n gwerthu orau, a'i fod yn cael ei ddarllen gan filiynau o bobl? Mae'r inc ar y tudalennau gwreiddiol wedi sychu ers bron i 2,000 o flynyddoedd – dyna pryd y cwblhaodd yr awdur olaf ei waith – ac eto mae'n dal i gael ei ddarllen dros y byd i gyd hyd heddiw. Dyna i chi gamp!

Dros y 150 mlynedd ddiwethaf yn unig, argraffwyd tua 1.6 biliwn copi o wahanol Feiblau. A chyfieithwyd y testun i ddim llai na 3,000 o wahanol ieithoedd.

Meddyliwch am y peth. Llyfr hynafol yw hwn. Fyddai miliynau o bobl yn debygol o brynu copi o unrhyw destun arall a ysgrifennwyd 2,000 o flynyddoedd yn ôl er mwyn y pleser o'i ddarllen? Go brin!

Sut mae'r Beibl yn ffitio gyda'i gilydd

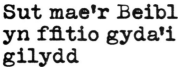

Mae **dwy brif ran** i'r Beibl . . .

Mewn Groeg yr ysgrifennwyd **y Testament Newydd**, ac mae'n cynnwys 27 o lyfrau

Ysgrifennwyd yr **Hen Destament** yn bennaf mewn Hebraeg, ac mae'n cynnwys 39 o lyfrau

Mae'r llyfrau hynny mewn **pedair prif adran** . . .

Llyfrau'n cyflwyno **Cyfraith Moses** (Genesis hyd Deuteronomium)

Mae'r llyfrau hynny mewn **tair prif adran** . . .

Y **pedair Efengyl**, sy'n adrodd hanes Iesu (Mathew hyd Ioan) . . .

Llyfrau'n adrodd hanes **Israel** a **Jwda** (Josua hyd Esther)

. . . ynghyd â **Llyfr yr Actau**, sy'n sôn am ledaenu neges Iesu.

Llyfrau'n cynnwys **caneuon, cerddi, athroniaeth a dywediadau doeth** (Job hyd Ganiad Solomon)

Llythyrau **Paul, Pedr, Ioan** ac eraill at yr eglwysi cynnar (Rhufeiniaid hyd Jwdas)

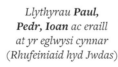

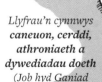

Llyfr y **Datguddiad**, ynghylch yr hyn sydd i ddod

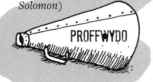

Llyfrau am **brotest a phroffwydoliaeth**, a ysgrifennwyd yn y canrifoedd olaf cyn Crist (Eseia hyd Malachi)

*Roedd pethau'n wahanol yn nyddiau'r Hen Destament – **steil y gwallt**, er enghraifft.*

Mae'r Beibl nid yn unig yn hynafol, mae e hefyd yn ddwyreiniol. Nid llyfr modern, gorllewinol mohono. Dyna pam mae'n gallu swnio'n ddieithr i ni ar y darlleniad cyntaf. Mae'n llawn o fanylion megis beth i'w wneud os yw tamprwydd yn achosi llwydni ar eich pabell, sut i gynllunio teml, neu'r ffordd orau o ddelio â chaethwas anystywallt.

Ond er bod y llyfr hwn yn dod atom o'r gorffennol pell, mae'n dal i gipio'n dychymyg wrth i ni ei ddarllen. Rhan o'r rheswm dros hynny yw ein bod yn gallu gweld adlewyrchiad ohonon ni ein hunain yn ei gymeriadau a'i straeon. Mae hyn yn rhan o rym y Beibl – mae ei straeon yn siarad wrthon ni. A dyna un rheswm pam ein bod yn gwneud rhywbeth mor annisgwyl â darllen llyfr sy'n 2,000 mlwydd oed.

Mae'r Beibl yn llyfr sy'n cael ei ailadrodd yn barhaus – yn enwedig wrth ei gyfieithu i ieithoedd newydd. Yn ogystal â'r prosiectau cyfieithu anferth sydd wedi sicrhau bod pobl yn ardaloedd mwyaf anghysbell y byd yn gallu cael mynediad iddo, mae'r Beibl hefyd wedi cael ei 'gyfieithu' i iaith y Cocni yn Llundain, rapwyr croenddu, trigolion Glasgow, a hyd yn oed creaduriaid arallfydol megis y Klingons.

William Salesbury (1520–1584) oedd y cyntaf i gyhoeddi'r Testament Newydd yn y Gymraeg, a hynny yn 1567. Fel y gwelir yn yr enghraifft isod, mae ei waith yn edrych yn ddieithr i ni heddiw, am fod Salesbury'n ysgolhaig a chanddo'i syniadau pendant ei hun am darddiad geiriau ac orgraff. Am ganrifoedd lawer, maged y Cymry ar fersiwn yr Esgob William Morgan (1545–1604) o'r Beibl cyfan, a gyhoeddwyd yn 1588. Bellach, yn yr 21ain ganrif, mae gennym sawl gwahanol fersiwn i ddewis ohonyn nhw, o'r traddodiadol, fel y Beibl Cymraeg Newydd, 1988, i beibl.net, fersiwn digidol o waith Arfon Jones, sydd ar gael ar-lein er 2013, ac mewn print er 2015.

Gyferbyn, mae tri fersiwn gwahanol o'r stori gyfarwydd yn Efengyl Marc am Iesu'n derbyn plant bach – fersiwn William Salesbury, fersiwn y Parch. Lyn Léwis Dafis yn nhafodiaith Sir Benfro, a fersiwn cyfoes Arfon Jones mewn iaith bob dydd.

Yno y ducesant blant-bychain ataw er iddo ei cyhwrdd: a'ei ddiscipulon a geryddent yr ei' a daethei ac wynt. A' phan ey gwelawdd yr Iesu sori a oruc ef a' dywedyt wrthynt, Gedwch i'r ei bychain t vechcynos ddyuot ata vi.

William Salesbury

We dinion in dwâd â plant bach ato fe in unswydd iddo fe gâl twtsh â nhwy. On fe sharadodd i disgiblion in gas 'da'r rhei we'n dwâd â'r plant ato fe, on pan welo Iesu beth we'r disgiblion in neud wedde'n grac 'da nhwy, a wedodde, 'Gadwch i'r plant ddwâd ata i.'

Lyn Léwis Dafis

Roedd pobl yn dod â'u plant bach at Iesu er mwyn iddo eu cyffwrdd a'u bendithio. Ond roedd y disgyblion yn dweud y drefn wrthyn nhw. Roedd Iesu'n ddig pan welodd nhw'n gwneud hynny. 'Gadewch i'r plant bach ddod ata i,' meddai wrthyn nhw.

Arfon Jones

Duw a'i rith-awduron

Gwir ffocws grym y Beibl yw nid yn unig ei allu i adrodd stori dda, na'i record byd fel y gwerthwr gorau erioed, na hyd yn oed ei allu i gipio'n dychymyg. Mae ei rym yn gorwedd yn rhywle arall.

A dyma fe: mae'r Beibl yn dangos Duw i ni. Nid dim ond unrhyw hen lyfr yw hwn. Mae Cristnogion yn credu mai 66 llyfr y Beibl yw gair Duw: hynny yw, mae Duw yn siarad wrthon ni drwy'r llyfrau hyn ac yn dangos i ni pa fath o Dduw yw e.

Mae Cristnogion yn credu bod y Beibl yn ddatguddiad o Dduw. Maen nhw'n dweud na allwn ddod o hyd i'r gwirionedd am Dduw dim ond trwy feddwl yn ddigon caled neu'n ddigon hir. Does dim modd i ni adnabod Duw heblaw pan fydd e'n cymryd y cam cyntaf. Trwy ddyfodiad Iesu i'r byd mae Duw yn ei ddatguddio'i hun yn llawn – ac mae gair ysgrifenedig Duw, sef y Beibl, yn rhan o'r datguddiad hwnnw.

Fel y dywedodd Karl Barth (diwinydd o'r 20fed ganrif), yr hyn mae'r Beibl yn ei roi i ni yw nid y syniadau dynol cywir am Dduw – ond, yn hytrach, syniadau Duw amdanom ni.

Sut mae Duw'n gwneud hyn? Un gair a ddefnyddir yn y Beibl i ddisgrifio datguddiad Duw yw'r gair *ysbrydoledig*. Isod, mae'r dyfyniad enwog a ddefnyddir yn aml pan fo pobl yn sôn am y statws a roddwyd gan Dduw i'r Beibl. Yr apostol Paul yw'r awdur:

> **Duw sydd wedi ysbrydoli'r ysgrifau sanctaidd hynny i gyd, ac maen nhw'n dysgu beth sy'n wir i ni, yn cywiro syniadau anghywir, yn dangos beth dŷn ni'n ei wneud o'i le, a'n dysgu ni i fyw yn iawn.**

2 Timotheus 3:16

Ystyr llythrennol y gair Groeg mae Paul yn ei ddefnyddio ar gyfer 'ysbrydoledig' yw 'anadlwyd gan Dduw'. Dyna beth yw'r Ysgrythur – Duw'n anadlu allan. Pan fyddwn yn siarad, rydym yn anadlu allan – ac yn yr un modd mae Duw'n anadlu ei air i ninnau. Mae hyn yn awgrymu bod y Beibl yn tarddu o Dduw ei hun.

Dyma ddyfyniad enwog arall ynghylch Duw ac ysbrydoliaeth . . .

> **. . . nid syniadau'r proffwyd ei hun ydy'r negeseuon sydd yn yr ysgrifau sanctaidd.**

(hynny yw, nid pobl oedd yn creu damcaniaethau ynghylch Duw)

> **. . . Er mai pobl oedd yn gwneud y siarad, yr Ysbryd Glân oedd yn eu cymell nhw i siarad . . .**

2 Pedr 1:21

Y gair Groeg am 'ysbrydoliaeth' yw theopneustos: theo = 'Duw' a pneustos = 'anadlwyd'. Mae'r gair Saesneg 'pneumatic' yn tarddu o'r un gair, fel a ddefnyddir i ddisgrifio teiars niwmatig ar geir a beics.

Y gair Groeg am gael eich 'cario ymlaen' yw'r un gair ag a ddefnyddir i ddisgrifio cwch hwylio'n cael ei chwythu yn ei blaen gan y gwynt. Yma eto ceir yr un syniad o anadlu neu wynt yn chwythu.

Mae'r adnodau hyn, ynghyd â rhai eraill yn y Beibl, yn arwain Cristnogion i gredu bod awduron y Beibl wedi dod dan ddylanwad ysbryd Duw, a bod yr hyn a ysgrifennwyd ganddynt wedi'i ysbrydoli gan Dduw. Dyna pam fod llawer o Gristnogion yn ystyried y Beibl fel y gair terfynol am yr hyn maen nhw'n ei gredu a'r modd y dylent fyw.

Mae'r disgrifiadau hyn yn gweithio'n dda wrth drafod profiadau rhai o'r cymeriadau mwyaf hynod yn yr Hen Destament – pobl megis Moses neu Elias, a dderbyniodd ddatguddiadau'n uniongyrchol oddi wrth Dduw. Dyma i chi Jeremeia, er enghraifft, un o'r proffwydi mwyaf . . .

> **Wedyn dyma'r ARGLWYDD yn estyn ei law ac yn cyffwrdd fy ngheg i, a dweud, "Dyna ti. Dw i'n rhoi fy ngeiriau i yn dy geg di."**

Jeremeia 1:9

A dyma Eseciel, yn ei weledigaeth enwog-ond-rhyfedd o ddyffryn yr esgyrn sychion . . .

> **Yna dyma fe'n gofyn i mi broffwydo dros yr esgyrn, a dweud wrthyn nhw: "Esgyrn sychion, gwrandwch ar neges yr ARGLWYDD."**

Eseciel 37:4

Yn yr enghreifftiau hyn, mae Duw'n torri ar draws fel mewn neges ar y radio, ac yn dweud wrth y proffwyd beth i'w ddweud. Yn nyddiau cynnar yr eglwys, roedd llawer o ysgrifenwyr yn edrych ar

Nid fel hyn y digwyddodd pethau – proffwydi'n cael eu rheoli-o-bell

adnodau fel y rhain gan gyffelybu awduron y Beibl i offerynnau cerdd yn cael eu canu gan yr Ysbryd. Efallai bod yr offerynnau'n ddynol, ond roedd y gerddoriaeth yn berffaith ac yn perthyn i Dduw.

Nid pob awdur o Gristion oedd yn fodlon ar y darlun hwnnw o Dduw'n plycio tannau ei gitâr, neu'n canu ei ffliwt, gan ei fod yn awgrymu bod y proffwydi'n gwbl oddefol, ac efallai hyd yn oed wedi'u meddiannu pan oedden nhw'n cyflwyno'u proffwydoliaethau. I newid y ddelwedd, mae fel petai Duw'n dal ei afael ar y teclyn rheoli-o-bell, ac nad oedd gan y proffwyd unrhyw ran yn yr hyn oedd yn digwydd.

Mae'r rhan fwyaf o'r sylwebyddion Cristnogol wedi gwrthod y syniad bod y Beibl wedi'i arddweud gan Dduw, neu wedi'i drosglwyddo o ryw gwmwl oedd yn digwydd pasio heibio. Maen nhw wedi gwrthbwyso agwedd ddwyfol y Beibl trwy bwysleisio hefyd yr agwedd ddynol – ei fod wedi'i ysgrifennu gan bobl go iawn gyda'u holl ffaeleddau. Yn ystod y ganrif a aeth heibio, mae Cristnogion wedi sôn mwy am awduron y Beibl, ac wedi dod i werthfawrogi – a hyd yn oed fwynhau – y ffaith eu bod, fel bodau dynol, wedi rhannu eu hoffter a'u casineb at wahanol bethau, eu synnwyr digrifwch, a hyd yn oed y gwallau gramadegol yn yr hyn roedden nhw'n ei ysgrifennu.

Yn union fel mae Cristnogion yn credu bod Iesu'n Dduw, ac ar yr un pryd yn fod dynol, felly hefyd mae'r Beibl nid yn unig wedi'i ysbrydoli gan Dduw ond ar yr un pryd yn gynnyrch dynol. Nid cwympo o'r nefoedd rhyw ddiwrnod wnaeth y Beibl. Roedd yn rhaid i ysbrydoliaeth Duw ddod i delerau â chymeriadau hynod amherffaith – Dafydd, Marc, Solomon, Paul a'r awduron eraill.

Er bod digon o enghreifftiau i'w cael yn y Beibl o Dduw'n dweud wrth y proffwydi, 'Dweda hyn i roi sioc iddyn nhw!', mae yna rannau helaeth o'r llyfr lle nad yw hyn yn digwydd. Dros dudalennau di-rif o'r Beibl, does yr un datguddiad dramatig, goruwchnaturiol yn digwydd, lle mae pobl yn clywed llais yn dod o'r nefoedd, neu'n cael gorchymyn beth i'w ddweud, neu'n gweld gweledigaethau rhyfedd.

Cymerwch lyfr Esther, er enghraifft, lle nad yw'r gair 'Duw' yn ymddangos o gwbl. Neu'r cannoedd o ddywediadau doeth a phosau yn llyfr y Diarhebion. Neu'r goeden deulu ddiddiwedd sy'n cyfrif am gynnwys y rhan fwyaf o bennod gyntaf Efengyl Mathew. Beth am yr adrannau hyn o'r Beibl? Gawson nhw hefyd eu 'hanadlu allan' gan Dduw – ac os felly, sut y cafodd yr awduron eu hysbrydoli?

Mae rhai meddylwyr Cristnogol wedi awgrymu bod Ysbryd Duw'n hyblyg yn y modd yr ysbrydolodd wahanol awduron y Beibl. Efallai bod Duw wedi sibrwd gair yn uniongyrchol yng nghlust un o'r proffwydi, dyweder; ar y llaw arall, yn achos y Brenin Solomon, roedd yr Ysbryd wedi rhoi'r fath ddoethineb iddo fel bod ei ddiarhebion yn cyfleu'r union beth roedd Duw am ei ddweud. Neu, yn achos Luc, mae meddylwyr wedi dadlau bod yr Ysbryd Glân wedi arwain y broses fel bod Efengyl Luc nid yn unig yn air Luc, ond hefyd yn air Duw.

Ysbrydoliaeth – pedwar safbwynt

Mae statws ysbrydoledig y Beibl yn gwestiwn dadleuol ymhlith Cristnogion, gyda rhai'n credu un peth ac eraill yn credu rhywbeth gwahanol. Dyma i chi bedair ffordd wahanol o ystyried ysbrydoliaeth y Beibl.

1. Ysbrydoliaeth heb wall – mae'r Beibl yn gyfan gwbl rydd o wallau, gan fod pob un gair yn y llawysgrifau gwreiddiol wedi'u hysbrydoli gan Dduw.

Ym marn rhai o'r bobl sy'n credu hyn, creodd Duw y byd mewn chwe diwrnod o 24 awr yr un, gan mai dyna'n llythrennol beth mae pennod gyntaf Genesis yn ei ddweud wrthym. I eraill – sy'n fwy cadarnhaol ynghylch y safbwynt gwyddonol – gellir dehongli'r chwe diwrnod yn stori'r creu fel chwe chyfnod daearegol. Daw'r ddau grŵp o bobl, felly, i'r casgliad fod yr hanes a geir yn Genesis yn llythrennol wir.

Mae'r wobr am y dull rhyfeddaf, ond y mwyaf manwl, o bennu union ddyddiad y creu yn mynd i'r Archesgob James Usher, Archesgob Anglicanaidd Iwerddon. Yn 1650, cyhoeddodd ei fod wedi cyfrifo i'r creu ddigwydd am hanner dydd ar 23 Hydref 4000 cc. Daeth i'r casgliad hwn yn rhannol trwy gyfrif nifer y cenedlaethau yn y Beibl, ac ar gynllun o rifo mewn modd symbolaidd.

Cafodd y safbwynt o ysbrydoliaeth heb wall ei ddatblygu a'i boblogeiddio yn y 19eg ganrif yn Princeton, New Jersey, gan grŵp o ysgolheigion oedd yn awyddus i atal twf Cristnogaeth ryddfrydol. Dyma oedd eu barn . . .

... anffaeledigrwydd perffaith pob rhan o'r Ysgrythurau, fel cofnod o ffaith ac athrawiaeth mewn meddwl ac mewn mynegiant llafar. Felly, er eu bod yn dod i ni trwy gyfrwng meddyliau, calonnau, dychymyg, cydwybod ac ewyllys dynion, serch hynny y maent – yn yr ystyr fanylaf – yn wir yn air Duw.
A.A. Hodge

Bu'r syniad hwn o Feibl cwbl ddi-wall yn hynod boblogaidd ymhlith Cristnogion ffwndamentalaidd ledled y byd. Yn ei ffurf fwyaf eithafol, mae'n sylfaenol elyniaethus i ddarganfyddiadau gwyddonol modern (yn enwedig gwaith Charles Darwin); mae'n gwbl argyhoeddedig ein bod yn byw yn niwedd amser, pan fydd Iesu'n dychwelyd i 'berlesmeirio' ei bobl a barnu'r cenhedloedd.

Y safbwynt hwn sy'n dod agosaf at ddweud mai bysellfyrddau'n unig oedd awduron dynol y Beibl, yn cael eu defnyddio gan Dduw i fewnbynnu'r negeseuon roedd e'n dymuno eu trosglwyddo, a hynny air am air.

2. Ysbrydoliaeth ramantaidd – ar begwn arall y sbectrwm ceir y gred fod y Beibl yn ysbrydoli mewn ystyr ramantaidd, yn yr un ffordd ag y gellir disgrifio ffilm, araith rymus neu gerdd gofiadwy fel rhywbeth 'ysbrydoledig'.

Yr athronydd a roddodd ei gefnogaeth i'r syniad hwn oedd Johann Gottfried von Herder, a oedd yn byw mewn ardal sydd bellach yn rhan o'r Almaen yn niwedd y 18fed ganrif. Roedd yn awyddus i drin y Beibl yn unig fel gweithiau awduron dynol unigol, yn hytrach na'i ystyried fel testun dwyfol anghyffyrddadwy ac anffaeledig.

Mae'r frwydr rhwng esblygiad a'r dehongliad ffwndamentalaidd o bennod gyntaf Genesis yn cael ei hymladd ar fympars ceir yn America ar hyn o bryd. Dyma sut mae'r ddadl wedi datblygu, mewn tri cham:

Roedd Herder yn arloeswr yn y gwaith o archwilio a dehongli llyfrau'r Beibl, yn yr un modd ag y byddech yn astudio unrhyw gerdd neu hanes hynafol. Ac oherwydd ei fod yn credu y gallai'r Beibl gynnwys gwallau ac anghysonderau, cyfrannodd at rai darganfyddiadau pwysig, megis y ffaith bron yn ddiymwad fod Efengyl Marc wedi cael ei hysgrifennu cyn y tair Efengyl arall.

Mae safbwynt Herder yn rhoi ystyriaeth fwy difrifol i ochr ddynol y Beibl nag unrhyw un o'r safbwyntiau eraill ynghylch ysbrydoliaeth, ond am ryw reswm mae'r ochr ddwyfol wedi diflannu i ebargofiant. Felly yn hytrach na bod y Beibl yn cael ei ysbrydoli gan Dduw, yr hyn a geir yw cofnod o fewnwelediad dynol o Dduw.

Johann Herder
(1744–1803)

3. Ysbrydolrwydd bregliach babi – mae'r trydydd safbwynt o ran ysbrydoliaeth y Beibl yn canolbwyntio ar gyfathrebu, gan ofyn y cwestiwn: sut y gall Duw – sydd ymhell y tu hwnt i'n dealltwriaeth – gyfathrebu â ni, sy'n ddim ond meidrolion?

Yr ateb a gynigir yw fod Duw, yn y Beibl, yn cyfyngu ei ddull o gyfathrebu er mwyn siarad ar ein lefel ni – yn union fel y bydd rhieni'n defnyddio iaith syml i gyfathrebu â'u plentyn bach.

Seiliodd John Calvin – diwygiwr eglwysig yn yr Almaen yn yr 16eg ganrif – ei holl ddiwinyddiaeth ar y syniad fod Duw'n 'addasu' neu'n poblogeiddio ei ddatguddiad mewn modd y gallwn ni ei ddeall, pa mor gyfyngedig neu bechadurus bynnag yr ydym. Dyma sut yr esboniodd Calvin ei hun y syniad . . .

John Calvin
(1509–64)

```
Pa mor ddi-ddeall bynnag y bôm, pwy nad yw'n
sylweddoli - yn union fel mae nyrs yn ei wneud gyda
babi - bod Duw'n dueddol o 'fregliach' wrth siarad â
ni? Nid yw'r dull hwn o siarad yn cyfleu'n glir sut un
yw Duw - yn hytrach, mae'n addasu'r adnabyddiaeth
ohono ef i weddu i'n gallu gwael ni.  I wneud hyn, rhaid
iddo ddisgyn ymhell o'i uchelfannau. - John Calvin
```

Gyda'r safbwynt hwn, mae Duw'n debyg i wyddonydd hynod beniog sy'n gorfod llunio erthygl ynghylch ei ddamcaniaeth ddiweddaraf ar gyfer papur newydd poblogaidd. Does dim pwynt ysgrifennu'r erthygl yn yr arddull a'r iaith mae'n eu defnyddio fel arfer – rhaid i'r gwyddonydd gwtogi'r neges i ddim ond y pwyntiau sylfaenol, a mynegi hynny mewn iaith sy'n gyfarwydd i'r darllenwyr.

Ond bydd gwyddonwyr eraill yn siŵr o ddarllen yr erthygl, a thwt-twtian dros yr iaith syml a'r cyffredinoli yn y testun – yn union fel rydyn ni'n edrych ar y Beibl ac yn codi aeliau wrth weld y modd cyn-wyddonol o ddisgrifio creu'r bydysawd a bywyd dynol. Yn ôl y safbwynt hwn, y peth pwysicaf yw canolbwyntio ar y neges greiddiol mae Duw'n ei chyfathrebu yn y Beibl, yn hytrach na phoeni am fanion y dull o gyfleu'r neges honno.

4. Ysbrydoliaeth 'yn y fan a'r lle' – y safbwynt olaf yw nad geiriau ar dudalen yn unig yw ysbrydoliaeth, ond ei fod yn ymwneud yn hytrach â gweithgaredd deinamig Ysbryd Duw. Does gan y safbwynt hwn ddim amynedd gyda'r syniad y gallwch rywsut 'gipio' Duw a chywasgu ei ddirgelwch a'i fawredd i rywbeth mor statig a chyfyng â llyfr – hyd yn oed os mai'r Beibl yw'r llyfr hwnnw.

Mae'r gwrthgyferbyniad hwn rhwng Duw a'r llyfr yn deillio o rywbeth a ddywedodd Sant Paul . . .

> **Mae ceisio cadw at lythyren y ddeddf yn lladd, ond mae'r Ysbryd yn rhoi bywyd.**
>
> *2 Corinthiaid 3:6*

Yr hyn mae'r safbwynt hwn yn ei fynegi yw bod ysbrydoliaeth yn llawer mwy nag y mae pobl yn draddodiadol wedi ei feddwl. Dyw e ddim yn ymwneud yn unig â'r Ysbryd Glân yn ysbrydoli'r proffwydi i siarad, neu'n ysbrydoli awduron yr Efengylau i ysgrifennu, fel bod yr hyn a ddywedwyd neu a ysgrifennwyd yn wir yn air Duw. Mae e hefyd yn ymwneud â'r Ysbryd Glân yn ein hysbrydoli ni wrth i ni ddarllen eu geiriau, i sicrhau mai gair Duw yw'r hyn rydyn ni'n ei dderbyn.

Dyw ysbrydoliaeth ddim yn ymwneud yn unig â'r awdur – mae hefyd yn ymwneud â'r darllenydd. Dyw ysbrydoliaeth ddim yn ymwneud â'r gorffennol yn unig – mae hefyd yn rhywbeth sy'n digwydd ar hyn o bryd. Mae'n rhywbeth nad yw'n perthyn ar dudalen yn unig – mae hefyd yn ein calonnau ni.

Cyflwynwyd y dull yma o feddwl am ysbrydoliaeth gan Karl Barth, diwinydd o'r Swistir yn yr 20fed ganrif. Dywedodd e fod ysbrydoliaeth yn debyg i gylch mawr sy'n cynnwys awduron y Beibl a hefyd yn ein cynnwys ni, y darllenwyr. Mae ar yr awduron a'r darllenwyr angen help yr Ysbryd. Meddai Karl Barth:

Karl Barth (1886–1968)

... gellir adnabod gair yr Ysgrythur a roddir gan yr Ysbryd fel Gair Duw yn unig oherwydd bod gwaith yr Ysbryd a wnaed ynddo yn digwydd dro ar ôl tro, ac yn mynd gam ymhellach, h.y. mae'n datblygu'n ddigwyddiad ar gyfer ei wrandawyr a'i ddarllenwyr. - Karl Barth

Mae'r safbwynt hwn yn tynnu ffocws yr ysbrydoliaeth oddi ar y gwaith mecanyddol o ysgrifennu geiriau ar dudalen, ac yn ei osod lle mae'n perthyn – sef ar Dduw'n dangos ei hun i ni yma, nawr, trwy ei Ysbryd byw, gweithredol. Yn ôl Barth, y Beibl yw gair ysbrydoledig Duw. Ond mae angen i'n dull ninnau o'i ddarllen gael ei ysbrydoli gan Dduw; fel arall, ni fydd yn ddim mwy na llyfr marw i ni, yn hytrach na'r cyfathrebiad byw y bwriadodd Duw iddo fod.

I'w drin â gofal

Pa un o'r pedwar safbwynt sy'n apelio fwyaf atoch chi? Ydych chi'n teimlo'n gryf ynghylch eich dewis? Neu ydych chi'n teimlo bod mwy nag un o'r safbwyntiau'n eich helpu wrth feddwl am y Beibl?

Os ydych chi o'r farn fod y Beibl wedi dod gan Dduw – ym mha ffordd bynnag y credwch fod hynny wedi digwydd – yna dylech gymryd gofal wrth fynd ati i'w ddarllen. Duw sydd ar ben arall y llinell – ac mae Duw'n gwbl anhysbys, yn llawn dirgelwch, yn greadigol ac yn wyllt. Wyddoch chi fyth beth fydd yn digwydd os dechreuwch chi ddarllen gyda meddwl agored a chalon ddisgwylgar.

Dyma i chi ychydig o gyngor doeth gan Isaac o Ninefe – Cristion o'r 7fed ganrif – ynghylch beth i'w wneud cyn agor y llyfr rhyfeddol hwn . . .

Peidiwch byth â throi at eiriau'r dirgelion sydd yn yr ysgrythurau heb yn gyntaf weddïo a gofyn am help Duw. Dywedwch, 'Arglwydd, gad i mi deimlo'r grym sydd ynddynt.' Gweddi yw'r allwedd sy'n agor gwir ystyr yr Ysgrythurau.
Isaac o Ninefe

Taith drwy'r Beibl mewn 30 diwrnod

Cynlluniwyd y cwrs darllen hwn i'ch helpu i gymryd eich **camau cyntaf** i mewn i'r Beibl. Neu, os ydych yn sownd yn eich unfan, i'ch helpu i ailgychwyn. Mae'n cyflwyno **30 rhan arwyddocaol** o'r Beibl, a fydd yn mynd â chi ar garlam o Genesis i'r Datguddiad. Meddyliwch – os darllenwch chi un adran y dydd, bydd yn cymryd mis i chi. Os nad yw'n digwydd bod yn fis Chwefror . . .

☐ 1. 'Bydded goleuni!'
Genesis 1:1 – 2:4
Mae'r Beibl yn agor gyda disgrifiad gogoneddus o Dduw fel creawdwr popeth. Caiff yr hil ddynol ei hystyried fel pinacl creadigaeth Duw.

☐ 2. Gardd Eden
Genesis 2:5 – 3:24
Mae'r ail hanes am y creu yn canolbwyntio ar Adda ac Efa. Ym Mhennod 3 disgrifir 'Y Gwymp', pan ddifethir creadigaeth hardd Duw.

☐ 3. Duw yn gosod prawf ar Abraham
Genesis 22:1–9
Abraham (gweler tudalen 58) oedd tad y genedl Iddewig. Yma, mae Duw yn gosod prawf llym ar ei deyrngarwch.

☐ 4. Y berth yn llosgi
Exodus 2–3
Ganrifoedd ar ôl dyddiau Abraham, mae'r Israeliaid yn gaethweision yn yr Aifft. Yma, mae Duw'n galw ar Moses (gweler tudalen 64) i helpu i'w rhyddhau.

☐ 5. Y ffoi
Exodus 14
Gollyngwyd y caethweision Israelaidd yn rhydd. Ond mae'r Eifftiaid yn eu hymlid a chânt eu dal ar lan y môr (gweler tudalen 63).

☐ 6. Ar Fynydd Sinai
Exodus 19:1 – 20:21
Mae pobl Moses yn cyrraedd Mynydd Sinai yn yr anialwch. Yma, mae Duw'n dod i gytundeb â nhw ac yn rhoi ei gyfraith iddynt.

☐ 7. 'Byddwch sanctaidd . . .'
Lefiticus 19
Yn y bennod hon o ddeddfau, mae Duw am i'w bobl adlewyrchu ei gymeriad ef. Mae'r cyfreithiau'n dangos consýrn arbennig tuag at y tlawd a'r gwan.

☐ 8. Dafydd yn cwrdd â Goliath

1 Samuel 17

Dros 200 mlynedd ar ôl dyddiau Moses, mae cenedl Israel dan fygythiad oddi wrth ei gelynion, y Philistiaid.

☐ 9. Elias yn cynnau tân

1 Brenhinoedd 18

Gan mlynedd ar ôl marw Dafydd, mae Israel unwaith eto dan fygythiad – y tro hwn oherwydd eu bod yn addoli duwiau gau megis Baal (gweler tudalen 92).

☐ 10. Eliseus a Naaman

2 Brenhinoedd 5

Eliseus oedd olynydd Elias (gweler tudalen 93). Yn yr hanes hwn, amlygir pryder a gofal Duw dros y rhai nad ydyn nhw'n Iddewon.

☐ 11. Duw y Bugail

Salm 23

Hon yw'r salm fwyaf cyfarwydd o'r cyfan. Adleisiwyd y ddelwedd o Dduw fel bugail gan Iesu yn Ioan, pennod 10.

☐ 12. Dafydd yn edifarhau

Salm 51

Mae'r cefndir hanesyddol i'r salm hon i'w weld yn 2 Samuel 11:1 – 12:23. Mae Dafydd yn crefu am faddeuant Duw.

☐ 13. Dywediadau doeth

Diarhebion 23

Pennod yn llawn o gynghorion ymarferol ynghylch sut i fyw. Mae hi'n nodweddiadol o lyfr y Diarhebion.

☐ 14. Duw'n galw Eseia

Eseia 6

Mae Eseia (gweler tudalen 114–15) yn gweld Duw; mae'n derbyn maddeuant am ei bechodau, ac yn cael ei anfon yn broffwyd i Israel.

☐ 15. 'Cysurwch fy mhobl'

Eseia 40

Ysgrifennwyd y geiriau hyn i annog yr Iddewon, oedd mewn alltudiaeth (gweler tudalen 94). Mae'n rhoi darlun byw o'r Duw holl-bwerus.

☐ 16. Y gwas dioddefus

Eseia 52:13 – 53:12

Dros 500 mlynedd cyn i Iesu ddioddef a marw, proffwydodd Eseia ynghylch gwas Duw a ddioddefodd dros eraill.

☐ 17. Dyffryn yr Esgyrn Sychion

Eseciel 37:1–14

Mae gweledigaeth ryfedd Eseciel yn ymwneud yn rhannol ag adfywiad Israel fel cenedl yn dilyn yr alltudiaeth (gweler tudalen 73).

☐ 18. Daniel yn ffau'r llewod

Daniel 6

Yn ystod yr alltudiaeth, roedd Dafydd wedi codi i safle pwysig yn llys brenhinol Babilon (gweler tudalen 124–5). Yma, gosodir prawf ar ei ffydd.

☐ 19. Y bregeth ar y mynydd

Mathew 5–7

Yma cyflwynir peth o ddysgeidiaeth enwocaf Iesu. Mae'n sôn am sut y dylai ei ddilynwyr fyw y bywyd newydd yn Nheyrnas Dduw.

☐ 20. Iesu'r Iachäwr

Marc 5

Mewn tair stori, gwelir grym Iesu dros ddrygioni, salwch a marwolaeth yn cael ei weithredu mewn modd dramatig.

☐ 21. Croeshoelio Iesu

Marc 14–15

O'r diwedd, mae cynllwynio gelynion Iesu'n cyrraedd ei benllanw. Ond nid damwain yw ei farwolaeth. Mae'n rhan o gynllun Duw, a'r rheswm dros ddyfodiad Iesu i'r ddaear.

☐ 22. Atgyfodiad Iesu

Luc 24

Mae'r hanesion hyn yn ganolog i'r ffydd Gristnogol. Mae Iesu'n ymddangos i'w ddilynwyr fel un sydd wedi gorchfygu angau.

☐ 23. Esgyniad Iesu

Actau 1:1–11

Ddeugain niwrnod ar ôl iddo atgyfodi o farw'n fyw, mae Iesu'n codi i'r nefoedd i rannu yng ngogoniant ei dad.

☐ 24. Dydd y Pentecost

Actau 2

Saith wythnos ar ôl atgyfodiad Iesu, mae'r Cristnogion cyntaf yn cael eu llenwi â grym yr Ysbryd Glân (gweler tudalen 207).

☐ 25. Ar y ffordd i Ddamascus

Actau 9:1–31

Mae Paul, a fu'n erlid Cristnogion yn ffyrnig, yn cael tröedigaeth ddramatig ar y ffordd i Ddamascus (gweler tudalen 212).

☐ 26. Y storm ar y môr

Actau 27

Mae Paul ar ei ffordd i Rufain, i wynebu prawf o flaen yr Ymerawdwr. Mae'r storm hon yn dangos sut y gwnaeth Paul ymddwyn dan bwysau.

☐ 27. Cariad

1 Corinthiaid 13

Ysgrifennodd Paul y llythyr hwn at eglwys oedd yn cael ei rhwygo gan falchder. Mae'r rhan enwog hon yn dangos iddynt beth ddylai eu blaenoriaeth gyntaf fod.

☐ 28. Byw bywyd Cristnogol

Effesiaid 5–6

Mae Paul yn ysgrifennu at un o'r eglwysi cynnar i ddweud sut y dylai Cristnogion fyw mewn byd gelyniaethus.

☐ 29. Crist, y Mab cyntafanedig

Colosiaid 1:15–23

Mae'r rhan hon yn egluro pwy yn union yw Iesu Grist. Fel pennaeth ar greadigaeth newydd Duw, mae'n cymodi pobl â Duw.

☐ 30. Y nef newydd a'r ddaear newydd

Datguddiad 21–22

Mae'r Beibl yn diweddu gyda drygioni'n cael ei orchfygu'n derfynol, a'r nefoedd a'r ddaear yn cael eu hail-greu gan Frenin y Brenhinoedd ac Arglwydd yr Arglwyddi.

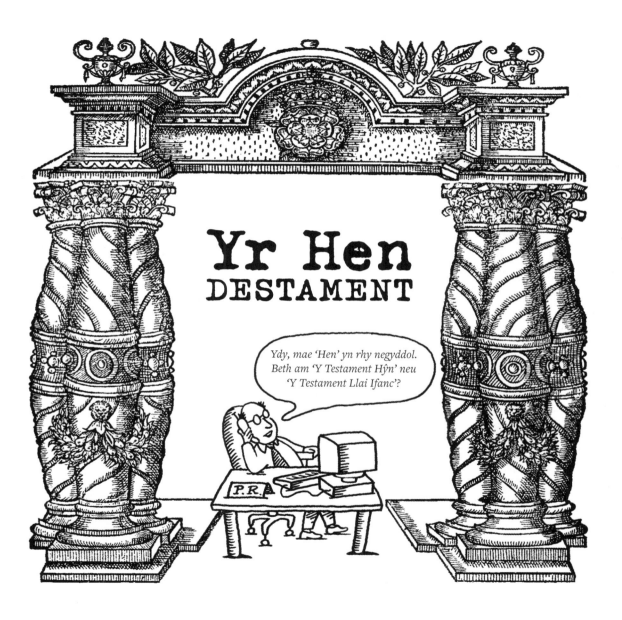

Cyflwyniad i'r Hen Destament

Mae ein darlleniad heddiw'n dod o lyfr cyntaf Lefiticussssss

sss sss sss sss sss sss

Pe baech chi'n mynd ati i lunio rhestr o 10 llyfr hiraf y Beibl, byddai'r 9 uchaf yn dod o'r Hen Destament. Salmau yw'r hiraf, gyda tua 43,700 gair, a Luc fyddai'r unig lyfr o'r Testament Newydd i hawlio'i le yn y deg uchaf.

Mae'r Hen Destament yn llawer mwy a thrymach na'r Testament Newydd, ac mae'n cynnwys nifer fawr o lyfrau sy'n ymddangos yn anodd eu darllen. Oherwydd hyn, mae llawer o bobl yn ei anwybyddu. Maen nhw'n cael cip ar y Salmau o bryd i'w gilydd, neu ar y proffwydi, ac yn gyfarwydd ag ambell ran fel hanes Dafydd a Goliath – ond, ar y cyfan, does ganddyn nhw fawr o ddiddordeb ynddo. Yr holl hanes 'na, yr holl frwydrau, yr holl restrau diddiwedd o deuluoedd a llwythau – ydy e'n wir yn werth ei ddarllen?

Mae rhai Cristnogion hyd yn oed wedi mynd mor bell ag awgrymu cael gwared â'r Hen Destament yn llwyr, gan gadw dim ond y Testament Newydd.

Y broblem yw, os na ddarllenwn ni yr Hen Destament, byddwn yn colli llawer o ddeunydd gwerth chweil. Mae glynu at y Testament Newydd ac anwybyddu'r Hen fel cerdded i mewn i sinema pan fo dwy ran o dair o'r ffilm eisoes wedi'i dangos.

Iawn, byddwch yn gweld y diweddglo dramatig, a gwybod beth ddigwyddodd yn y diwedd – ond meddyliwch beth rydych chi wedi'i golli. Colli'r ras geir gyffrous, yr olygfa rhwng dau gariad, sut dechreuodd y cyfan, rhai o'r golygfeydd mwyaf doniol, a'r mwyaf trasig – ac yn waeth na dim, fyddwch chi ddim yn deall llawer o weddill y ffilm oherwydd eich bod wedi colli cymaint o'r stori.

Mewn geiriau eraill, mae'r Hen Destament a'r Testament Newydd yn rhan o'r un stori. Wrth ddarllen y Beibl, mae'n bwysig eich bod yno o'r cychwyn cyntaf. Dyw hynny ddim yn golygu darllen pob un llyfr, o Genesis i'r Datguddiad, yn eu trefn. Ond mae'n bwysig ein bod yn darllen yr Hen Destament er mwyn gallu gweld y Newydd yn ei holl ogoniant.

Yn ogystal â chyflwyno dechrau'r stori i ni, mae gan yr Hen Destament hefyd nodweddion sydd ar goll o'r Testament Newydd – er enghraifft graddfa amser. Ysgrifennwyd y Testament Newydd mewn cyfnod byr o amser – roedd y cyfan wedi'i gwblhau o fewn rhyw 60–70 mlynedd. Llyfr deinamig yw'r Testament Newydd, wedi'i ysgrifennu yn erbyn y cloc. Ei thema yw argyfwng yn hanes Duw a'r hil ddynol – dyfodiad Iesu. Dyna pam mae iddo y fath bŵer a theimlad o frys – nodweddion sy'n gaffaeliad i unrhyw lyfr.

Ar y llaw arall, gyda'r Hen Destament mae amser o'ch plaid – rhyw 1,000 o flynyddoedd mewn gwirionedd. Dyna faint o amser gawson nhw i'w ysgrifennu. Oherwydd hynny, gall yr Hen Destament fforddio cymryd pwyll. Gall adlewyrchu ar realiti bywyd bob dydd, a'r modd y mae Duw'n ymwneud â ni fel bodau dynol yn y byd sydd ohoni.

Er enghraifft, mae'r Hen Destament yn adrodd straeon, yn rhoi cyfarwyddiadau ac yn rhoi cryn sylw i'r canlynol:

- y teulu
- gonestrwydd a delio'n deg mewn busnes
- profiad o iselder ysbryd
- dangos cyfiawnder tuag at y tlawd a'r gorthrymedig
- bod yn ffrind da
- wynebu dicter neu fethiant

Mae sawl dimensiwn gwahanol yma – moesol, gwleidyddol, emosiynol, cyfreithiol, rhywiol, cymdeithasol, personol, masnachol . . . mae'r Hen

Isod, ceir rhestr o'r 10 uchaf o lyfrau mwyaf y Beibl. Mae nifer geiriau pob llyfr mewn cromfachau, e.e. 43.7m = 43,700 gair.

1. Salmau (43.7m)
2. Jeremeia (42.7m)
3. Eseciel (39.4m)
4. Genesis (38.2m)
5. Eseia (37m)
6. Numeri (32.9m)
7. Exodus (32.6m)
8. Deuteronomium (28.5m)
9. 2 Cronicl (26m)
10. Luc (25.9m)

Destament yn adlewyrchu'r holl agweddau hyn ar fywyd mewn modd na all y Testament Newydd ei wneud. Nid israddio'r Testament Newydd yw hynny – mae gan hwnnw hefyd ei gryfderau ei hun. Mae'r ddau'n cyflawni rhywbeth gwahanol, a gyda'i gilydd maen nhw'n cyflwyno'r ffilm cyfan i ni.

Dywedodd Iesu, a fagwyd ar yr Hen Destament, ac a oedd yn meddwl y byd o'i ddysgeidiaeth . . .

> **Felly mae pob arbenigwr yn yr ysgrifau sanctaidd sydd wedi ymostwng i deyrnasiad yr Un nefol fel perchennog tir sy'n dod â thrysorau newydd a hen allan o'i ystordy.**

Mathew 13:52

Trysor newydd a hen drysor: mae perchennog y tir yn dod â'r ddau fath o drysor allan oherwydd eu bod yn rhoi'r un faint o bleser iddo. Dyna fel mae pethau gyda ninnau. Mae gan yr hen drysor hwn yn 'hanner' cyntaf y Beibl gymaint i'w gynnig. Mae'r ddau Destament, fel ei gilydd, yn cyflwyno gair Duw i ni.

Yn draddodiadol, mae Cristnogion yn rhannu'r Hen Destament yn bedair rhan, yn seiliedig ar drefn y llyfrau yn y Beibl Cristnogol (gweler tudalen 11) . . .

- Moses (Genesis hyd Deuteronomium)
- Yr Israeliaid (Josua hyd Esther)
- Barddoniaeth (Job hyd Ganiad Solomon)
- Proffwydi (Eseia hyd Malachi)

Ysgrifennwyd yr holl lyfrau mewn Hebraeg, ac eithrio Daniel, a ysgrifennwyd yn rhannol mewn Aramaeg. Dros y tudalennau nesaf, byddwn yn craffu ar bedair rhan yr Hen Destament.

Yr Hen Destament amgen

Nid dull y grefydd Gristnogol o rannu'r Hen Destament yn bedair rhan – sef y gyfraith, hanes, barddoniaeth a'r proffwydi – yw'r unig ddull o rannu'r gwaith. Yn y Beibl Hebraeg, mae'r llyfrau mewn trefn wahanol ac yn cael eu grwpio'n dair rhan.

Genesis
Exodus
Lefiticus
Numeri
Deuteronomium

Y Gyfraith (**Torah**) *sydd wrth galon y Beibl Hebraeg. Mae'r pum llyfr yma'n cyflwyno gorchmynion Duw i'r gymuned – maen nhw'n gosod patrwm ar gyfer byw fel pobl ddewisedig Duw.*

Josua
Barnwyr
1 a 2 Samuel
1 a 2 Brenhinoedd
Eseia
Jeremeia
Eseciel
Hosea
Joel
Amos
Obadeia
Jona
Micha
Nahum
Habacuc
Seffaneia
Haggai
Sechareia
Malachi

Salmau
Diarhebion
Job
Caniad Solomon
Ruth
Galarnad
Pregethwr
Esther
Daniel
Esra
Nehemeia
1 a 2 Cronicl

Mae'r **Proffwydi** (**Neviim**) *yn cynnwys holl lyfrau'r proffwydi a geir yn yr Hen Destament Cristnogol, ynghyd â chwech o'r llyfrau 'hanes': Josua a'r Barnwyr, 1 a 2 Samuel, ac 1 a 2 Brenhinoedd. Mae hyn yn ymddangos yn od, ond mae'r rhesymeg y tu ôl i'r dewis yn un craff: nid adroddiadau ffeithiol o'r hyn ddigwyddodd yw cynnwys y llyfrau hanes, ond ymgais i esbonio ystyr y cyfan. Maen nhw'n broffwydol yn y ffordd maen nhw'n ceisio dangos beth oedd pwrpas Duw y tu ôl i'r digwyddiadau.*

Y Gweithiau Llenyddol (**Ketuvim**) *yw'r holl lyfrau sydd ar ôl o'r Gyfraith a'r Proffwydi, ac mae'n debyg mai'r rhain oedd yr olaf i'w cynnwys o fewn y Beibl Hebraeg.*

Cyfraith Moses

Am gyflwyniad i'r rhan hon o'r Hen Destament, gweler tudalen 54.

Mae pum llyfr cyntaf yr Hen Destament yn agor gyda'r geiriau mwyaf cyfarwydd i ddechrau unrhyw lyfr: 'Yn y dechreuad creodd Duw y nefoedd a'r ddaear . . .'

Y pum llyfr yma – 'y Torah', sef 'y Gyfraith', fel y gelwir nhw yn yr ysgrythurau Hebraeg – sydd wrth galon y ffydd Iddewig, ac wrth galon yr Hen Destament. Mae'n bwysig, felly, ein bod yn eu deall.

Efallai eich bod yn dweud, 'Dwi erioed wedi darllen gwerslyfr cyfreithiol yn fy mywyd, a dwi ddim yn debygol o ddechrau nawr!' Os felly, dyma i chi ychydig o newyddion da. Er bod y pum llyfr yn dod dan y teitl 'y Gyfraith', dim ond dau ohonyn nhw (Lefiticus a Deuteronomium) sy'n llawn o restrau hir o gyfreithiau. Dyw'r tri llyfr arall yn ddim byd tebyg i werslyfr cyfreithiol.

Dychmygwch eich bod yn agor llyfr cyfreithiol modern ac yn gweld rhwng y cloriau nid dim ond rheolau a rheoliadau, ond straeon hefyd – rhai gwirioneddol gyffrous a digon beiddgar ar brydiau – ynghyd â darnau o farddoniaeth a chân neu ddwy. Fedrwch chi ddychmygu barnwr yn dechrau canu yn y llys? Wel, dyma'r union fath o ddefnydd y byddwch yn dod ar ei draws yn y llyfrau hyn. Mae Genesis, Exodus a Numeri i gyd yn seiliedig ar adrodd straeon. Edrychwch ar dudalennau 54–55 am gyfarwyddiadau sut i ddilyn y stori, a sut i ddod o hyd i'r rhannau cyfreithiol.

Os nad ydych chi'n gyfarwydd â'r Beibl, neu heb ddarllen llawer o'r Hen Destament, y llyfrau i gadw golwg arnyn nhw yw Genesis ac Exodus. Mae'n syniad da i ddarllen y ddau lyfr yma oherwydd eu bod yn hynod o bwysig. Ar ôl darllen Genesis, gallwch fwrw 'mlaen yn syth i ddarllen Exodus, gan fod y llyfr hwnnw'n parhau â'r stori.

Mae 11 pennod gyntaf Genesis ymhlith y penodau rhyfeddaf yn y Beibl i gyd, ac mae'r darlun o Dduw a geir yno'n ymddangos yn bur dywyll a chyntefig. Ynddynt cawn nifer o straeon sy'n dal yn gyfarwydd yn ein diwylliant ni hyd heddiw:

- Adda ac Efa a Gardd Eden
- Cain ac Abel a'r llofruddiaeth gyntaf
- Methwsela – yn 969 oed, ef oedd y dyn hynaf yn y byd
- Noa a'r dilyw
- Tŵr Babel a tharddiad gwahanol ieithoedd

Mae'r straeon hynafol hyn am ddechreuadau, ac am sut aeth pethau o chwith, yn dal i danio'r dychymyg ac yn dweud llawer wrthym am Dduw a'r hyn mae'n ei ddisgwyl gan yr hil ddynol. A thrwy gydol yr amser mae pobl yn cynyddu mewn nifer ac yn lledaenu ar draws wyneb y ddaear. Mae'n ymddangos mai'r unig un o orchymynion Duw a gymerwyd o ddifri oedd: 'byddwch ffrwythlon ac amlhewch'!

Dyma gyrraedd Genesis 12, a hanes Abraham a Sara – mam a thad yr Israeliaid – ac antur sy'n cychwyn holl stori'r Hen Destament. Mae Abraham, arwr y stori, yn 75 mlwydd oed. Erbyn yr oedran hwnnw, byddech yn disgwyl bod ei holl anturiaethau y tu ôl iddo! Mae'n byw bywyd tawel, cyfforddus, yn ninas Haran yn y dwyrain canol, yn uchel ei barch ac yn hapus yn ei henaint. Yna, yn sydyn, mae rhywbeth yn digwydd i ddifetha'r cyfan. Mae Duw'n dweud wrtho . . .

> Dw i am i ti adael dy wlad, dy bobl a dy deulu, a mynd i ble dw i'n ei ddangos i ti. Bydda i'n dy wneud di yn genedl fawr, ac yn dy fendithio di, a byddi'n enwog. Dw i eisiau i ti fod yn fendith i eraill.

Genesis 12:1–2

Y Beibl: Fersiwn Hieroglyffig

Sut, felly, mae Abraham yn ymateb i'r cais rhyfedd hwn? Mae'n gwneud yr un peth yn union ag y gwnaeth disgyblion Iesu, pan gwrddodd â nhw ar lan y môr a dweud 'Dilyn fi'. Doedd ganddo ddim syniad i ble roedd e'n mynd, na beth oedd o'i flaen. Er hynny, camodd i'r tywyllwch oherwydd bod Duw wedi dweud wrtho. Dyna beth yw ffydd.

Ac ar hynny mae Abraham yn paratoi i gychwyn ar ei daith. Mae'n pacio'i holl eiddo, ac yn galw pawb a phopeth at ei gilydd – anifeiliaid, gweision, camelod, gwarchodwyr ei anifeiliaid, ei holl deulu, a'r pebyll y byddan nhw'n byw ynddynt. Mae'n ffarwelio â gweddill ei deulu, ei ffrindiau a'i gymdogion, ac o'r diwedd mae'r fintai fawr yn cychwyn ar eu taith 800 milltir i Ganaan.

Mae gweddill Genesis yn ymwneud â stori teulu Abraham a Sara. Maen nhw'n benodau gwych i'w darllen, oherwydd dyw'r teulu hwn ddim yn saint o bell ffordd – yn hytrach, pobl ddynol ydyn nhw, gyda'u beiau a'u rhinweddau.

Y ffigur allweddol nesaf ar ôl Abraham yw Jacob, sydd fel rhyw werthwr ceir ail-law o'r gorffennol pell. Gallai roi'r argraff ei fod yn berson i ymddiried ynddo – bachan gonest, halen y ddaear – ond roedd realiti ei fywyd yn wahanol iawn!

Mae'n twyllo'i frawd, yn ffoi i arbed ei fywyd, yn cwympo mewn cariad gyda'i gyfnither Rachel (merch hynod brydferth), yn cael ei dwyllo gan ei thad i briodi ei chwaer hŷn (a llai prydferth), Lea, ac mae ei ddwy wraig a'i ddwy ordderchwraig yn rhoi 12 mab ac un ferch iddo. Peth felly yw'r Hen Destament. Drwyddo draw mae yna lawer o hiwmor a thrasiedïau, a nifer o gyfarfyddiadau syfrdanol gyda Duw.

A dyna beth sy'n gwneud y straeon hyn yn rhai mor arbennig. Rydyn ni'n eu darllen nid oherwydd eu bod yn feiddgar, yn ddoniol, yn drasig neu'n dros-ben-llestri – er bod yr elfennau hynny i gyd i'w gweld yma – ond oherwydd eu bod yn dangos Duw i ni.

Does unman arall yn yr Hen Destament cystal â Genesis ac Exodus am roi'r fath gyfleoedd i ni gwrdd â Duw. Mae gan Abraham, Jacob a Moses berthynas â Duw na welwn mo'i thebyg eto nes dod at Iesu ei hun. Yma fe welwn bobl yn dadlau â Duw, yn ymgodymu â Duw, yn bargeinio â Duw, yn ceisio cael y ddêl orau gan Dduw; pobl sy'n cael

Jacob a dwy o'i wragedd; gweler tudalen 59 am goeden deulu Abraham.

trafferthion ac sy'n gwrthod gollwng eu gafael ar Dduw – a Duw sydd, yn ei dro, yn gwrthod gollwng ei afael arnyn nhw.

Ond gadewch i ni fwrw 'mlaen â'r stori. Un o 12 mab Jacob yw Joseff – mae'n enwog am ei gôt amryliw, ac mae e hefyd yn agos at Dduw. Mae ei stori'n dechrau yn Genesis 37, lle mae brodyr Joseff yn ei werthu fel caethwas. Er hyn, daw Joseff yn berson pwysig iawn yn yr Aifft. Erbyn diwedd llyfr Genesis, mae'r teulu estynedig i gyd – pob ewythr a modryb, heidiau o blant, a hyd yn oed y tad-cu, Jacob, ei hun – yn mynd i fyw yn yr Aifft fel teulu anrhydeddus.

Drwy gydol ei oes, roedd Joseff yn cael breuddwydion rhyfedd. Gweler tudalen 61 am amlinelliad o'i fywyd.

Mae llyfr Exodus yn cydio yn y stori yn yr union fan lle mae Genesis yn ei gadael. Erbyn hyn, mae sawl cenhedlaeth wedi byw ers cyfnod Joseff, a'r Israeliaid bellach wedi dioddef cwymp ddramatig o'u safle blaenorol. (Enw arall ar Jacob oedd Israel, a dyna pam y dechreuwyd galw'i ddisgynyddion yn Israeliaid.)

Yn sydyn, mae pobl eraill wrth y llyw yn yr Aifft, a theulu Jacob – a fu'n byw'n fras yno – bellach yn cael eu taflu o'r neilltu. Maen nhw'n mynd fel caethweision i lafurio ar y safle adeiladu fwyaf yn y byd – a'u gorfodi i weithio i godi rhai o'r adeiladau gwych a sicrhaodd le i'r Aifft yn y llyfrynnau sy'n hysbysebu gwyliau. Darllenwch yr hanes yn Exodus, pennod 1. Ble, erbyn hyn, mae Duw Abraham, Isaac a Jacob? A fydd yr Israeliaid fyth yn 'genedl fawr', fel yr addawodd Duw i Abraham?

Ar y pwynt tyngedfennol hwn yn y stori fe gawn ein cyflwyno i ffigur mwyaf allweddol yr Hen Destament – Moses. Mae'n dweud wrth yr Israeliaid – sydd bellach yn gaethweision truenus – ei fod wedi cwrdd â Duw eu cyndadau mewn lle hynod annisgwyl, sef mewn perth yn yr anialwch, a honno ar dân ond heb ei difa, ac yn siarad. Dywed fod Duw wedi clywed eu cri o anobaith, a'i fod wedi ei anfon ef, Moses, i'w gollwng yn rhydd.

Er bod arweinwyr yr Israeliaid yn credu Moses, dyw'r bobl gyffredin ddim mor hawdd eu perswadio. Pan fo Moses yn siarad gyda Pharo, gan fynnu ei fod yn gadael y caethweision yn rhydd, ymateb Pharo yw rhoi dwywaith cymaint o waith iddyn nhw. Does ryfedd, felly, nad yw'r caethweision yn credu Moses a'i Dduw.

Y broblem oedd hyn: doedd yr Israeliaid cyffredin – er eu bod yn perthyn i deulu Abraham – ddim yn credu mai'r Arglwydd oedd yr unig Dduw. Dim ond un o lawer o dduwiau oedd e. Ac yn yr Aifft, y duwiau eraill oedd yn rheoli pethau – duwiau pwerus fel Ra, duw'r haul; Osiris, duw llystyfiant, ac Anubis, duw'r meirw. Pa obaith oedd gan Dduw Abraham i'w rhyddhau nhw o grafangau'r Aifft? Doedd hynny ddim yn ei gylch gwaith.

Mae'r hyn sy'n digwydd nesaf yn rhyfeddol – ac yn rhywbeth na fyddai pobl yr hen Israel fyth yn ei anghofio. Yn Exodus, penodau 7–10, mae'r Arglwydd yn codi arswyd ar yr Aifft gyda deg pla erchyll – a'r cyfan wedi'u cynllunio i ddarbwyllo Pharo i ollwng yr Israeliaid yn rhydd gan ddangos ei bŵer dros y gau dduwiau. Wrth i'r locustiaid heidio, wrth i'r Nîl droi'n afon o waed, ac wrth i'r haul ddiflannu gan adael tywyllwch dudew – mae'n ymddangos bod pob un o hen dduwiau'r Aifft wedi dioddef ergyd na fyddai modd ailgodi ar ei hôl.

Yn y diwedd, mae Pharo'n cael ei orfodi i newid ei feddwl cyn i'r arswyd olaf eu taro, sef marwolaeth ei hun. Yn Exodus, pennod 12, mae angel marwolaeth yn teithio drwy'r wlad yng nghanol y nos gan ladd holl feibion cyntafanedig yr Eifftiaid – ond yn mynd heibio i gartrefi'r Hebreaid, sydd wedi eu marcio â gwaed oen a aberthwyd. Mae'r digwyddiad hwn yn dal i gael ei gofio bob blwyddyn gan yr Iddewon yng Ngŵyl y Bara Croyw, gan ein harwain ymlaen at Iesu ei hun, a aberthwyd yng nghyfnod y Pasg.

Bellach, mae'r Israeliaid yn rhydd, ac ar ôl ffarwelio'n derfynol â byddinoedd Pharo ar ffin yr Aifft, maen nhw'n cyrraedd Mynydd Sinai ac yn codi gwersyll yno. Mae Moses yn dringo'r mynydd ac yn gwneud cytundeb (neu gyfamod, neu destament) rhwng Duw a'r genedl newydd: maen nhw'n addo byw fel ei bobl ef, ac yntau yn ei dro yn addo mai ef fydd eu Duw.

Rhan o'r cytundeb hwn yw'r Deg Gorchymyn enwog a welir yn Exodus, pennod 20; mae'r rhain yn fath o grynodeb o Ddeddf Moses. Gellir darllen y Ddeddf honno yn ei holl fanylder yn llyfrau Lefiticus a Deuteronomium.

Y digwyddiadau hyn – Gŵyl y Bara Croyw, ffoi o'r Aifft, a chyflwyno'r Ddeddf – yw sylfeini'r Hen Destament. Mae llyfrau olaf y Beibl yn aml yn bwrw golwg yn ôl ar y digwyddiadau, gan adlewyrchu neu adeiladu arnyn nhw. Geiriau'r proffwyd Micha yw: 'Dygais di i fyny o'r Aifft, gwaredais di o dŷ'r caethiwed'.

Pan edrychai pobl yr Hen Destament yn ôl ar yr exodus, roedden nhw'n ei weld yn yr un ffordd ag mae Cristnogion yn gweld marwolaeth ac atgyfodiad Iesu. Ystyrient Moses fel eu sylfaenydd – yn union fel mae Cristnogion yn ystyried Iesu fel eu sylfaenydd hwythau. Dyna pa mor bwysig oedd Moses iddyn nhw.

Y llyfrau hanes

Roedd yr Hen Destament wedi'i leoli ac yn cael ei ysgrifennu yn un o ardaloedd mwyaf cynhennus y byd. Yng ngwlad Canaan mae tri chyfandir enfawr yn cwrdd, gan gysylltu Ewrop, Affrica ac Asia. Yn y cyfnod cynnar roedd yr holl brif lwybrau masnach a rhyfel yn mynd drwy'r stribed cul yma o dir.

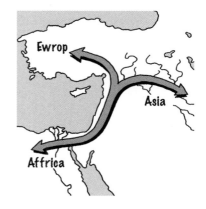

Roedd y stribed rhwng yr anialwch a'r môr mawr yn brysur bob amser gyda thrafnidiaeth bwysig. Yn aml iawn gorymdeithiai byddinoedd drwyddo ar eu ffordd i ryfel – neu aros yn y cyffiniau gan droi'r wlad ei hun yn faes y gad.

Am gyflwyniad i adran hanes yr Hen Destament, gweler tudalen 74.

Ar wahanol adegau yn ei hanes, trodd uwch-bwerau'r oes eu sylw at yr hen Israel – yr Aifft, Babilon, Asyria a Phersia – ac, yn ddiweddarach fyth, at y Groegwyr a'r Rhufeiniaid. Mae safle strategol y wlad yn esbonio'n rhannol pam mae llyfrau hanes yr Hen Destament yn cynnwys cymaint o drais.

Gosodwyd y llyfrau hanes fwy neu lai yn nhrefn amser. Mae'r ddau lyfr cyntaf – Josua a Barnwyr – yn parhau â'r hanes ar ôl marwolaeth Moses. Pan fo pobl yn dweud bod yr Hen Destament yn llawn brwydrau a cholli gwaed, cyfeirio at y ddau lyfr yma maen nhw'n bennaf. Gallech ddweud y dylid rhoi rhybudd iechyd o ryw fath ar ddechrau'r llyfrau hyn gan fod eu darllen yn ddigon i roi'r felan i chi, neu wneud i'ch gwaed ferwi o ddicter.

Ar ôl marwolaeth Moses, penodwyd Josua'n olynydd iddo. Arweiniodd Josua y bobl i mewn i Ganaan, y wlad roedd yr Israeliaid yn credu a addawyd i Abraham gan Dduw ganrifoedd yn gynharach. Y broblem oedd bod Canaan yn eiddo i bobl eraill a oedd eisoes wedi ymgartrefu yno. O ganlyniad i hynny y cafwyd y brwydrau a ddisgrifir yn llyfr Josua.

Yn ystod y cyfnod rhyfelgar hwn, llwyddodd Josua i sefydlu troedle yn y wlad. Ac er y disgrifir hyn yn aml fel 'concwest' Canaan, doedd y goresgyniad ddim yn llwyddiant.

Cafwyd 150 mlynedd o ymladd ffyrnig wrth i elynion yr hen Israel frwydro'n ôl – o fewn y wlad a'r tu allan iddi. Adroddir hanes y 150 mlynedd hynny yn llyfr y Barnwyr – y llyfr gwylltaf, mwyaf didrugaredd, o holl lyfrau'r Hen Destament. Mae'n dangos sut y bu i'r Israeliaid a'u gelynion stryffaglu o un argyfwng i'r nesaf, gan ladd a chael eu lladd, a byw mewn ofn ac anhrefn.

Ond roedd rhywbeth mwy na sgarmesau militaraidd yn digwydd. Brwydr oedd hon am galonnau a meddyliau'r Israeliaid yn gymaint â brwydr am diriogaeth, a hynny oherwydd bod y bobl yn troi at dduwiau eraill.

Mae'n debygol eu bod yn dal yn bell o gredu mai eu Duw nhw oedd yr unig Dduw. Mae'n debygol eu bod yn ei ystyried fel rhyw dduw lleol a chanddo bwerau lleol. Roedden nhw'n credu bod yr Arglwydd yn bwerus yn yr anialwch, lle roedd wedi trechu'r Eifftiaid, ac wedi rhoi'r Gyfraith iddyn nhw – ond pa mor bwerus oedd e yng Nghanaan?

Ac roedd yna gwestiwn arall yn codi. Efallai bod Duw'n un da am ennill brwydrau, ond faint oedd e'n ei wybod am ffermio, tybed? Onid y duw Baal a'i gariad Anat oedd yr arbenigwyr y byddai rhywun yn troi atyn nhw i sicrhau bod eu cnydau'n ffrwythlon? Efallai mai dyma'r math o gwestiynau oedd yn gyfrifol am droi sylw'r bobl gyffredin at dduwiau creulon Canaan, oedd yn cefnogi aberthu plant a phuteindra defodol.

Cyfnod enbyd oedd hwn, a'r Israeliaid heb yr un arweinydd cryf. Yr hyn oedd ganddyn nhw oedd cyfres o gymeriadau 'gorllewin gwyllt' lliwgar, oedd yn llwyddo i gasglu milwyr o'u hamgylch a'u harwain yn erbyn y gelynion. Yr enw ar yr arwyr lleol hyn oedd y barnwyr – ond llywodraethu yn ôl y cleddyf roedden nhw, yn hytrach nag yn ôl y gyfraith.

Mae deuddeg o'r ffigurau gwyllt, pwerus hyn, oedd yn aml yn ddigyfraith, yn cael y lle blaenllaw yn llyfr y Barnwyr. Un ohonyn nhw oedd Gideon, a lwyddodd i orchfygu byddinoedd enfawr Midian gyda thric clyfar a dim ond 300 o ddynion. Dyna i chi Samson, wedyn – oedd yn methu cadw'i wallt (na'i drywsus, o ran hynny) ymlaen. Y cymeriad mwyaf o'r cyfan oedd Debora, yr unig ferch o blith y Barnwyr. Mae arbenigwyr militaraidd hyd y dydd heddiw yn dal i edmygu ei chynllun cyfrwys hi yn erbyn y Brenin Jabin. Gallwch ddarllen ei hanes yn llyfr y Barnwyr, penodau 4 a 5.

Yn y diwedd, ildiodd arweinyddiaeth wyllt ac anhrefnus y barnwyr i deyrnasiad brenhinoedd cyntaf Israel. Digwyddodd hyn yn ystod cyfnod Samuel – un a ystyrir gan rai fel yr olaf o'r barnwyr, a chan eraill fel y cyntaf o'r proffwydi. Gallwch ddarllen ei hanes yn 1 Samuel.

Roedd Samuel yn wrthwynebus i'r syniad o gael brenhiniaeth, ond roedd e yn y lleiafrif. Dyna oedd dewis y bobl, a gwnaethant hynny'n glir i Samuel . . .

> ... dŷn ni eisiau brenin. Dŷn ni eisiau bod yr un fath â'r gwledydd eraill i gyd. Dŷn ni eisiau brenin i lywodraethu arnon ni, a'n harwain ni i ryfel.

1 Samuel 8:19–20

Ond os oedd yr Israeliaid yn credu bod eu problemau i gyd ar ben wrth newid eu system reoli o farnwyr i frenhinoedd, roedd siom yn eu disgwyl. Y brenin cyntaf ar yr orsedd oedd Saul. Methodd yn ei ymdrech i orchfygu gelynion y wlad, ac yn y diwedd – wedi torri'i galon – cyflawnodd hunanladdiad.

Dafydd oedd y brenin nesaf; yn ei ieuenctid teimlai Duw mor agos ato nes iddo ei alw'n 'ŵr wrth fodd fy nghalon'. Ond, fel brenin, roedd yn llwgr. Cysgodd gyda Bathseba, gwraig un o'i filwyr, ac yna trefnodd fod ei gŵr yn cael ei ladd yn 'ddamweiniol' mewn brwydr. Roedd Dafydd yn anobeithiol fel tad, ac arweiniodd ei reolaeth wan dros ei deulu at farwolaeth dau o'i feibion, gan fwrw'r deyrnas gyfan i ryfel cartref. Ei eiriau olaf – a ynganodd wrth ei fab Solomon – oedd 'gwna'n siŵr dy fod yn lladd unrhyw un a wnaeth ddrwg i mi'. Twymgalon, yntê?

Mae stori drasig Dafydd yn rhoi i ni un o'r cyfresi gorau o straeon yn yr Hen Destament. Os am ddarllen rhan o'r Beibl sy'n debyg iawn i nofel – yn llawn o ddrama a threiddgarwch seicolegol – yna darllenwch 2 Samuel, penodau 11–19. Mae'r testun hwn yn adrodd hanes Dafydd a Bathseba, ac ymlaen hyd at farwolaeth annisgwyl . . . wps – bron iawn i mi ddatgelu'r diweddglo!

Solomon oedd olynydd Dafydd fel brenin, a hyd y dydd heddiw mae ei enw'n symbol poblogaidd o ddoethineb anhygoel a chyfoeth mwy anhygoel fyth. Ond dinistriwyd Solomon hefyd gan ei statws fel brenin. Yn y dyddiau hynny, roedd statws person yn dibynnu nid ar ei incwm, neu wneuthuriad y cerbyd rhyfel roedd e'n ei yrru, ond ar nifer y gwragedd roedd e'n eu cynnal. Roedd gan Solomon 700 o wragedd. A rhag ofn y byddai ryw argyfwng yn codi, roedd ganddo hefyd 300 o ordderchwragedd wrth gefn.

Oherwydd y bywyd moethus roedd e'n ei fyw, cafodd Solomon ei ddenu oddi wrth Dduw. Dechreuodd addoli duwiau eraill, a bu'n gormesu ei bobl gan wneud rhai ohonyn nhw'n gaethweision.

Rehoboam, mab Solomon, oedd y brenin nesaf – daeth ar yr orsedd gyda maniffesto nad oedd yn debygol o ennill llawer o gefnogaeth . . .

> "Oedd fy nhad yn drwm arnoch chi?" meddai. "Wel, bydda i yn pwyso'n drymach! Oedd fy nhad yn defnyddio chwip i'ch cosbi chi? Bydda i'n defnyddio chwip fydd yn rhwygo'ch cnawd chi!"
>
> *1 Brenhinoedd 12:14*

Y canlyniad oedd rhyfel cartref rhwng y gogledd a'r de, a rhannwyd y deyrnas yn ddwy. Israel oedd enw'r deyrnas ogleddol, a Jwda oedd enw'r deyrnas ddeheuol. O'r pwynt hwnnw ymlaen, mae pethau'n mynd ar i lawr gyda chyfres ddiflas o frenhinoedd sy'n dod i ben mewn anobaith. Mae Israel, ac yna Jwda, yn cael eu trechu gan Asyria a Babilon, sef pwerau mawr y byd yn y cyfnod.

Yn ystod y cyfnod maith hwn o ddirywiad, câi'r brenhinoedd a'r arweinwyr eraill eu beirniadu'n hallt gan y proffwydi – sef dynion oedd yn cael gweledigaethau, yn clywed Duw'n siarad â nhw, ac yn pregethu 'gair yr Arglwydd'. Trowch at dudalen 47 am ragor o wybodaeth ar y proffwydi.

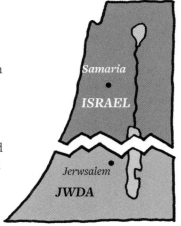

Samaria

ISRAEL

Jerwsalem

JWDA

Yn y flwyddyn 588 cc, cyrhaeddodd byddin nerthol Babilon y tu allan i furiau Jerwsalem. Ar ôl gwarchae a barodd am 18 mis, chwalwyd muriau'r ddinas yn llwyr. Y peth olaf a welodd Brenin Jwda oedd ei feibion yn cael eu llofruddio – cyn iddo yntau gael ei ddallu. Cafodd y brenin a'i bobl eu cadwyno a'u gorfodi i orymdeithio 800 milltir i alltudiaeth. Rhoddwyd Teml yr Arglwydd ar dân, a throwyd y ddinas yn adfeilion. Darllenwch yr hanes yn 2 Brenhinoedd 25.

O ganlyniad i'r digwyddiadau erchyll hyn, chwalwyd ffydd llawer o bobl Dduw. Nid siarad yn unig am ddinas yn cael ei dinistrio rydyn ni yma (er bod hynny ynddo'i hun yn ddigon drwg), nac am adeilad o'r enw y Deml yn cael ei losgi i'r llawr. Dinas Dduw oedd hon, a'r Deml yn arwydd o'i bresenoldeb – a bellach roedd y presenoldeb hwnnw wedi diflannu. Roedd yn ymddangos fel petai duwiau Babilon wedi dinistrio Duw yr hen Israel, ac nad oedd unrhyw beth ar ôl i obeithio amdano nac i gredu ynddo. Nid mater o ddinistrio cenedl yn unig oedd hyn, ond dinistrio ffydd.

Unwaith eto yn eu hanes, roedd yr Israeliaid mewn alltudiaeth – yn union fel roedden nhw yn yr Aifft, ganrifoedd lawer ynghynt.

Yn ystod yr amser enbyd hwnnw, daeth Eseciel – un o'r proffwydi oedd yn byw mewn alltudiaeth ym Mabilon – â negeseuon oddi wrth Dduw i'w bobl. Yn anobaith yr alltudiaeth, ac o wybod bod Jerwsalem bellach wedi'i dinistrio, dechreuodd Eseciel bregethu gobaith. Dywedodd wrth ei gyd-alltudion y byddai Duw'n gwneud yr amhosibl – sef dod â nhw adref unwaith eto.

Gallwch ddarllen am yr Israeliaid yn dod yn ôl o'u halltudiaeth yn llyfrau Esra a Nehemeia.

A dyna'n union beth ddigwyddodd. Tua 60 mlynedd ar ôl i'r alltudion cyntaf gyrraedd Babilon, cawsant ganiatâd i fynd adref a dechrau o'r newydd. A dyma lle mae llyfrau hanes yr Hen Destament yn cloi – gydag ailadeiladu muriau Jerwsalem.

Barddoniaeth a doethineb

Mae barddoniaeth a chaneuon yn ymddangos yn gyson drwy'r Hen Destament – i ddathlu buddugoliaeth, galaru, neu adrodd stori. Mae'n debygol mai'r caneuon hyn oedd y rhannau cyntaf i'w cynnwys yn yr Hen Destament, a chaent eu trysori a'u trosglwyddo ar lafar o un genhedlaeth i'r llall.

Roedd y caneuon yn dathlu digwyddiadau, ac yn adrodd straeon pwysig wrth blant ac oedolion yr hen Israel, gan osod ar gerddoriaeth yr hyn roedd Duw wedi'i wneud drostyn nhw yn y gorffennol. Dyma enghreifftiau o rai o ganeuon cynnar yr Hen Destament . . .

Am gyflwyniad i'r adran hon o'r Hen Destament, gweler tudalen 100.

- **Caneuon Moses a Miriam** – yn dathlu'r ffoi o'r Aifft a byddin Pharo'n cael ei boddi (Exodus 15).

- **Cân Debora a Barac** – cân sy'n dathlu buddugoliaeth arall i'r Israeliaid mewn brwydr; mewn gwirionedd, mae'r gân yn rhoi mwy o fanylion i ni am y frwydr na'r stori ei hun (Barnwyr 5).

- **Galarnad Dafydd** – lladdwyd y Brenin Saul mewn brwydr, ynghyd â'i fab Jonathan, ac mae Dafydd yn galarnadu ar eu holau. Er bod Saul yn elyn i Dafydd, Jonathan oedd ei ffrind agosaf . . .

Saul a Jonathan —
mor annwyl, mor boblogaidd!
Gyda'i gilydd wrth fyw ac wrth farw!
Yn gyflymach nag eryrod,
yn gryfach na llewod.
O, mae'r arwyr dewr wedi syrthio;
mae'r arfau rhyfel wedi mynd!
2 Samuel 1:23, 27

Mae'n debyg mai Dafydd yw'r person mwyaf talentog yn y Beibl; mae'n enwog fel brenin, fel cyfansoddwr salmau ac fel telynor . . . heb sôn am ei dalent am lofruddio cewri. Am ragor o wybodaeth am Dafydd, gweler tudalennau 86 a 106.

■ **Cân y winllan** – roedd nifer o'r proffwydi'n ysgrifennu eu negeseuon ar ffurf barddoniaeth. Cân y winllan yw un o'r enghreifftiau gorau o hyn, gan roi i ni ddarlun dinistriol o ffydd doredig Israel (Eseia 5:1–7).

Er bod enghreifftiau o gerddi a chaneuon i'w gweld drwy'r Hen Destament, ac yn enwedig felly yn llyfrau'r proffwydi, ysgrifennwyd yr holl lyfrau yn yr adran barddoniaeth a doethineb naill ai'n gyfan gwbl neu'n rhannol fel barddoniaeth. Llyfr y Salmau yw'r mwyaf enwog o'r cyfan; hwn oedd 'llyfr emynau' yr hen Israel, yn ogystal â bod – mewn cyfnod diweddarach – yn 'llyfr emynau' sawl cangen o'r eglwys. Mae'r salmau'n adlewyrchu ystod eang o emosiynau – o lawenydd, diolchgarwch a ffydd yn Nuw, i ddicter, anobaith, amheuaeth a dialedd.

Mae'r Salmau'n cynnwys caneuon pererinion, anthemau i nodi coroni brenin, caneuon i ddathlu llwyddiant cenedlaethol, gweddïau o'r dyfnderoedd, caneuon i ddathlu priodas, a rhagor. Mewn nifer o'r salmau ceir cyfarwyddiadau i ddweud wrth y cyfarwyddwr cerdd pa alaw i'w ddefnyddio wrth ganu'r salm. Ceir enwau diddorol ar rai o'r alawon, megis 'Lilïau', 'Ewig y Wawr', 'Colomen y Derw Pell' . . . a'r mwyaf enigmataidd o'r cyfan, alaw sy'n dwyn yr enw 'Na Ddinistria'.

Yn anffodus, ymddengys fod yr alawon hyn i gyd wedi mynd ar goll. Fodd bynnag, fe wyddom sut y câi rhai o'r salmau eu canu, gan eu bod yn cynnwys cyfarwyddiadau. Mae Salm 150, er enghraifft, yn nodi . . .

```
Molwch e drwy chwythu'r corn hwrdd!
Molwch e gyda'r nabl a'r delyn!
Molwch e gyda drwm a dawns!
Molwch e gyda llinynnau a ffliwt!
Molwch e gyda sŵn symbalau!
Molwch e gyda symbalau'n atseinio!
Boed i bopeth sy'n anadlu foli'r ARGLWYDD!
Salm 150:3–6
```

Rhaid bod y salmau mwyaf swnllyd yn swnio'n hynod o fywiog a dwyreiniol – yn debyg iawn i'r gerddoriaeth donnog a glywir hyd heddiw yn y Dwyrain Canol.

Ond beth yw gwerth y Salmau i ni? Dyma beth oedd gan Basil Fawr, oedd yn ysgrifennu yn y 4edd ganrif OC, i'w ddweud . . .

Mae llyfr y Salmau'n gwella hen friwiau'r enaid ac yn rhoi esmwythâd i friwiau diweddar. Mae'n iacháu clefydau'r enaid ac yn amddiffyn ei hiechyd. Daw pob Salm â heddwch, gan leddfu unrhyw wrthdaro mewnol, tawelu tonnau garw meddyliau drwg, lleddfu dicter, a chywiro a chymedroli afradlonrwydd. Mae pob Salm yn cynnal cyfeillgarwch ac yn ailgymodi'r rhai sydd wedi gwahanu. Pwy mewn gwirionedd allai ystyried fel gelyn y person y safodd nesaf ato i ganu cân i'r unig Dduw? – Basil Fawr

Llyfr enwog arall yw'r un a elwir Caniad Solomon – un o lyfrau hyfrytaf y Beibl cyfan – sy'n gerdd o gariad rhywiol. Aiff â ni'n ôl i Genesis, pennod 1, lle mae Duw'n creu dyn a menyw a gweld eu bod wrth fodd ei galon. Mae'r gerdd hon yn defnyddio delweddau dwyreiniol hynod i ddathlu cariad rhwng dau.

Yn y Salmau a Chaniad Solomon, mae'r farddoniaeth yn gyforiog o ddelweddau trawiadol ac iaith gyfoethog, ganmoliaethus. Yn y cerddi hyn mae coed yn curo'u dwylo; bryniau'n canu mewn gorfoledd; gelynion Duw'n toddi fel gwêr; yr haul mor awyddus i godi fel ei fod yn debyg i briodfab ar fore'i briodas; mae dannedd yr anwylyd fel praidd o ddefaid; mae Duw'n marchogaeth ar y cymylau, ac mae ei Gyfraith yn felysach na mêl, yn diferu o'r crwybr.

Mae gan y delweddau pwerus – a diniwed ar brydiau – hyn lawer o gyfoeth i'w gynnig i ni. Wrth weld y gwahanol emosiynau'n cael eu dinoethi o'n blaenau, gallwn ddysgu cymaint amdanon ni ein hunain, ein perthynas ag eraill, ein Duw – a mwynhau'r iaith goeth hon am yr hyn ydyw.

Mae llyfrau Job, Diarhebion a Pregethwr yn tynnu ar draddodiad Doethineb y Beibl (gweler tudalen 100). Cael a chael oedd hi i'r llyfrau hyn – ynghyd â Chaniad Solomon – lwyddo i gael eu cynnwys yn yr Hen Destament o gwbl. Gofynnwyd llawer o gwestiynau amdanyn nhw. Ydyn nhw'n rhy negyddol (Job a'r Pregethwr)? Ydy e'n cynnwys gwrthddywediadau (Diarhebion)? Ydy'r cynnwys yn rhy feiddgar (Caniad Solomon)?

Gallwn deimlo'n ddiolchar eu bod nhw, yn y diwedd, wedi eu cynnwys, gan fod y llyfrau Doethineb yn holi rhai o'r cwestiynau pwysicaf a thywyllaf o'r cyfan – ble mae Duw pan fo pobl ddiniwed yn dioddef? Mae Job yn holi cwestiynau hynod bigog, gan ofyn, er enghraifft, 'Ydy Duw yn ddrwg?' Ac mae llyfr y Pregethwr ar sawl achlysur yn dod i'r casgliad bod bywyd yn gwbl ddiwerth.

Edrychwch ar y geiriau hyn o enau Job. Mae'n siarad â Duw, ac ar y dechrau mae ei eiriau'n swnio fel cân o fawl . . .

> **Ti roddodd fywyd i mi, a gofalu amdana i —
> dy ofal di sydd wedi fy nghadw i'n fyw...**

. . . ond, yn sydyn, maen nhw'n troi'n gyhuddiadau ofnadwy . . .

> **...Ond roeddet ti'n cuddio dy gynllun go
> iawn... Fy ngwylio i, i weld fyddwn i'n pechu...**

Job 10:12–14

Mae hyn yn beth ofnadwy i'w feddwl am Dduw; er ei fod yn ymddangos yn dda ar yr wyneb, mewn gwirionedd mae'n cynllunio'r peth arswydus nesaf. Ac eto, gallai'r teimlad hwn fod yn gyfarwydd i unrhyw un sydd wedi dioddef yn ofnadwy.

Mae'n bwysig fod meddyliau o'r fath yn cael eu cofnodi yn y Beibl. Pe bai'r penderfyniad ynghylch pa lyfrau i'w cynnwys, a pha rai i'w hepgor, yn cael ei wneud heddiw, mae'n bur debyg y byddai'r rhai a chanddynt feddwl uchel o'r Beibl yn gwrthod y llyfrau 'dadleuol' hyn. Canlyniad hynny fyddai bod adnodau megis y rhai yn llyfr Job yn cael eu dileu gan y sensor – gan ein gadael â ffydd 'neis-neis', yn hytrach na ffydd sy'n mynd i'r afael â'n hofnau dyfnaf am Dduw.

Dyw'r Beibl ddim yn dal yn ôl rhag gofyn y cwestiynau anoddaf. Mewn byd lle mae dwy ran o dair o'r boblogaeth yn newynu, maen nhw'n gwestiynau sy'n rhaid eu gofyn. Mae ein ffydd yn ddigon cryf i'n galluogi i wneud hynny.

Y proffwydi

Llyfrau'r proffwydi yw cynnwys adran olaf yr Hen Destament, ond nid fel rhyw benderfyniad munud-olaf y gosodwyd nhw yno – i'r gwrthwyneb yn llwyr. Roedd Iesu'n aml yn cyfeirio at ysgrythurau'r Hen Destament fel 'y Gyfraith a'r Proffwydi', gan ddangos pwysigrwydd y proffwydi.

Am gyflwyniad i'r adran hon o'r Hen Destament, gweler tudalen 112.

Ond pwy oedden nhw, a beth oedden nhw'n ei wneud? Un ffordd o feddwl am y proffwydi yw fel gwir arweinwyr y bobl, wedi eu dewis gan Dduw.

Yn yr Hen Destament, cafodd yr Israeliaid brofiad o ddau fath gwahanol iawn o arweinyddiaeth – arweinyddiaeth ddeinamig ac arweinyddiaeth linachyddol. Dyma sut roedden nhw'n gweithio . . .

- Yn gyntaf, roedd yna draddodiad cryf o **arweinyddiaeth ddeinamig**. Pobl oedd y rhain a ddewiswyd yn benodol gan Dduw, ac a baratowyd yn arbennig ganddo ar gyfer y gwaith o arwain.

Rho dy enw ar y ddogfen

- Yn nes ymlaen, dechreuodd y bobl fynnu cael **arweinyddiaeth linachyddol** – er mwyn cael llinach frenhinol. Dymunent gael arweinyddion oedd mewn llinach o arweinyddion – nid rhywun oedd yn arweinydd dim ond oherwydd bod Duw wedi ei alw, neu ei ddewis yn arbennig.

Sut, er enghraifft, y daeth Moses yn arweinydd? Galwodd Duw ef yn yr anialwch, gan ymddangos mewn perth oedd ar dân ond nad oedd yn llosgi. Sut y daeth Samuel yn arweinydd? Yn blentyn, cysgai'n agos at arch y cyfamod, ac un noson cafodd ei ddeffro gan lais yn galw'i enw. Llais Duw oedd hwnnw.

Codwyd Moses a Samuel fel arweinyddion deinamig. Dyna hefyd oedd hanes y barnwyr, er bod eu math nhw o arweinyddiaeth yn israddol o'i gymharu ag un Moses, a gâi ei ystyried fel y mwyaf o'r holl broffwydi.

Ond blinodd y bobl ar y math yma o arweinyddiaeth. Doedd ganddyn nhw ddim rheolaeth drosto, ac roedden nhw wedi diflasu wrth aros i Dduw ddewis arweinydd! Yr hyn roedden nhw'n ei ddymuno oedd olyniaeth rwydd, ddidrafferth, o un arweinydd i'r nesaf. Y math o arweinyddiaeth y gellid ei ragfynegi – nid un anwadal. Roedden nhw'n dymuno cael llinach frenhinol.

A dyna beth gawson nhw. Gallwn weld y trosglwyddiad yn 1 Brenhinoedd, pennod 1, lle mae Dafydd, sydd ar ei wely angau, yn mentro gwneud y newid. Mae'n dweud . . .

> **Hir oes i'r Brenin Solomon! . . . Fe ydy'r un fydd yn frenin yn fy lle i. Dw i wedi gorchymyn mai fe sydd i deyrnasu ar Israel a Jwda.**

Ac mae un o swyddogion y llys yn ymateb . . .

> Boed i'r ARGLWYDD dy
> Dduw di . . . gadarnhau
> hynny.

1 Brenhinoedd 1:34–36

Mewn geiriau eraill, roedd Duw yn cael ei wthio'n dawel i'r neilltu. Ei swyddogaeth bellach, yn syml, oedd cymeradwyo dewis Dafydd. Roedd Dafydd wedi bradychu'r traddodiad a'i gwnaeth yn frenin yn y lle cyntaf, oherwydd – fel yn achos Moses a Samuel – roedd wedi codi o ddim. Ar ôl i Dafydd farw, cafwyd ymryson dros bwy fyddai'n ei olynu, a threfnodd Solomon i ladd y person oedd yn cystadlu yn ei erbyn. O hynny ymlaen, dyna sut y byddai arweinyddiaeth yn yr hen Israel yn cael ei phenderfynu.

Parhau, fodd bynnag, wnaeth y traddodiad o arweinyddiaeth ddeinamig – heblaw ei fod bellach yn gweithio y tu allan i draddodiad newydd, treisgar, y rheolwyr brenhinol. Roedd fel petai Duw wedi cefnu ar y brenhinoedd a throi at Gynllun B. Bellach, ni fyddai ei ddylanwad i'w deimlo drwy'r arweinyddion swyddogol – a ddewiswyd gan y sefydliad – ond drwy ei asiantau ei hun, a ddewiswyd yn yr un modd deinamig ag y dewiswyd Moses, Debora, Gideon a'r gweddill. Asiantau chwyldroadol Duw – dyna oedd y proffwydi.

Mewn gwirionedd, mae'r cyntaf ohonyn nhw'n ymddangos yn llyfrau hanes yr Hen Destament. Ceir straeon helaeth am Elias ac Eliseus, y ddau brif broffwyd yn ystod cyfnod cynnar y brenhinoedd (gweler tudalennau 89 a 93). Ond dyw'r proffwydi diweddarach, megis Eseia a Jeremeia, ddim yn ymddangos yn y llyfrau hanes. Yn lle hynny, mae ganddyn nhw eu llyfrau eu hunain yn yr adran proffwydoliaeth ar ddiwedd yr Hen Destament – er bod nifer ohonyn nhw'n byw yn ystod cyfnod 1 a 2 Brenhinoedd. Ydy wir – mae'n gymhleth iawn!

Y proffwydi amhoblogaidd

Dyma restr o'r proffwydi a ddioddefodd fwyaf yn y Beibl oherwydd erledigaeth:

1. Ioan Fedyddiwr – dienyddiwyd ef yn y carchar am feirniadu priodas y Brenin Herod.

2. Jeremeia – taflwyd ef i mewn i danc dŵr am broffwydo cwymp Jerwsalem.

3. Elias – ffodd i'r anialwch pan geisiodd y Frenhines Jesebel drefnu i'w ladd.

4. Daniel – gadawyd ef dros nos mewn ffau llewod yn perthyn i Frenin Babilon am iddo fynnu gweddïo ar Dduw.

5. Eseciel – roedd pobl yn ei wawdio oherwydd ei broffwydoliaethau rhyfedd.

6. Jona – cafodd ei lyncu'n gyfan gan bysgodyn enfawr . . . er mai arno ef ei hun roedd y bai am hynny.

Sut roedd y proffwydi'n gweithredu, a beth wnaethon nhw ei gyflawni? Dyma bedair ffordd o edrych arnyn nhw:

1. Roedd y proffwydi'n siarad â'u cenhedlaeth eu hunain.
Roeddent yn aml yn cyflawni'r swyddogaeth gyfarwydd o 'broffwydo tranc' yn eu pregethau. Roedden nhw'n taranu pan oedd y bobl yn addoli duwiau eraill; yn condemnio cyflogwyr cyfoethog am dwyllo'u gweithwyr; yn ymosod ar frenhinoedd am gynghreirio â chenhedloedd eraill, ac yn gwylltio ag Israel gyfan am fethu dilyn Cyfraith Dduw. Yn ogystal, roedden nhw'n edrych i'r dyfodol ac yn rhybuddio'r gwrandawyr beth fyddai'n digwydd petaen nhw'n anwybyddu eu cynghorion.

Roedd y proffwydi'n ystyfnig, yn drafferthus ac yn ddigyfaddawd. Roedden nhw'n aml yn amhoblogaidd, ac yn peryglu eu bywydau oherwydd y negeseuon a bregethid. Dyma'r proffwyd Elias ar ddiwrnod gwael, yn cwyno wrth Dduw ynghylch yr hyn roedd bod yn broffwyd yn ei olygu:

> Dw i wedi bod yn hollol ffyddlon i'r ARGLWYDD, y Duw holl-bwerus. Ond mae pobl Israel wedi troi cefn ar dy ymrwymiad iddyn nhw. Maen nhw wedi chwalu dy allorau di a lladd dy broffwydi. A dyma fi, yr unig un sydd ar ôl, ac maen nhw eisiau fy lladd i hefyd!

1 Brenhinoedd 19:14

2. Aeth y proffwydi â'r bobl yn ôl at Moses. Seiliai'r proffwydi eu neges ar Gyfraith Moses ac ar y cyfamod a wnaeth Duw gyda'r Israeliaid ar Fynydd Sinai. Gwnaethant hyn oherwydd eu bod yn ystyried y digwyddiad ar Fynydd Sinai fel y foment dyngedfennol ym mherthynas yr Israeliaid â Duw – i'r fath raddau fel bod nifer o'r proffwydi'n cyffelybu'r berthynas i briodas. Y broblem oedd fod Israel yn cael perthynas â duwiau eraill – roedd hi'n bradychu eu priodas. Ymateb y proffwydi oedd dicter moesol.

3. Llwyddodd y proffwydi i drawsnewid ffydd yr hen Israel. Gwnaeth y proffwydi lawer mwy na dim ond atgoffa'r bobl o'r hyn roedd Moses wedi'i ddweud. Roedden nhw hefyd yn derbyn datgeliadau oddi wrth Dduw yn ymestyn y ffydd roedden nhw wedi'i derbyn. Gwelir enghraifft dda o hyn yn y modd y mae Eseia'n dathlu Duw fel Arglwydd y bydysawd, tra ar yr un pryd yn gwawdio'r holl dduwiau eraill fel dim byd mwy na dyfeisiau:

> **Wyt ti ddim yn gwybod? Wyt ti ddim wedi clywed? Yr ARGLWYDD ydy'r Duw tragwyddol! Fe sydd wedi creu y ddaear gyfan. Dydy ei nerth e ddim yn pallu . . .**
>
> *Eseia 40:28*

Mae nifer o arbenigwyr ar y Beibl yn credu mai trwy ddylanwad y proffwydi y cofnodwyd Cyfraith Moses yn ysgrifenedig am y tro cyntaf. Os yw hyn yn wir, sicrhaodd y proffwydi fod y Gyfraith yn cael ei throsglwyddo i genedlaethau'r dyfodol, yn ogystal â seilio eu neges arni.

4. Roedd y proffwydi'n edrych ymlaen i'r dyfodol. Mae'r proffwydi'n enwog am dynnu sylw at gyfnod y tu hwnt i'w hoes eu hunain, at gyfnod dyfodiad y Meseia. Cred Cristnogion fod eu proffwydoliaethau wedi eu cyflawni yng ngenedigaeth, marwolaeth ac atgyfodiad Iesu, ac yn nisgyniad yr Ysbryd ar Ddydd y Pentecost.

Mae Efengyl Mathew yn y Testament Newydd yn arwain ymlaen at yr hyn oedd gan y proffwydi i'w ddweud am y Meseia trwy gymharu negeseuon penodol â digwyddiadau ym mywyd Iesu (gweler tudalen 172). Os edrychwn ar y darlun ehangach, fodd bynnag, gwelwn fod y proffwydi'n dyheu am yr amser pan fyddai Duw'n gweithredu'n bendant yn hanes dynoliaeth, a'i gwneud yn bosibl i bobl ddod i'w adnabod drostyn nhw'n hunain.

Mae'r proffwyd Joel fel petai'n ymestyn allan o'r Hen Destament ac i mewn i'r Testament Newydd wrth ddweud:

**Ar ôl hynny, bydda i'n tywallt fy Ysbryd
ar y bobl i gyd.
Bydd eich meibion a'ch merched
yn proffwydo;
bydd dynion hŷn yn cael breuddwydion,
a dynion ifanc yn cael gweledigaethau.
Bydda i hyd yn oed yn tywallt fy Ysbryd
ar y gweision a'r morynion.**
Joel 2:28-29

MOSES

Mae'r Beibl yn agor gyda phum llyfr a elwir yn **Gyfraith Moses** (neu, yn yr Hebraeg, y **Torah**). Y rhain sy'n gosod yr agenda ar gyfer y Beibl cyfan, a chyfeirir atyn nhw dro ar ôl tro drwy gydol yr Hen Destament a'r Testament Newydd. Dyma fraslun o'u cynnwys:

Genesis – ffurfio'r bydysawd, dechreuadau'r hil ddynol a theulu Abraham

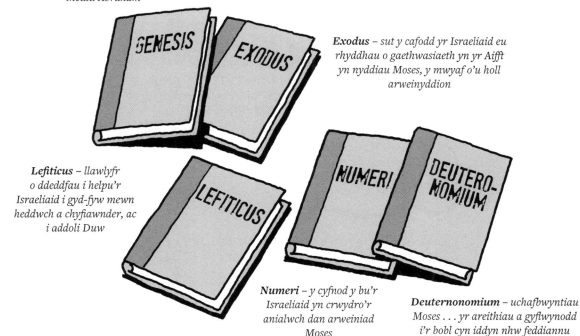

Exodus – sut y cafodd yr Israeliaid eu rhyddhau o gaethwasiaeth yn yr Aifft yn nyddiau Moses, y mwyaf o'u holl arweinyddion

Lefiticus – llawlyfr o ddeddfau i helpu'r Israeliaid i gyd-fyw mewn heddwch a chyfiawnder, ac i addoli Duw

Numeri – y cyfnod y bu'r Israeliaid yn crwydro'r anialwch dan arweiniad Moses

Deuternonomium – uchafbwyntiau Moses . . . yr areithiau a gyflwynodd i'r bobl cyn iddyn nhw feddiannu gwlad Canaan

CYFLWYNIAD

Mae'r Beibl yn agor gyda phum llyfr o <u>ddeddfau</u>? Pam yn y byd na roeson nhw'r rheini yng nghefn y Beibl?

Gosodwyd **pum llyfr y Gyfraith** ar ddechrau'r Beibl oherwydd eu pwysigrwydd i weddill yr Hen Destament. Roedd y Gyfraith yn cynrychioli **ffordd gyfan o fyw**, un a oedd wrth galon perthynas yr hen Israel â Duw. Yn y Beibl drwyddo draw, cyfeirir at y Gyfraith yn aml iawn.

Hmm . . . wel, os nad oes ots 'da chi, dwi am wibio i'r fan lle mae pethau'n dechrau digwydd go iawn.

Os gwnewch chi hynny, byddwch yn colli rhai o'r **straeon gorau** yn y Beibl. Nid dim ond rhestrau o reolau a rheoliadau sy yn y llyfrau hyn. Maen nhw hefyd yn cynnwys ffraeo rhwng teuluoedd, caneuon, adroddiadau am ryfeloedd, cymeriadau dros-ben-llestri a straeon enwog am y creu a'r ffoi o'r Aifft.

Pam y gelwir nhw 'y Gyfraith'?

Arferai pobl gredu mai **Moses oedd wedi ysgrifennu'r** pum llyfr. Y prif ddigwyddiad yw pan fo Duw'n rhoi'r Gyfraith i Moses ar Fynydd Sinai. Yn aml, cyfeirir at y llyfrau'n syml fel 'Cyfraith Moses'.

Mae Genesis yn weddol syml i'w ddarllen gan fod **digon yn digwydd** ynddo. Ond mae Exodus, Lefiticus, Numeri a Deuteronomium yn waith caled, gan fod y straeon yn gymysg â **thalpiau o destun cyfreithiol**. Dyma'r ffordd orau o roi trefn arnyn nhw:

DOD O HYD I'R CYFREITHIAU

Exodus 20:1–17: y Deg Gorchymyn, a gyflwynwyd i Moses gan Dduw ar Fynydd Sinai

Exodus 21–23: 'Llyfr y Cyfamod', yn cyflwyno nifer o wahanol gyfreithiau

Lefiticus: llawlyfr o gyfreithiau cymdeithasol a chrefyddol (gweler tudalen 68)

Deuteronomium: ystyr y gair yw 'yr ail Gyfraith'; ar ddiwedd ei oes, mae Moses yn atgoffa'r bobl o'r Gyfraith (gweler tudalen 71)

DILYN Y STORI

Exodus 1–19: ffoi o'r Aifft

Exodus 20–24: Duw yn rhoi'r Gyfraith i Moses ar Fynydd Sinai

Exodus 32–34: y bobl yn addoli llo aur

Exodus 40: codir pabell i addoli ynddi

Numeri 10–14: yr Israeliaid yn gadael Sinai ac yn cwyno wrth Moses

Numeri 16–17: gwrthryfel yn cychwyn

Numeri 20–24: profi llwyddiant yn agos at wlad yr addewid

Deuteronomium 31 a 34: marwolaeth Moses

WRTH EU BODD

I'r Israeliaid, y Gyfraith oedd calon yr Hen Destament. Mae'r dyfyniadau hyn yn dangos faint roedden nhw'n gwerthfawrogi'r Gyfraith:

Salm 19

Mae dysgeidiaeth yr ARGLWYDD yn berffaith — mae'n rhoi bywyd newydd i mi!

Os oes rhywun yn astudio'r gyfraith, byddant yn dod i wybod am ewyllys Duw.

Rabi Iddewig

Mae dy orchmynion yn rhoi'r pleser mwya i mi, dw i wir yn eu caru nhw!

Salm 119

Gair Groegaidd yw **Genesis**, yn golygu **tarddiad** neu **ddechreuad**. Llyfr o **ddechreuadau** yw Genesis, fel y gwelwn o'r geiriau agoriadol: 'Yn y dechreuad creodd Duw y nefoedd a'r ddaear . . .' Mae'r llyfr yn olrhain dechreuadau mewn **dwy ffordd**:

- Dechreuad y **bydysawd** a'r **hil ddynol** (Genesis 1–11)
- Dechreuad **pobl Dduw** (Genesis 12–50)

Mae Genesis, penodau 1–11, yn cynnwys rhai o'r straeon mwyaf cyfarwydd . . .

Y Creu (Genesis 1): Duw'n creu'r nefoedd a'r ddaear mewn chwe niwrnod

Gardd Eden (Genesis 2–3): Adda ac Efa'n pechu ac yn cael eu hanfon i ffwrdd

Y llofruddiaeth gyntaf (Genesis 4) Hanes Cain yn lladd ei frawd, Abel

Y dilyw mawr (Genesis 6–9) Arch Noa'n achub bywydau rhag y dilyw

Tŵr Babel (Genesis 11) Y tŵr anferth yn cwympo, gan achosi dryswch

Y CREU

'Am wythnos!' meddai Duw

Dim noethlymunwyr yma!

Lladd ei frawd

Bwrw glaw yn sobor iawn

Clebran cecrus!

Y CREU

Sut mae pobl yn dehongli stori'r creu yn Genesis 1?

Mae gan Gristnogion sawl barn wahanol ynghylch y creu. Dyma dri safbwynt:

Dyddiau = dyddiau o 24 awr: Duw'n creu popeth mewn chwe diwrnod yw'r union ddisgrifiad o'r modd y digwyddodd popeth. Dyma'r hyn roedd y rhan fwyaf o Gristnogion yn y cyfnod cyn-wyddonol yn ei gredu. Heddiw, dyma farn y 'creadyddion'.

Dyddiau = oesau: Mae pob 'diwrnod' yn stori'r creu yn cynrychioli cyfnod o amser – miliynau o flynyddoedd, o bosib. Mae'r disgrifiad hwn yn dangos trefn y creu. Datblygwyd y theori yn y 19eg ganrif mewn ymateb i ddarganfyddiadau gwyddonol.

Dyddiau = artistig: Strwythurwyd y disgrifiad o'r creu yn Genesis 1 yn gelfydd ac mae e bron yn ddarn o farddoniaeth. Doedd gan yr awdur ddim diddordeb mewn cronoleg, ond roedd yn awyddus i adlewyrchu mewn modd artistig pam y creodd Duw y byd. Gellir olrhain tarddiad y safbwynt hwn at Awstin Sant (4ydd–5ed ganrif OC).

Dim ond chwedl arall?

Mae arbenigwyr yn dadlau dros y tebygrwydd rhwng hanes y creu yn Genesis a rhai o chwedlau'r Hen Fabilon.

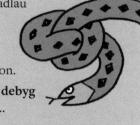

Dyma rai pethau sy'n **debyg** yn chwedlau Babilon...

- caiff y person cyntaf ei greu o glai
- gelwir y fenyw yn 'ferch yr asen'
- mae sarff gyfrwys yn byw mewn coeden

A dyma rai pethau sy'n **wahanol**...

- does yr un foment bendant pan ddaw'r cread i fodolaeth
- caiff y byd ei greu o gorff duw a lofruddiwyd
- mae'r duwiau'n dadlau'n ddiddiwedd

Does yr un o'r hen chwedlau'n meddu ar nodweddion unigryw Genesis 1, gyda'i **un Duw**, sy'n sefyll ar wahân i'w greadigaeth, a chyda Duw'n cyhoeddi bod popeth a wnaeth yn **dda**.

ABRAHAM

Abraham? Pwy yw e?

Hen foi â chlamp o farf, yntê?

Abraham yn sicr yw un o sêr y Beibl – mae e ar y brig, ynghyd â Moses, Elias a'r holl ddynion barfog eraill. Mae'r Iddewon yn dal i feddwl am Abraham a Sara – oedd yn byw tua 1900 CC – fel 'ein **mam a'n tad** ni oll'.

Darllenwch stori Abraham a Sara yn Genesis 12–25

Y peth pwysicaf ynghylch Abraham yw ei ffydd yn Nuw. Roedd e'n byw'n berffaith hapus yn Ur (Irac ein dyddiau ni) pan ddywedodd Duw wrtho am symud i wlad bell i ffwrdd nad oedd e erioed wedi'i gweld – a hynny oherwydd fod Duw'n awyddus i roi'r wlad honno iddo.

Ac er bod Abraham a Sara mewn gwth o oedran, dywedodd Duw y bydden nhw'n cael plentyn, ac yn dod yn fam a thad i **genedl gyfan** . . .

Ym . . . byddai un babi'n hen ddigon, diolch . . .

Edrych i fyny i'r awyr. Cyfra faint o sêr sydd yna... Fel yna fydd dy ddisgynyddion di.

Mae Duw yn esbonio'r cynllun yn Genesis 15:5

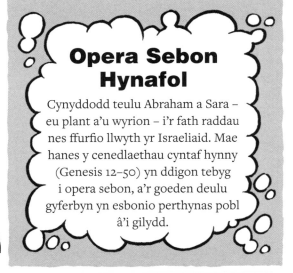

Opera Sebon Hynafol

Cynyddodd teulu Abraham a Sara – eu plant a'u wyrion – i'r fath raddau nes ffurfio llwyth yr Israeliaid. Mae hanes y cenedlaethau cyntaf hynny (Genesis 12–50) yn ddigon tebyg i opera sebon, a'r goeden deulu gyferbyn yn esbonio perthynas pobl â'i gilydd.

COEDEN DEULU ABRAHAM A SARA ▶

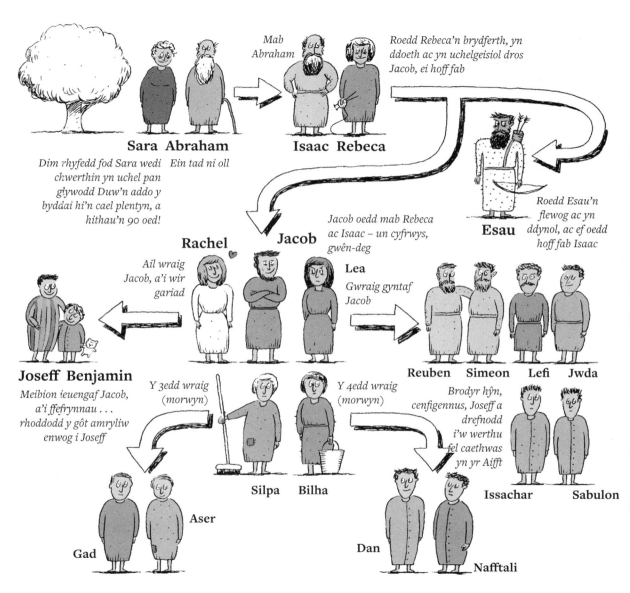

Sara **Abraham**

Dim rhyfedd fod Sara wedi chwerthin yn uchel pan glywodd Duw'n addo y byddai hi'n cael plentyn, a hithau'n 90 oed!

Ein tad ni oll

Mab Abraham

Isaac **Rebeca**

Roedd Rebeca'n brydferth, yn ddoeth ac yn uchelgeisiol dros Jacob, ei hoff fab

Esau

Roedd Esau'n flewog ac yn ddynol, ac ef oedd hoff fab Isaac

Rachel **Jacob** **Lea**

Jacob oedd mab Rebeca ac Isaac – un cyfrwys, gwên-deg

Ail wraig Jacob, a'i wir gariad

Gwraig gyntaf Jacob

Joseff **Benjamin**

Meibion ieuengaf Jacob, a'i ffefrynnau . . . rhoddodd y gôt amryliw enwog i Joseff

Y 3edd wraig (morwyn)

Silpa **Bilha**

Y 4edd wraig (morwyn)

Reuben **Simeon** **Lefi** **Jwda**

Brodyr hŷn, cenfigennus, Joseff a drefnodd i'w werthu fel caethwas yn yr Aifft

Aser

Gad

Issachar **Sabulon**

Dan

Nafftali

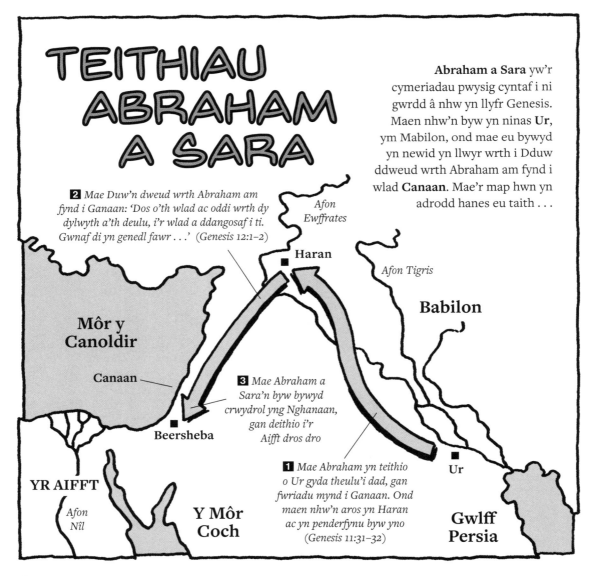

TEITHIAU ABRAHAM A SARA

Abraham a Sara yw'r cymeriadau pwysig cyntaf i ni gwrdd â nhw yn llyfr Genesis. Maen nhw'n byw yn ninas **Ur**, ym Mabilon, ond mae eu bywyd yn newid yn llwyr wrth i Dduw ddweud wrth Abraham am fynd i wlad **Canaan**. Mae'r map hwn yn adrodd hanes eu taith . . .

2 *Mae Duw'n dweud wrth Abraham am fynd i Ganaan: 'Dos o'th wlad ac oddi wrth dy dylwyth a'th deulu, i'r wlad a ddangosaf i ti. Gwnaf di yn genedl fawr . . .'* (Genesis 12:1–2)

Afon Ewffrates

Haran

Afon Tigris

Babilon

Môr y Canoldir

Canaan

3 *Mae Abraham a Sara'n byw bywyd crwydrol yng Nghanaan, gan deithio i'r Aifft dros dro*

Beersheba

1 *Mae Abraham yn teithio o Ur gyda theulu'i dad, gan fwriadu mynd i Ganaan. Ond maen nhw'n aros yn Haran ac yn penderfynu byw yno* (Genesis 11:31–32)

Ur

YR AIFFT

Afon Nîl

Y Môr Coch

Gwlff Persia

JOSEFF

Stori Joseff yn llyfr Genesis yw un o'r hanesion mwyaf gafaelgar ac annisgwyl yn y Beibl. Mae'r siart isod yn rhoi syniad o droeon yr yrfa yn ei fywyd. Darllenwch y stori drosoch eich hun yn **Genesis 37** a **39–50**. Mae'r diweddglo'n gryn syrpréis (ond wnawn ni ddim ddadlennu hynny yma!) . . .

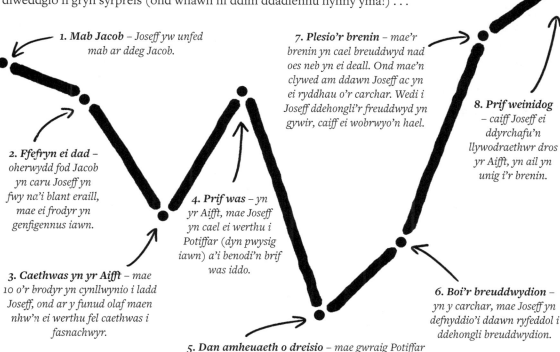

1. Mab Jacob – *Joseff yw unfed mab ar ddeg Jacob.*

2. Ffefryn ei dad – *oherwydd fod Jacob yn caru Joseff yn fwy na'i blant eraill, mae ei frodyr yn genfigennus iawn.*

3. Caethwas yn yr Aifft – *mae 10 o'r brodyr yn cynllwynio i ladd Joseff, ond ar y funud olaf maen nhw'n ei werthu fel caethwas i fasnachwyr.*

4. Prif was – *yn yr Aifft, mae Joseff yn cael ei werthu i Potiffar (dyn pwysig iawn) a'i benodi'n brif was iddo.*

5. Dan amheuaeth o dreisio – *mae gwraig Potiffar yn ffansïo Joseff, ond pan mae e'n ei gwrthod caiff ei gyhuddo o'i threisio, a'i daflu i'r carchar.*

6. Boi'r breuddwydion – *yn y carchar, mae Joseff yn defnyddio'i ddawn ryfeddol i ddehongli breuddwydion.*

7. Plesio'r brenin – *mae'r brenin yn cael breuddwyd nad oes neb yn ei deall. Ond mae'n clywed am ddawn Joseff ac yn ei ryddhau o'r carchar. Wedi i Joseff ddehongli'r freuddwyd yn gywir, caiff ei wobrwyo'n hael.*

8. Prif weinidog – *caiff Joseff ei ddyrchafu'n llywodraethwr dros yr Aifft, yn ail yn unig i'r brenin.*

EXODUS

Mae **Exodus** (fel y gair 'exit') yn golygu 'mynd allan'. Rhoddwyd y teitl hwn ar y llyfr oherwydd ei fod yn adrodd y stori bwysicaf un yn hanes Israel – hanes disgynyddion Abraham yn **ffoi o gaethiwed** yn yr Aifft.

Mae llyfr Exodus yn rhannu'n **ddwy ran . . .**

1 Y ddihangfa fawr

Exodus 1–18 – dros 400 mlynedd ar ôl dyddiau Joseff, mae'r Israeliaid yn gaeth yn yr Aifft. Ond mae Duw'n clywed eu cri am help ac yn galw ar Moses i'w harwain i ryddid. Dyw'r Eifftiaid ddim yn fodlon eu rhyddhau, a hyd yn oed ar ôl i'r Israeliaid ffoi maen nhw'n gwneud eu gorau glas i'w hailgipio.

2 Y cytundeb mawr

Exodus 19–40 – Mae Moses yn arwain ei bobl i mewn i'r anialwch. Wedi cyrraedd Mynydd Sinai, mae Moses yn dringo'r mynydd i gwrdd â Duw. Yma, mae Duw'n gwneud **cyfamod** (sef cytundeb) â'i bobl ac yn rhoi'r canlynol iddyn nhw:

- Cyfreithiau moesol, cymdeithasol a chrefyddol i'w dilyn.
- Cyfarwyddiadau ar sut i lunio'r babell a'r arch fydd yn ffocws i addoliad Israel.

ANIALWCH SINAI

YR AIFFT

Y MÔR COCH

MYNYDD SINAI

Yn rhan 1, maen nhw'n teithio o'r Aifft y tu hwnt i'r Môr Coch . . .

. . . Yn rhan 2, maen nhw'n teithio ymlaen at Fynydd Sinai

Y DDIHANGFA FAWR

Sut y llwyddwyd i ffoi o'r Aifft

1. MOSES yn erbyn PHARO

Mae Duw'n rhoi tasg **anhygoel o anodd** i Moses ei chyflawni – sef rhyddhau'r Israeliaid o 400 mlynedd o gaethiwed yn yr Aifft.

I helpu Moses berswadio Pharo y byddai'n syniad da i ryddhau ei gaethweision, mae Duw'n rhoi **pwerau rhyfeddol** i Moses, e.e. troi ei ffon yn sarff, ac yn ôl yn ffon eto. Ond wnaeth hynny fawr o argraff ar Pharo.

Felly, mae Duw'n anfon cyfres o **blâu** ar yr Aifft – gwaed, llyffantod, llau, pryfed, clefydau ar yr anifeiliaid, cornwydydd, cenllysg, locustiaid a thywyllwch (Exodus 7–10).

Ro'n i'n arfer bod yn ffon werth chweil – nes i mi gwrdd â Moses . .

2. GŴYL Y BARA CROYW

Er gwaethaf y plâu, mae Pharo'n dal i fynnu dal ei afael ar ei gaethweision, felly mae Duw'n dweud wrth Moses am baratoi ar gyfer Cynllun B . . . **Gŵyl y Bara Croyw**.

Am hanner nos bydd Duw'n lladd pob **mab cyntafanedig** yn yr Aifft. Rhaid i'r Israeliaid fwyta pryd arbennig o gig oen, gan daenu gwaed yr oen ar ddau bostyn drws allanol eu tai. Yna, pan fydd angel Duw'n teithio dros y wlad, aiff heibio i'r tai a nodwyd â'r gwaed, gan arbed meibion yr Israeliaid.

Ar ôl y noson ofnadwy hon pan fu **mab Pharo ei hun farw**, mae'r Israeliaid yn cael caniatâd i fynd.

Gollwng fy mhobl yn rhydd!

Moses yn Exodus 5:1

3. CROESI'R MÔR COCH

Ar y funud olaf, mae Pharo'n newid ei feddwl ac yn anfon ei fyddin i **ailgipio**'r Israeliaid. Mae'r fyddin yn llwyddo i'w dal ar lan y Môr Coch (gweler y map ar dudalen 66).

Ond mae gan Dduw un syrpréis arall i fyny'i lawes. Yn Exodus 14, defnyddia wynt cryf o'r dwyrain i greu llwybr drwy'r môr. Mae'r Israeliaid yn llwyddo i **ddianc** – tra bod yr Eifftwyr yn **boddi**.

MOSES

Moses yw prif gymeriad pedwar llyfr cyfan! Rhaid ei fod yn dipyn o arwr i gael ei drin fel seren!

Does yr un cymeriad arall yn yr Hen Destament yn cael cymaint o sylw â Moses. Cawn hanes ei **enedigaeth** ar ddechrau Exodus, a hanes ei **farwolaeth** ar ddiwedd Deuteronomium – a rhwng y ddau, ef yw'r prif gymeriad, y **seren**.

Er ei enwogrwydd yn ddiweddarach, dechrau **digon gwael** i'w fywyd gafodd Moses. Roedd ei bobl yn byw dan amgylchiadau erchyll fel **caethweision** yn yr Aifft. Yn ddyn ifanc roedd yn euog o **lofruddiaeth**, a bu'n byw fel **ffoadur**. Ffodd i'r anialwch, lle bu'n byw am flynyddoedd lawer.

Y trobwynt ym mywyd Moses oedd ei **gyfarfyddiad â Duw** yn yr anialwch, lle gwelodd berth oedd ar dân ond heb losgi. O ganol y berth, galwodd Duw arno . . .

> Moses, Moses!

Dywedodd Duw wrth Moses am arwain ei bobl allan o gaethiwed yn yr Aifft. Gofynnodd Moses am enw'r Duw oedd yn gofyn iddo wneud hyn, ac ateb enwog Duw oedd . . .

> Fi ydy'r Un ydw i!

Darllenwch am Moses yn cwrdd â Duw yn y berth sy'n llosgi yn Exodus 3–4.

Dyma fraslun o fywyd Moses →

> Be goblyn? Nid dyma'r pizza wnes i archebu!

- Pan oedd Moses yn fabi, achubwyd ef o **afon Nîl** gan dywysoges o'r Aifft (Exodus 2).

- Llofruddiodd Eifftiwr oedd yn curo **caethwas Hebrëig**. Ffodd rhag ei erlidwyr, a byw fel alltud (Exodus 2).

- **Cyfarfu â Duw** yn yr anialwch, a galwodd Duw arno i arwain yr Israeliaid allan o gaethiwed (Exodus 3).

- Arweiniodd ei bobl i **ryddid** (Exodus 5–12), gan sicrhau eu bod yn croesi'r môr yn ddiogel, tra bod yr Eifftwyr yn boddi.

- Ar **Fynydd Sinai**, derbyniodd Gyfraith Duw (Exodus 20).

- Oherwydd iddo **siomi Duw** ar foment dyngedfennol, ni chafodd fynd i mewn i wlad yr addewid – er iddo gael cipolwg arni cyn marw (Numeri 20).

- **Bu Moses farw**, a chafodd ei gladdu gan Dduw (Deuteronomium 34).

Mae Moses yn ffigur pwysig iawn yn y Beibl ac yn y grefydd Iddewig.

> Fuodd yna erioed broffwyd arall tebyg i Moses yn Israel – roedd Duw yn delio gydag e wyneb yn wyneb.
>
> *Deuternonomium 34:10*

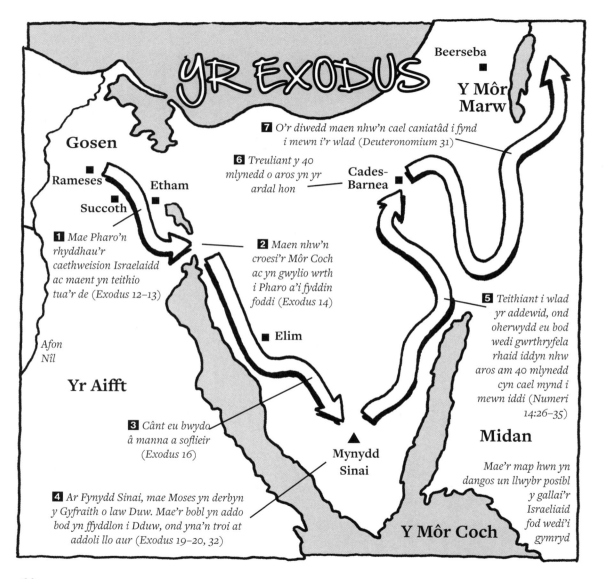

YR EXODUS

Beerseba

Y Môr Marw

Gosen

Rameses

Succoth

Etham

7 *O'r diwedd maen nhw'n cael caniatâd i fynd i mewn i'r wlad (Deuteronomium 31)*

6 *Treuliant y 40 mlynedd o aros yn yr ardal hon*

Cades-Barnea

1 *Mae Pharo'n rhyddhau'r caethweision Israelaidd ac maent yn teithio tua'r de (Exodus 12–13)*

2 *Maen nhw'n croesi'r Môr Coch ac yn gwylio wrth i Pharo a'i fyddin foddi (Exodus 14)*

5 *Teithiant i wlad yr addewid, ond oherwydd eu bod wedi gwrthryfela rhaid iddyn nhw aros am 40 mlynedd cyn cael mynd i mewn iddi (Numeri 14:26–35)*

Afon Nîl

Yr Aifft

Elim

3 *Cânt eu bwydo â manna a soflieir (Exodus 16)*

Mynydd Sinai

Midan

Mae'r map hwn yn dangos un llwybr posibl y gallai'r Israeliaid fod wedi'i gymryd

4 *Ar Fynydd Sinai, mae Moses yn derbyn y Gyfraith o law Duw. Mae'r bobl yn addo bod yn ffyddlon i Dduw, ond yna'n troi at addoli llo aur (Exodus 19–20, 32)*

Y Môr Coch

Dalier sylw – rhan bwysig:
Mae Duw'n rhoi'r Deg
Gorchymyn i Moses yn
Exodus 20:1–17 . . .

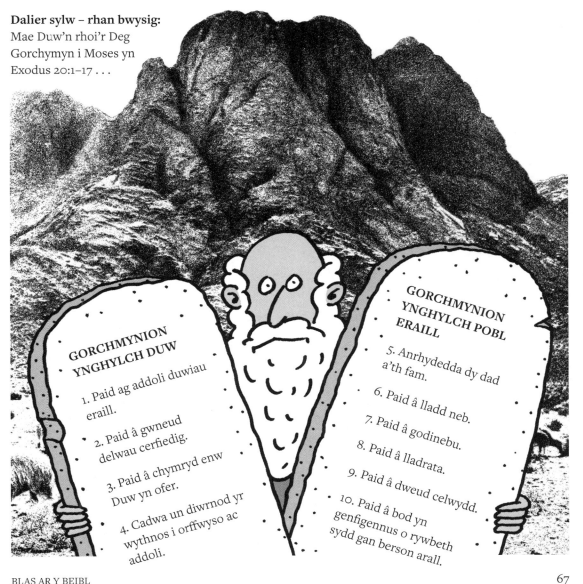

GORCHMYNION
YNGHYLCH DUW

1. Paid ag addoli duwiau
eraill.

2. Paid â gwneud
delwau cerfiedig.

3. Paid â chymryd enw
Duw yn ofer.

4. Cadwa un diwrnod yr
wythnos i orffwyso ac
addoli.

GORCHMYNION
YNGHYLCH POBL
ERAILL

5. Anrhydedda dy dad
a'th fam.

6. Paid â lladd neb.

7. Paid â godinebu.

8. Paid â lladrata.

9. Paid â dweud celwydd.

10. Paid â bod yn
genfigennus o rywbeth
sydd gan berson arall.

LEFITICUS

Dyma ddyfyniad allweddol o'r llyfr hwn . . .

Fi ydy'r ARGLWYDD eich Duw chi. Rhaid i chi gysegru'ch hunain yn llwyr i mi, a bod yn sanctaidd am fy mod i'n sanctaidd. Lefiticus 11:44

Dyma rai cyfreithiau nodweddiadol . . .

Efallai nad yw Lefiticus yn un o lyfrau mwyaf poblogaidd y Beibl, ond serch hynny mae'n rhyfeddol yn ei ffordd ei hun. Mae'n gosod y deddfau ynghylch sut y dylai cymuned yr hen Israel **fyw ac addoli**.

Mae'r deddfau'n cynnwys sut i drin caethweision, talu cyflogau teg, peidio â phriodi eich chwaer, ac ati. Ceir deddfau ynghylch **addoli ac aberthu** ochr yn ochr â deddfau ynghylch **bywyd bob dydd**, gan ddangos consýrn Duw am fywyd yn ei gyfanrwydd.

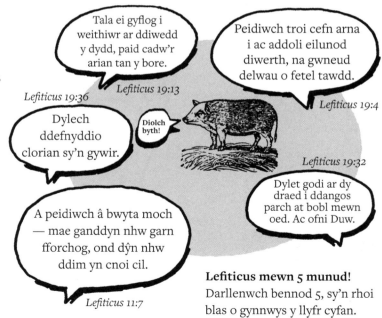

Tala ei gyflog i weithiwr ar ddiwedd y dydd, paid cadw'r arian tan y bore.
Lefiticus 19:13

Peidiwch troi cefn arna i ac addoli eilunod diwerth, na gwneud delwau o fetel tawdd.
Lefiticus 19:4

Lefiticus 19:36
Dylech ddefnyddio clorian sy'n gywir.

Diolch byth!

Dylet godi ar dy draed i ddangos parch at bobl mewn oed. Ac ofni Duw.
Lefiticus 19:32

A peidiwch â bwyta moch — mae ganddyn nhw garn fforchog, ond dŷn nhw ddim yn cnoi cil.
Lefiticus 11:7

Lefiticus mewn 5 munud!
Darllenwch bennod 5, sy'n rhoi blas o gynnwys y llyfr cyfan.

Numeri

Croeso i lyfr 4 o bum llyfr Moses. Yn yr ysgrythurau Hebrëig, teitl y llyfr hwn yw **Yn yr Anialwch**, ond mae'r Beibl Cristnogol yn ei alw'n Numeri oherwydd ynddo mae Moses yn **cyfri'r holl bobl** tra maen nhw yn yr anialwch.

Fodd bynnag, mae 'Yn yr Anialwch' yn well teitl, oherwydd mae'n sôn am y modd y **gwrthryfelodd** yr Israeliaid yn erbyn Duw, gan gael eu gorfodi i **grwydro'r anialwch** am 40 mlynedd.

Mae'r argyfwng yn y llyfr yn digwydd pan fo Duw'n dweud:

> Byddwch chi'n syrthio'n farw yn yr anialwch yma. A bydd eich plant yn gorfod crwydro yn yr anialwch am bedwar deg o flynyddoedd. Byddan nhw'n talu am eich bod chi wedi bod yn anffyddlon!

Numeri 14:32–33

Neis iawn. Sut mae'r llyfr yn gweithio, felly?

Fel hyn...

■ Mae'r bobl yn gadael **Mynydd Sinai** (Numeri 1–10).

■ Am eu bod yn cwyno am y **bwyd**, mae Duw'n eu bwydo (Numeri 11).

■ Anfonir **12 ysbïwr** ar gyrch i wlad yr addewid. Gan fod 10 ohonyn nhw wedi dod yn ôl ag adroddiad gwael am y lle, mae'r bobl yn gwrthod mynd yno. Mae Duw'n eu condemnio i grwydro yn yr anialwch am 40 mlynedd (Numeri 13–14).

■ Maen nhw'n treulio **38 o flynyddoedd diflas** yno (Numeri 15–19).

■ Wrth i'r bobl agosáu at wlad yr addewid, mae'r **brenhinoedd lleol** yn ceisio'u rhwystro (Numeri 20–24).

Yr Arch

Arch y cyfamod yw un o'r **gwrthrychau rhyfeddaf a mwyaf dirgel** yn y Beibl. Bu hyd yn oed yn destun un o ffilmiau enwog Indiana Jones, *Raiders of the Lost Ark*. Beth oedd yr arch, felly, a beth oedd ei hanes?

Adeiladwyd yr arch yng nghyfnod Moses. Y tu mewn iddi roedd y **Deg Gorchymyn**, wedi eu hysgrifennu ar ddwy dabled garreg. Roedd yr arch tua 4 troedfedd o hyd, ac wedi'i gorchuddio ag aur (Exodus 37).

Cedwid yr arch yn y cysegr mewnol lle cyfarfu Duw â Moses. Roedd yn symbol o **bresenoldeb Duw** gyda'i bobl.

Pan groesodd yr Israeliaid **afon Iorddonen** i mewn i wlad yr addewid, cariodd offeiriaid yr arch i mewn i'r afon; ymrannodd y dŵr gan ganiatáu i'r bobl groesi ar dir sych (Josua 3).

Beth ddigwyddodd i'r arch? Mae rhai'n credu ei bod wedi **diflannu** pan ymosododd y Babiloniaid ar Jerwsalem. Mae eraill o'r farn ei bod yn dal mewn bodolaeth, naill ai yn Ethiopia neu wedi'i chladdu yn rhywle yn Israel/Palesteina.

Cist o'r Aifft yn cael ei chario gan offeiriaid. Credir i'r arch gael ei modelu ar flwch tebyg i hwn.

Roedd y **Brenin Dafydd** yn awyddus i ddod â'r arch i Jerwsalem. Ar y ffordd, cyffyrddodd rhyw ddyn â hi i'w hatal rhag disgyn oddi ar y cert, a chwympodd y dyn yn **farw** yn y fan a'r lle (2 Samuel 6).

Dioddefodd y Philistiaid **afiechydon** am gyfnod o saith mis, ac yn y diwedd anfonwyd yr arch yn ôl i Israel (1 Samuel 5–6).

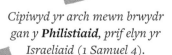

Cipiwyd yr arch mewn brwydr gan y **Philistiaid**, prif elyn yr Israeliaid (1 Samuel 4).

BLAS AR Y BEIBL

DEUTERONOMIUM

Gellir meddwl am Deuteronomium fel **Prif Lwyddiannau Moses** – casgliad o **areithiau** a draddododd yn y cyfnod yn union cyn i'r Israeliaid fynd i mewn i **wlad yr addewid**, ar ôl treulio deugain mlynedd yn crwydro'n ddigyfeiriad yn yr anialwch. Dyma'r areithiau (mae'r rhifau mewn cromfachau'n nodi'r penodau perthnasol yn Deuteronomium):

Araith 1 – Mae Moses yn cofio popeth a wnaeth Duw i'w bobl, ac yn crynhoi'r cyfan fel hyn: 'Yr Arglwydd sydd Dduw yn y nefoedd uchod ac ar y ddaear isod, ac nad oes un arall. Cadwa ei ddeddfau . . . fel y bydd yn dda arnat' (1–4).

Araith 2 – Pregeth Moses ar y Deg Gorchymyn, yn cynnwys geiriau mwyaf adnabyddus y llyfr: 'Gwrando, O Israel: Y mae'r Arglwydd ein Duw yn un Arglwydd. Câr di yr Arglwydd dy Dduw â'th holl galon ac â'th holl enaid, ac â'th holl nerth . . .' Cyfeiriodd Iesu at y geiriau hyn fel cyfraith bwysicaf yr Hen Destament (5–26).

Araith 3 – Mae Moses yn rhestru'r melltithion a ddaw os bydd y bobl yn anufudd i Dduw, a'r bendithion a ddaw wrth fod yn ufudd iddo (27–28).

Cân Moses – Yma, mae Moses yn cyflwyno cyfres o rybuddion enbyd i'w bobl ynghylch y peryglon o gefnu ar Dduw (32).

Araith 4 – Apêl fawr Moses ar i'r bobl ymrwymo eu hunain i Dduw. 'Edrych, yr wyf am roi'r dewis iti heddiw rhwng bywyd a marwolaeth, rhwng daioni a drygioni' (29–30).

Bendith Moses – Yn ei eiriau olaf, mae Moses yn bendithio holl lwythau Israel – heblaw am lwyth Simeon, a ddaeth yn ddiweddarach yn rhan o Jwda (33).

Yr Uchafbwyntiau
o lyfrau Moses

Y creu
Genesis 1:1 – 2:4
Mae Duw yn creu'r nefoedd a'r ddaear mewn chwe diwrnod.

Gardd Eden
Genesis 2:5 – 3:24
Adda ac Efa, a hanes y sarff a'r ffrwyth a'u temtiodd nhw.

Arch Noa
Genesis 6:9 – 8:22
Mae Duw yn boddi'r byd, ond yn arbed Noa a'i deulu.

Tŵr Babel
Genesis 11:1–9
Mae adeiladu tŵr yn arwain at ffrwydrad o ieithoedd gwahanol.

Abraham yn aberthu Isaac
Genesis 22:1–19
Mae Duw'n rhoi'r prawf eithaf ar deyrngarwch Abraham.

Jacob yn twyllo Esau
Genesis 27:1–45
Mae Jacob yn dwyn genedigaeth-fraint y teulu oddi ar ei frawd.

Ysgol Jacob
Genesis 28:10–22
Ac yntau ar ffo, mae Jacob yn breuddwydio bod Duw gydag ef.

Moses a'r berth ar dân
Exodus 3
O ganlyniad i gwrdd â Duw yn yr anialwch, mae bywyd Moses yn newid yn llwyr.

Croesi'r Môr Coch
Exodus 14:10–31
Mae'r Israeliaid yn ffoi o gaethwasiaeth trwy groesi'r môr ar dir sych.

Y Deg Gorchymyn
Exodus 20:1–17
Mae Duw'n datgelu ei Gyfraith i Moses ar Fynydd Sinai.

YR ISRAELIAID

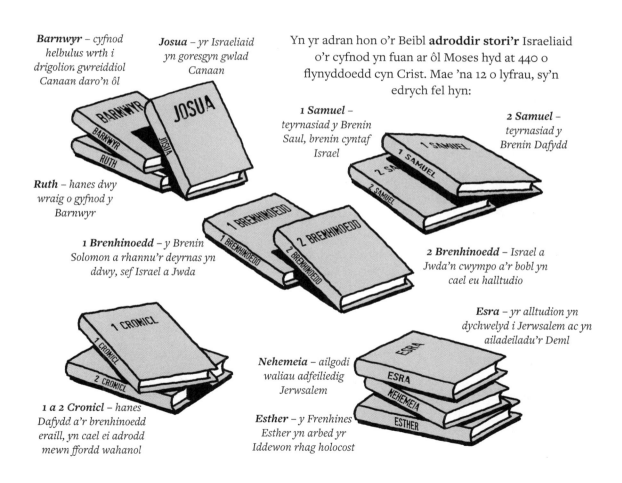

Barnwyr – *cyfnod helbulus wrth i drigolion gwreiddiol Canaan daro'n ôl*

Josua – *yr Israeliaid yn goresgyn gwlad Canaan*

Yn yr adran hon o'r Beibl **adroddir stori'r** Israeliaid o'r cyfnod yn fuan ar ôl Moses hyd at 440 o flynyddoedd cyn Crist. Mae 'na 12 o lyfrau, sy'n edrych fel hyn:

1 Samuel – *teyrnasiad y Brenin Saul, brenin cyntaf Israel*

2 Samuel – *teyrnasiad y Brenin Dafydd*

Ruth – *hanes dwy wraig o gyfnod y Barnwyr*

1 Brenhinoedd – *y Brenin Solomon a rhannu'r deyrnas yn ddwy, sef Israel a Jwda*

2 Brenhinoedd – *Israel a Jwda'n cwympo a'r bobl yn cael eu halltudio*

Esra – *yr alltudion yn dychwelyd i Jerwsalem ac yn ailadeiladu'r Deml*

Nehemeia – *ailgodi waliau adfeiliedig Jerwsalem*

1 a 2 Cronicl – *hanes Dafydd a'r brenhinoedd eraill, yn cael ei adrodd mewn ffordd wahanol*

Esther – *y Frenhines Esther yn arbed yr Iddewon rhag holocost*

CYFLWYNIAD

Pe baech chi'n edrych ar y 12 llyfr yma mewn Beibl Hebraeg, byddech yn dod o hyd iddyn nhw mewn grŵp mawr o lyfrau dan y teitl **Y Proffwydi.** Mae'r grŵp hwnnw'n cynnwys y rhan fwyaf o'n llyfrau 'hanes', ynghyd ag Eseia, Jeremeia a holl lyfrau eraill y proffwydi.

Swnio braidd yn od . . .

Ydy, mae e . . . oherwydd dydyn nhw ddim yn llawn o broffwydoliaethau neu ragfynegiadau o'r dyfodol. Yn hytrach, maen nhw'n adrodd **hanes yr Israeliaid** o gyfnod Josua (olynydd Moses) hyd at Esra – cyfnod o ryw 800 mlynedd.

Cânt eu galw'n llyfrau proffwydol oherwydd eu bod yn cynnwys mwy na ffeithiau moel y stori'n unig. Yr hyn mae'r awduron am ei wybod yw **sut mae Duw'n gweithio** mewn gwahanol sefyllfaoedd, a beth mae'r stori'n ei olygu wrth iddi ddatblygu. Mae hynny'n eu gwneud yn broffwydol oherwydd mai gwaith y proffwydi yn yr Hen Destament yw perthnasu neges Duw i'r hyn sy'n digwydd.

Dyma un enghraifft o'r ffordd y mae'r llyfrau hyn yn gweithredu mewn modd proffwydol, gan ddehongli ystyr digwyddiadau . . .

Dyma bobl Israel, unwaith eto, yn gwneud rhywbeth gwirioneddol ddrwg yng ngolwg yr ARGLWYDD. Felly dyma fe'n gadael i Midian eu rheoli nhw am saith mlynedd.

Barnwyr 6:1

7 stori

Mae'r llyfrau hyn yn wych am adrodd stori. Am ragflas, rhowch gynnig ar y rhain:

1 **Muriau Jericho** yn cwympo: Josua 2 a 6

2 **Gideon** yn gorchfygu gelynion Israel: Barnwyr 6–7

3 **Dafydd yn erbyn Goliath:** 1 Samuel 17

4 Dafydd a **Bathseba:** 2 Samuel 11–12

5 **Solomon yn gweddïo** am ddoethineb: 1 Brenhinoedd 3

6 **Elias** yn gorchfygu offeiriaid y gau dduw, Baal: 1 Brenhinoedd 18–19

7 **Eliseus** yn iacháu Naaman yn yr Iorddonen: 2 Brenhinoedd 5

Beth, felly, yw llif y stori yn y llyfrau hyn? Dyma **fraslun o'r stori** a lle gallwch chi ddod o hyd i'r gwahanol elfennau . . .

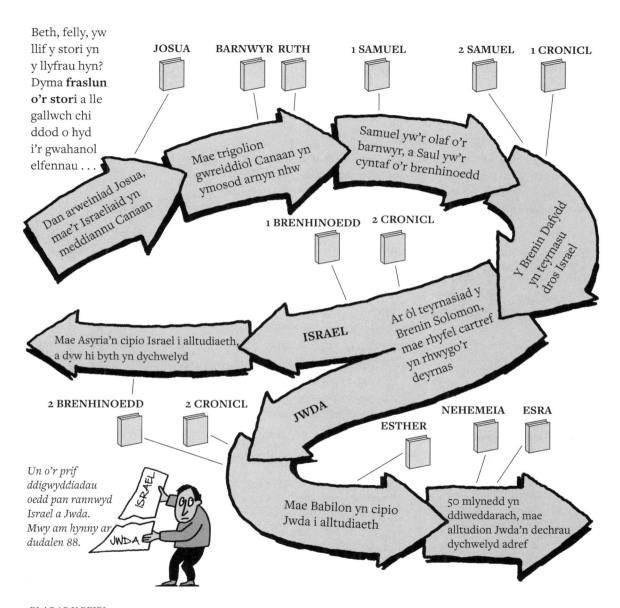

JOSUA

BARNWYR **RUTH**

1 SAMUEL

2 SAMUEL **1 CRONICL**

Dan arweiniad Josua, mae'r Israeliaid yn meddiannu Canaan

Mae trigolion gwreiddiol Canaan yn ymosod arnyn nhw

Samuel yw'r olaf o'r barnwyr, a Saul yw'r cyntaf o'r brenhinoedd

Y Brenin Dafydd yn teyrnasu dros Israel

1 BRENHINOEDD **2 CRONICL**

ISRAEL

Ar ôl teyrnasiad y Brenin Solomon, mae rhyfel cartref yn rhwygo'r deyrnas

Mae Asyria'n cipio Israel i alltudiaeth, a dyw hi byth yn dychwelyd

2 BRENHINOEDD **2 CRONICL**

JWDA

ESTHER

NEHEMEIA **ESRA**

Mae Babilon yn cipio Jwda i alltudiaeth

50 mlynedd yn ddiweddarach, mae alltudion Jwda'n dechrau dychwelyd adref

Un o'r prif ddigwyddiadau oedd pan rannwyd Israel a Jwda. Mwy am hynny ar dudalen 88.

ISRAEL

JWDA

JOSUA

Mae llyfr Josua'n adrodd hanes y modd yr aeth yr Israeliaid ati i **ymosod** ar wlad Canaan a'i **goresgyn**. Prif neges y llyfr yw fod Duw wedi **addo**'r wlad i'r Israeliaid cyn belled yn ôl â chyfnod Abraham (gweler Genesis 15:18–21).

Y drafferth oedd fod gwlad Canaan **eisoes yn eiddo i bobl eraill**, sy'n gwneud Josua'n llyfr gwaedlyd iawn. Rhannol lwyddiannus yn unig oedd y goresgyniad, ac arweiniodd hyn at **broblemau mawr** yng nghyfnod y Barnwyr.

Josua yw prif gymeriad y llyfr. Bu'n **brif gynorthwy-ydd** Moses ers cyfnod y ffoi o'r Aifft. Roedd yn filwr didrugaredd, ac yn arweinydd crefyddol ysbrydoledig yn null Moses.

Ymgyrch mewn tri cham

Yn ôl llyfr Josua, goresgynnwyd y wlad mewn tri cham:

1 Croesi'r Iorddonen
Maen nhw'n gorchfygu dinasoedd Jericho ac Ai (Josua 1–8)

2 Ymgyrch y de
Mae Josua'n difa pump o frenhinoedd lleol y de (Josua 9–10)

3 Ymgyrch y gogledd
Mae byddin fawr o elynion Israel yn ymgynnull yn y gogledd, ond mae ymosodiad annisgwyl yn rhoi'r fuddugoliaeth i Josua (Josua 11)

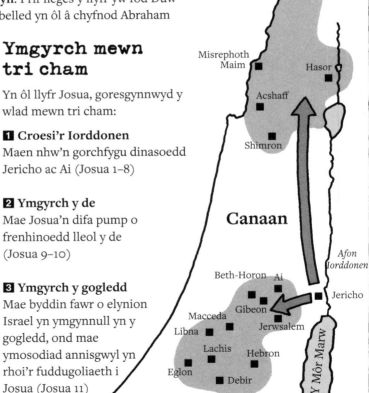

Barnwyr

Ai dyma lle rydyn ni'n dod i mewn i'r stori?

Mewn gair – nage. Er gwaethaf enw'r llyfr, dyw e ddim yn sôn am farnwyr fel rydyn ni'n meddwl amdanyn nhw heddiw. **Arweinwyr poblogaidd** oedd y barnwyr hyn, a ddaeth yn enwog yn y cyfnod cythryblus o 150 mlynedd ar ôl dyddiau Josua. Bryd hynny, doedd gan yr Israeliaid ddim system o arweinyddiaeth sefydlog, a daeth pob un o'r barnwyr i'w hachub mewn **cyfnod o argyfwng**.

Llyfr braidd yn drwm yw'r Barnwyr. Y thema sy'n codi dro ar ôl tro yw'r modd yr aeth yr Israeliaid ati'n barhaus i **wrthryfela** yn erbyn Duw, gan roi ar waith gyfres erchyll o ddigwyddiadau . . .

Yn y dyddiau da, maen nhw'n anghofio am Dduw ac yn addoli gau dduwiau Canaan.

Mae hyn yn gwneud Duw'n drist.

Mae'r dyddiau da'n dychwelyd!

↖ Dechreuwch yma

Mae Duw'n dyrchafu barnwr sy'n achub yr Israeliaid rhag eu gelynion.

Mae Duw'n caniatáu i elynion Israel ymosod arnyn nhw, eu gorchfygu a'u gormesu.

Gweler y ddwy dudalen nesaf am restr gyflawn o'r barnwyr, ynghyd â bywgraffiad o ddau o'r barnwyr mwyaf enwog, sef **Debora** a **Samson**.

Anobaith llwyr!

Maen nhw'n llefain, 'O Arglwydd, achub ni!'

DEBORA

Debora yw'r unig **arweinydd milwrol benywaidd** yn yr Hen Destament. Daeth yn arwres genedlaethol yn Israel pan oedd y bobl yn dioddef dan reolaeth dreisgar y **Brenin Jabin**, goresgynnwr o'r gogledd.

Deffrôdd Debora y genedl i weithredu. Ar ei gorchymyn hi, aeth **Barac** – oedd yn arweinydd milwrol – ati i gasglu 10,000 o ddynion i frwydro yn erbyn y Brenin Jabin.

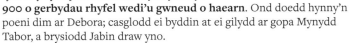

Nawr dyna beth rwy'n ei alw'n llywodraeth y bais . . .

Y rheswm pam fod y Brenin Jabin yn elyn mor anodd ei oresgyn oedd fod gan ei fyddin y cyfarpar diweddaraf, yn cynnwys **900 o gerbydau rhyfel wedi'u gwneud o haearn**. Ond doedd hynny'n poeni dim ar Debora; casglodd ei byddin at ei gilydd ar gopa Mynydd Tabor, a brysiodd Jabin draw yno.

Rhuthrodd yr Israeliaid i lawr y mynydd gan orfodi cerbydau rhyfel Jabin i'r tir corsiog ar lan afon Cison. Oherwydd eu bod mor drwm, roedd y cerbydau'n gwbl ddi-werth, a ffodd byddin Jabin oddi yno. Gweler Barnwyr 4–5 am y stori gyflawn.

Gweler Barnwyr 4–5

Pwy oedd y barnwyr?

Othniel – Barnwyr 3:7–11
Ehud – Barnwyr 3:12–30
Samgar – Barnwyr 3:31
Debora (gyda **Barac**) – Barnwyr 4–5
Gideon – Barnwyr 6–8
Tola – Barnwyr 10:1–2
Jair – Barnwyr 10:3–5
Jefftha – Barnwyr 10:6 – 12:7
Ibsan – Barnwyr 12:8–10
Elon – Barnwyr 12:11–12
Abdon – Barnwyr 12:13–15
Samson – Barnwyr 13–16

Roedd rhyfelwyr yn brin yn Israel, nes i ti, Debora, godi, fel mam yn amddiffyn Israel.

Cân Debora
Barnwyr 5:7

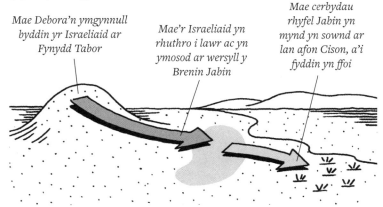

Mae Debora'n ymgynnull byddin yr Israeliaid ar Fynydd Tabor

Mae'r Israeliaid yn rhuthro i lawr ac yn ymosod ar wersyll y Brenin Jabin

Mae cerbydau rhyfel Jabin yn mynd yn sownd ar lan afon Cison, a'i fyddin yn ffoi

SAMSON

Samson oedd **yr olaf** o'r barnwyr; roedd yn debyg i rywun o'r gorllewin gwyllt – yn ddewr, annibynnol, parod iawn i ymosod, ac **anghyffredin o gryf**. Mae e hefyd yn enwog am ei berthynas beryglus gyda **Delila** – merch hynod brydferth a deniadol. Darllenwch hanes Samson yn Barnwyr 13–16.

Ffaith neu ddwy am Samson . . .

1 Drwy gydol bywyd Samson, roedd Israel wedi'i meddiannu gan ei hen elynion, y **Philistiaid**. Er na wnaeth Samson erioed ymgynnull byddin i'w gyrru o'r wlad, fe fu e'n bersonol yn rhyfela yn erbyn y Philistiaid.

2 Magwyd Samson fel **Nasaread**, ac roedd hynny'n golygu ei fod wedi addo ymroi i wasanaethu Duw mewn modd arbennig. Addawodd beidio ag yfed **alcohol**, mynd yn agos at **gorff marw**, na **thorri ei wallt**. Torrodd Samson bob un o'r addewidion hyn yn ystod ei fywyd, a dyna a arweiniodd at ei gwymp.

Roedd Samson yn berson mawr ac yn bersonoliaeth fawr, ym mhob ystyr o'r gair. Ynghyd â'i dric o ddymchwel pyrth y ddinas â'i ddwylo, roedd e hefyd yn dipyn o **gomedïwr**. Ar ôl iddo ladd rhyw Philistiaid ag asgwrn gên asyn, canodd fel hyn . . .

Gydag asgwrn gên asyn gadewais nhw'n domenni!

Mae'r gymysgedd dywyll hon o **ladd** a **chomedi** yn crynhoi bywyd chwitchwat Samson i'r dim.

Er gwaethaf ei holl feiau, cynhwysir Samson yn y rhestr o arwyr y ffydd yn Hebreaid 11:32. Roedd awduron yr eglwys fore yn dehongli'r portread ohono'n lladd llew ifanc (gweler Barnwyr 14:5–6) fel portread o Grist yn gorchfygu Satan.

RUTH

Stori o gyfnod y Barnwyr...

Stori fer yw llyfr Ruth – testun fyddai'n llenwi ryw saith tudalen mewn nofel clawr papur. Dyma sut mae'n dechrau . . .

Mae **Elimelech** a **Naomi** yn symud eu teulu o'u cartref ym Methlehem i fyw mewn gwlad dramor, sef **Moab**. Ond yna mae Elimelech yn marw a dau fab Naomi yn priodi **merched lleol**; un ohonyn nhw yw **Ruth**.

Ddeng mlynedd yn ddiweddarach, mae'r ddau fab hefyd yn marw a Naomi'n penderfynu dychwelyd i Fethlehem. Mae Ruth yn mynnu **mynd gyda'i mam-yng-nghyfraith**, er bod Israel yn wlad gwbl ddieithr iddi hi. Mae ei theyrngarwch i Naomi yn rhyfeddol wrth iddi ddweud:

> Dw i am fynd ble bynnag fyddi di yn mynd . . . a dy Dduw di yn Dduw i mi.
>
> *Ruth 1:16*

RHANNU TEULU

Elimelech   **Naomi**

Mahlon   **Ruth**   Orpa   Chilion

Mae gweddill y llyfr (o bennod 2 ymlaen) yn adrodd stori Ruth yn cwrdd â **Boas** (perthynas i Naomi) ac yn ei briodi. Mae hi'n stori dda, ac yn llawn o fanylion diddorol am y cyfnod.

Estroniaid

Mae Ruth yn enghraifft o bobl nad oedden nhw'n Iddewon yn cael eu bendithio gan Dduw. Enghraifft arall yw Naaman (yn 2 Brenhinoedd 5). Hyd yn oed bryd hynny, doedd cariad Duw ddim wedi'i gyfyngu i un genedl neu hil.

12 LLWYTH

Roedd cenedl Israel yn cynnwys 12 o deuluoedd, a phob un yn ddisgynyddion i **feibion Jacob** (gw. tud. 59). Y 12 teulu yma oedd sylfaenwyr 12 llwyth Israel – ac maen nhw'n cael sylw yn y Beibl ar sawl achlysur . . .

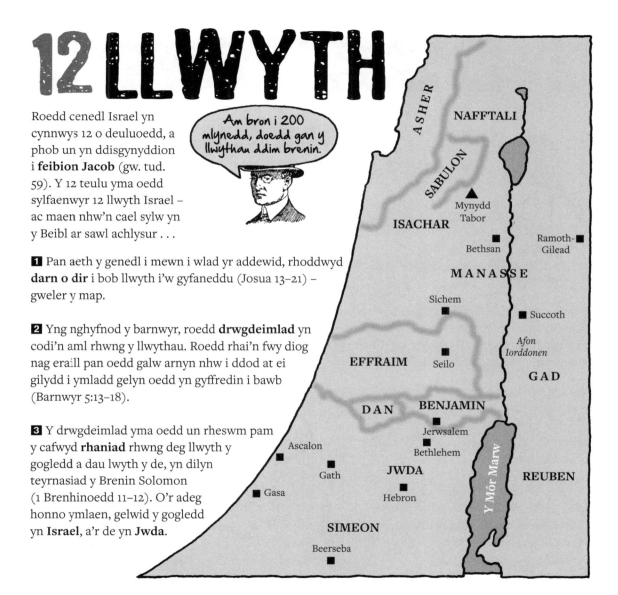

Am bron i 200 mlynedd, doedd gan y llwythau ddim brenin.

1 Pan aeth y genedl i mewn i wlad yr addewid, rhoddwyd **darn o dir** i bob llwyth i'w gyfaneddu (Josua 13–21) – gweler y map.

2 Yng nghyfnod y barnwyr, roedd **drwgdeimlad** yn codi'n aml rhwng y llwythau. Roedd rhai'n fwy diog nag eraill pan oedd galw arnyn nhw i ddod at ei gilydd i ymladd gelyn oedd yn gyffredin i bawb (Barnwyr 5:13–18).

3 Y drwgdeimlad yma oedd un rheswm pam y cafwyd **rhaniad** rhwng deg llwyth y gogledd a dau lwyth y de, yn dilyn teyrnasiad y Brenin Solomon (1 Brenhinoedd 11–12). O'r adeg honno ymlaen, gelwid y gogledd yn **Israel**, a'r de yn **Jwda**.

ASHER
NAFFTALI
SABULON
ISACHAR
Mynydd Tabor
Bethsan
Ramoth-Gilead
MANASSE
Sichem
Succoth
Afon Iorddonen
EFFRAIM
Seilo
GAD
DAN
BENJAMIN
Jerwsalem
Bethlehem
Ascalon
Gath
JWDA
Y Môr Marw
REUBEN
Gasa
Hebron
SIMEON
Beerseba

1 A 2 SAMUEL

Fe gymerwn ni'r ddau lyfr yma yn eu tro. Yn gyntaf, 1 Samuel . . .

Mae llyfr 1 Samuel yn parhau â'r stori yn y fan lle gorffennodd y Barnwyr. Ynddo, dilynir stori Israel wrth i'r genedl symud ymlaen o lywodraeth y **barnwyr** i lywodraeth y **brenhinoedd** . . .

Beth oedd y rheswm dros y **newid?**

Barnwyr → Brenhinoedd

Y gwir yw fod pobl Israel wedi cael llond bol ar y **Philistiaid**, yr hen elyn oedd yn eu trin fel baw. Roedden nhw hefyd wedi **blino ar y barnwyr**, oedd yn llywodraethu'n anghyson a chwit-chwat. Penderfynwyd, felly, mai'r peth gorau fyddai cael brenin . . .

Yr **unig berson** i anghytuno â hyn i gyd oedd **Samuel**, oedd yn **broffwyd** ar y pryd. Ei farn e oedd y byddai'r brenhinoedd yn eu **trethu'n drwm** a'u **trin yn wael** – ond doedd neb yn fodlon gwrando arno.

Teimlai Samuel yn ddigalon ynghylch yr holl beth, ond dywedodd Duw wrtho: 'Dim ti maen nhw'n ei wrthod; fi ydy'r un maen nhw wedi'i wrthod fel eu brenin.' (1 Samuel 8:7)

Twt!

Rydyn ni eisiau brenin!

Rhywun i'n gwnued ni'n gyfoethog!

Ie! Fel pob cenedl arall!

Rhywun i'n harwain mewn brwydr!

Rhywun i roi ei lun ar y stampiau!

Gweler 1 Samuel 8...

Ar ôl i'r bobl benderfynu eu bod am gael brenin, mae 1 Samuel yn parhau trwy adrodd hanes y **Brenin Saul** . . .

. . . tra bod 2 Samuel yn adrodd hanes y **Brenin Dafydd**.

Y Brenin Saul

Brenin cyntaf Israel, a ystyrid gan bawb fel **methiant llwyr**. Ni lwyddodd Saul i orchfygu'r Philistiaid unwaith ac am byth, a gwnaeth elyn o Samuel, a ddywedodd fod Duw wedi **ei wrthod** fel brenin.

Un o brif themâu 1 Samuel yw **cenfigen Saul tuag at Dafydd**. Un tro, taflodd waywffon at Dafydd tra oedd e'n canu ei delyn. Cyflawni **hunanladdiad** oedd diwedd Saul. Darllenwch ei hanes yn 1 Samuel 9–31.

Pwyll pia hi!

Y Brenin Dafydd

Dafydd oedd ail frenin Israel – brenin mwyaf **adnabyddus** yr Hen Destament, a'r un roedd pobl yn ei **garu fwyaf**. Ystyrir ei deyrnasiad fel **oes aur**, er bod i'r cyfnod hefyd ei adegau tywyll. Cyflwynir ni i Dafydd am y tro cyntaf yn 1 Samuel 16, ac mae ei stori'n parhau drwy gydol 2 Samuel gan orffen yn 1 Brenhinoedd 2.

Cafodd Dafydd ei **eneinio yn y dirgel** gan Samuel (yn 1 Samuel 16), tra oedd Saul yn dal ar yr orsedd. Fel brenin, bu'n llwyddiannus yn erbyn ei elynion, ond yn **dad anobeithiol**. Arweiniodd ei fab, **Absalom**, wrthryfel enbyd yn ei erbyn.

Gweler tudalen 85 am grynodeb byr o fywyd **Saul**, a thudalen 106 am grynodeb o fywyd **Dafydd**.

Beth am roi cynnig ar ddarllen 2 Samuel 9–20 ac 1 Brenhinoedd 1–2 mewn un eisteddiad? Mae hi'n stori ddi-dor ac yn hanes dramatig ac anhygoel.

SAMUEL

Mae Samuel yn gymeriad dadleuol. Ai ef oedd yr olaf o'r **barnwyr** (yn olynu Samson), neu'r cyntaf o'r **proffwydi** (gan baratoi'r ffordd ar gyfer **Elias** ac **Eliseus**)? Ai dim ond y dyn doeth lleol oedd e, a'i enw da wedi'i ddyrchafu uwchlaw pob rheswm – neu a oedd e'n wir yn **arwr cenedlaethol**, fel yr ymddengys? Mae'r arbenigwyr yn anghytuno.

Roedd rhai Iddewon oedd yn arbenigwyr ar y Beibl hyd yn oed yn arfer meddwl am Samuel fel cymeriad tebyg i **Nostradamus**, a ysgrifennodd y cyfan o gynnwys 1 a 2 Samuel, gan ddarogan yn fanwl rai pethau a ddigwyddodd flynyddoedd lawer ar ôl ei farwolaeth. Mae pobl bob amser wedi dadlau yn ei gylch. Dyma rai o'r **anghysonderau** a'r **dryswch** a ddigwyddodd yn ei fywyd . . .

> *Roedd Samuel yn gwrthwynebu awydd y bobl i gael brenin ar Israel, ond er hynny bu'n gyfrifol am goroni Saul a Dafydd.*

> *Cafodd Saul ei ddyrchafu gan Samuel, ond Samuel hefyd oedd achos ei gwymp. Er iddo ddewis Saul yn frenin, dywedodd wrtho'n ddiweddarach fod Duw wedi ei wrthod. Ni ddaeth Saul dros y siom.*

> *Aeth Samuel ati'n ddirgel i eneinio Dafydd yn frenin er bod Saul yn dal ar yr orsedd. Arweiniodd hyn at anghydfod enbyd.*

Un farn yw mai un gwael am fusnesu oedd Samuel, a'i fod yn tanseilio Saul gan achosi dryswch a dinistr i Saul a phobl Israel.

Bywyd Samuel

Dyma'r prif ddigwyddiadau ym mywyd Samuel. Mae'r rhifau mewn cromfachau'n cynrychioli penodau yn 1 Samuel . . .

- Geni Samuel (1)
- Duw yn galw'r Samuel ifanc (3)
- Samuel yn dod yn arweinydd (4)
- Samuel y llywodraethwr (7)
- Samuel a Saul (8–10)
- Samuel yn gwrthod Saul (15)
- Samuel yn eneinio Dafydd yn frenin (16)
- Samuel yn marw (25)

Y BRENIN SAUL

Saul yw un o'r **ffigurau mwyaf trasig** yn y Beibl, ac yn y llyfr hwn y ceir un o'r ychydig achosion o hunanladdiad. Er iddo gael ei ddewis fel brenin cyntaf Israel, nid oedd gan Samuel **hyder** ynddo, ac yn y diwedd **collodd Saul ei bwyll**. Dyma graff o'i fywyd:

mae'n gorchfygu'r Ammoniaid, gelynion Israel (1 Samuel 11)

mae'r bobl yn ei gyhoeddi'n frenin (1 Samuel 10)

mae'n derbyn pŵer Duw (1 Samuel 10)

mae'n anufuddhau i gyfarwyddiadau Samuel (1 Samuel 13)

BRENHINOEDD GWYCH

yn annisgwyl, caiff ei eneinio'n frenin cyntaf Israel gan Samuel (1 Samuel 9–10)

mae Samuel yn dweud wrth Saul bod Duw wedi ei wrthod fel brenin (1 Samuel 15)

BRENHINOEDD GWEDDOL

tal a golygus (1 Samuel 9)

Mae'r **foment allweddol** yn y cenfigen a deimlai Saul tuag at Dafydd yn digwydd ar ôl i Dafydd ladd Goliath (1 Samuel 17). Mae Saul yn clywed merched Israelaidd yn **canu'r** geiriau hyn . . .

mae'n hynod genfigennus o Dafydd (1 Samuel 18)

BRENHINOEDD GWAEL

mae'n chwilio am Dafydd ac yn ceisio'i ladd (1 Samuel 19–26)

> Mae Saul wedi lladd miloedd, ond Dafydd ddegau o filoedd!

1 Samuel 18:7

mae'n colli brwydr fawr yn erbyn y Philistiaid ac yna'n cyflawni hunanladdiad (1 Samuel 31)

BRENHINOEDD TRYCHINEBUS

OPERA SEBON DAFYDD

Ydych chi'n mwynhau **drama a chynllwynio**? Wel, mae digon o hynny i'w weld yn hanes teulu brenhinol Dafydd. Dyma'n cyflwyniad ni i Opera Sebon Dafydd – **gwragedd** Dafydd sydd yn y rhes uchaf a'i **blant** yn y rhes isaf.

Roedd gan Dafydd o leiaf 10 o wragedd a thros 20 o blant. Y plant a ddangosir isod yw'r prif gymeriadau yn y ddrama.

Aeth Dafydd â Bathseba i'w wely pan oedd hi'n briod â rhywun arall – ac yna trefnodd fod ei gŵr yn cael ei ladd (2 Samuel 11).

Ahinoam Maacha **Dafydd** Haggith **Bathseba**

Amnon **Absalom** **Tamar** **Adoneia** **Solomon**

Roedd Amnon yn ffansïo ei hanner-chwaer, Tamar. Denodd hi i fagl a'i threisio (2 Samuel 13). Er bod Dafydd yn ddig, ni chafodd Amnon ei gosbi.

Trefnodd Absalom fod Amnon yn cael ei ladd, a dihangodd rhag dicter Dafydd. Arweiniodd wrthryfel yn erbyn Dafydd, ond cafodd ef ei hun ei ladd mewn brwydr (2 Samuel 13–18).

Aeth Tamar yn feudwy.

Ceisiodd Adoneia gipio'r orsedd pan oedd Dafydd yn hen ŵr. Ar ôl marwolaeth Dafydd, trefnodd Solomon fod Adoneia'n cael ei ladd, a daeth ef ei hun yn frenin (1 Brenhinoedd 1–2).

BLAS AR Y BEIBL

SOLOMON

Ar ôl marwolaeth Dafydd, dyrchafwyd Solomon yn **frenin Israel**. Er iddo orfod wynebu cystadleuaeth gan un o feibion eraill Dafydd, llwyddodd Solomon i'w drechu trwy **driciau dichellgar**. Gallwch ddarllen am deyrnasiad Solomon yn 11 pennod gyntaf 1 Brenhinoedd. Mae e'n parhau i fod yn **enwog** am dri pheth . . .

← GWRAGEDD

Y dyddiau hyn, rydyn ni'n mesur cyfoeth yn nhermau eiddo, ceir a faint o arian sydd gan berson yn y banc. Yng nghyfnod Solomon, roedd dyn yn gyfoethog os gallai fforddio dwy neu ragor o wragedd. **Roedd gan Solomon 700 gwraig** – yn ogystal â 300 o ferched yn yr harîm brenhinol.

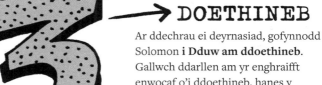

DOETHINEB →

Ar ddechrau ei deyrnasiad, gofynnodd Solomon **i Dduw am ddoethineb**. Gallwch ddarllen am yr enghraifft enwocaf o'i ddoethineb, hanes y **ddau fabi**, yn 1 Brenhinoedd 3:16–28. Dywedir fod llyfr y **Diarhebion** yn cynnwys llawer o ddatganiadau doeth Solomon.

CYFOETH

Roedd Solomon yn hynod gyfoethog – mae hynny'n ffaith. Etifeddodd deyrnas gref, ddiogel gan y Brenin Dafydd, a threuliodd ei fywyd yn ei gwneud yn **anhygoel o gyfoethog**. Yn anffodus, fe wnaeth hynny trwy ormesu ei bobl ei hun, gan eu **trethu'n** drwm a **gorfodi'r Israeliaid i lafurio** ar ei brosiectau adeiladu. O ganlyniad, crewyd cynnen a ffrwydrodd yn y cyfnod ar ôl ei deyrnasiad ef.

1 BRENHINOEDD

Mae llyfr 1 Brenhinoedd yn cwmpasu canrif o **newid mawr** yn Israel. Ar y dechrau mae'r Brenin Dafydd yn marw, a dilynir hyn gan deyrnasiad ei fab, **Solomon**. Ar ôl hynny, caiff y deyrnas ei **rhannu'n ddwy**. Fel hyn . . .

TEYRNAS SOLOMON

Y DEYRNAS OGLEDDOL

Y DEYRNAS DDEHEUOL

ISRAEL – roedd ei sefyllfa'n ansefydlog, gyda brenhinoedd yn cael eu diorseddu neu eu lladd, ac eraill yn dod yn eu lle. Prifddinas: **Samaria**.

JWDA – câi Jwda ei rheoli mewn dull mwy sefydlog gan gyfres o ddisgynyddion y Brenin Dafydd. Prifddinas: **Jerwsalem**.

Mae 1 Brenhinoedd yn adrodd hanes y rhannu hwn (na chafodd fyth ei adfer). Gellir rhannu'r llyfr yn dair adran:

1. Y brenin newydd

Mae 1 Brenhinoedd 1–2 yn cofnodi sut y daeth Solomon yn frenin

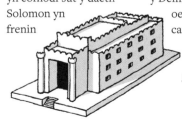

ar ôl marwolaeth ei dad, Dafydd.

2. Teyrnasiad Solomon

Yn 1 Brenhinoedd 3–11 sonnir am deyrnasiad y Brenin Solomon. Disgrifir yn fanwl sut yr adeiladwyd y Deml yn Jerwsalem, a oedd i'w defnyddio fel canolbwynt addoliad y ffydd Iddewig. Am ragor o wybodaeth, gweler tudalen 103.

3. Y deyrnas yn ymrannu

Pam y digwyddodd hyn?

Beth wedyn?

Roedd llwythau gogleddol Israel yn casáu trethi a llafur gorfodol Solomon. Pan fu ef farw, cafwyd gwrthryfel.

Mae gweddill 1 Brenhinoedd yn adrodd hanes gwahanol frenhinoedd y gogledd a'r de.

Elias

Mae'r
BRENIN AHAB
yn cyhoeddi gorchymyn brenhinol
i fynnu eich presenoldeb
yn ei briodas i'r
DYWYSOGES JESEBEL
Merch y brenin Etheral o Sidon
Yn y brifddinas frenhinol – Samaria
Cynhelir y gwasanaeth yng ngŵydd
Duwiau Sidon ac Israel
DEWCH Â'CH DUWIAU EICH HUN
Ateber, os gwelwch yn dda

Proffwyd **pwerus a rhyfeddol** yn nheyrnas ogleddol Israel oedd Elias. Mae ei stori'n ymestyn o 1 Brenhinoedd 17 hyd 2 Brenhinoedd 2 ac mae ganddo statws arbennig yn y grefydd Iddewig. Bob blwyddyn, adeg Gŵyl y Bara Croyw, gosodir **sedd arbennig a gwydraid o win** allan ar ei gyfer.

Roedd Elias yn byw mewn cyfnod tywyll yn hanes Israel, 100 mlynedd ar ôl dyddiau'r Brenin Dafydd. Y **Brenin Ahab** oedd ar yr orsedd, ac roedd ei briodas ef â **Jesebel** (tywysoges o wlad dramor a oedd yn eilunaddoli'r duw **Baal**) wedi cynddeiriogi Israel. Roedd Jesebel ac Elias yn elynion marwol.

Dyma'r **prif ddigwyddiadau** ym mywyd Elias . . .

Sychder – credid fod Baal yng ngofal y tywydd a thyfu cnydau. Felly mae Elias yn datgan bod Duw'n anfon sychder am gyfnod o 3 blynedd (1 Brenhinoedd 17).

Gornest – mae Elias yn trefnu cystadleuaeth cynnau tân rhyngddo ef ei hun a 450 o broffwydi Baal. Hon yw un o'r penodau mwyaf dramatig yn yr Hen Destament (1 Brenhinoedd 18).

Llais Duw – rhaid i Elias ddianc am ei fywyd i osgoi llid Jesebel. Yn unig ac yn isel ei ysbryd, mae'n cwrdd â Duw ar Fynydd Horeb (1 Brenhinoedd 19).

Naboth – mae Ahab yn awyddus i ehangu maint ei ardd, ond mae Naboth, ei gymydog, yn gwrthod gwerthu tir iddo. Oherwydd hyn, mae Jesebel yn trefnu ei ladd (1 Brenhinoedd 21).

Ymadawiad – cludir Elias i'r nefoedd mewn cerbyd tanllyd, yng ngŵydd Eliseus, ei ddisgybl a'i olynydd (2 Brenhinoedd 2).

Elias yn gwawdio proffwydi Baal yn yr ornest ar Fynydd Carmel (1 Brenhinoedd 18)

Brenhinoedd Israel

Dyma restr o holl frenhinoedd y **deyrnas ogleddol** (ynghyd â'r proffwydi gogleddol) o gyfnod **Solomon** hyd yr **alltudiaeth** yn 721CC. Digwyddodd pob newid bron pan **laddwyd** y brenin oedd yn teyrnasu ar y pryd gan ei olynydd.

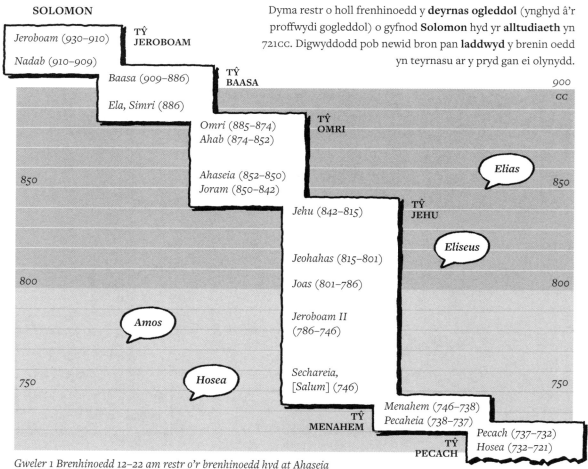

Gweler 1 Brenhinoedd 12–22 am restr o'r brenhinoedd hyd at Ahaseia
a 2 Brenhinoedd 1–17 am y brenhinoedd o Ahaseia hyd at Hosea.

BLAS AR Y BEIBL

Brenhinoedd Jwda

Yn wahanol i deyrnas ogleddol Israel, lle câi brenhinoedd eu **diorseddu'n** rheolaidd, roedd holl frenhinoedd Jwda – hyd at y brenin olaf, Sedeceia – i gyd yn **ddisgynyddion i Dafydd**.

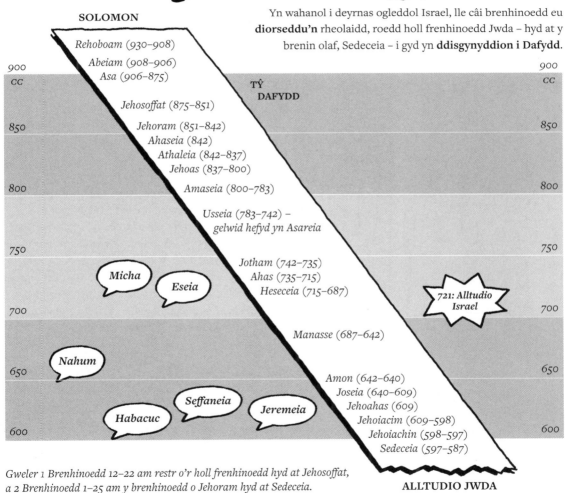

SOLOMON

Rehoboam (930–908)
Abeiam (908–906)
Asa (906–875)

TŶ DAFYDD

Jehosoffat (875–851)
Jehoram (851–842)
Ahaseia (842)
Athaleia (842–837)
Jehoas (837–800)
Amaseia (800–783)
Usseia (783–742) – gelwid hefyd yn Asareia

Micha
Eseia

Jotham (742–735)
Ahas (735–715)
Heseceia (715–687)

721: Alltudio Israel

Manasse (687–642)

Nahum

Amon (642–640)
Joseia (640–609)
Jehoahas (609)
Jehoiacim (609–598)
Jehoiachin (598–597)
Sedeceia (597–587)

Seffaneia
Habacuc
Jeremeia

ALLTUDIO JWDA

900 CC · 850 · 800 · 750 · 700 · 650 · 600

Gweler 1 Brenhinoedd 12–22 am restr o'r holl frenhinoedd hyd at Jehosoffat, a 2 Brenhinoedd 1–25 am y brenhinoedd o Jehoram hyd at Sedeceia.

BAAL

Gelwid Baal 'Y Taranwr', 'Marchog y Cymylau' a 'Tywysog y Ddaear'. Yma caiff ei ddangos yn barod i anelu'i daranfollt. Daw'r ddelwedd o tua 1500 CC.

Baal oedd y duw â'r **nifer fwyaf o ddilynwyr** yng Nghanaan, a dyna pam y gwelir ei enw mor aml yn yr Hen Destament.

Arbenigedd Baal oedd **y tywydd**, oedd yn holl bwysig. Credai pobl fod gan Baal y gallu i'w **bendithio â glaw** i wneud y ddaear yn ffrwythlon a chynhyrchu cnydau. Roedd ganddo'r pŵer hefyd i'w **cosbi â sychder** mawr a newyn, neu â llifogydd dinistriol. Roedd Baal, felly, yn dduw i'w ofni a'i drin â pharch.

Pam roedd Baal yn fygythiad i'r Israeliaid?

Caent eu **temtio'n gyson** i addoli Baal yn ogystal ag Iawe (yr enw ar Dduw Israel). Doedden nhw ddim eto wedi llawn sylweddoli mai Iawe oedd **yr unig wir Dduw**, ac mai duwiau ffug o wneuthuriad dyn oedd y lleill. Credent fod Iawe'n bwerus iawn yn yr **anialwch**, lle cyflawnodd wyrthiau yng nghyfnod Moses, ond pa mor effeithiol oedd e yng **Nghanaan**? A allai Iawe wneud i'r cnydau dyfu?

Daw'r ymryson rhwng Baal a Duw i benllanw mewn stori am Elias yn 1 Brenhinoedd 18. Yn dilyn tair blynedd o sychder, mae Baal yn methu cynhyrchu unrhyw law, tra ... wel, darllenwch y stori drosoch eich hun! Mae'n gwneud i'r hen emyn hwn i Baal swnio'n hynod arwynebol ...

Bydd Baal yn ffrwythlonni popeth â'i law ... fe rydd ei lais yn y cwmwl, a fflachio'i fellt i'r ddaear.

2 BRENHINOEDD

Mae 2 Brenhinoedd yn **parhau â stori** Israel a Jwda o'r fan lle mae
1 Brenhinoedd yn gorffen. Ynddo, dilynir y llwybr a gymerwyd gan y ddwy
wlad wrth iddyn nhw fynd benben i ddinistr.

O fewn 150 mlynedd i'w gilydd, roedd y ddwy wlad wedi cael eu cipio'n
ffyrnig i **alltudiaeth** gan bwerau grymus y cyfnod. Mae 2 Brenhinoedd nid
yn unig yn adrodd hanes y digwyddiadau dramatig ac arswydus hyn – mae
hefyd yn cynnig **esboniad** am yr hyn ddigwyddodd.

Yn ôl 2 Brenhinoedd, y gwir reswm dros y drychineb oedd fod brenhinoedd
Israel a Jwda wedi arwain eu pobl yn ddyfnach ac yn ddyfnach i **bechod**.
Dro ar ôl tro mae awdur 2 Brenhinoedd yn
dweud wrthym . . .

> Digwyddodd hyn am
> i'r Israeliaid bechu yn
> erbyn yr Arglwydd
> eu Duw . . .

Pechod? Pa bechod?
Dewch nawr –
atebwch!

Roedden nhw'n
addoli gau dduwiau
ac yn peryglu eu ffydd
yn Nuw

Roedden nhw'n
aberthu eu plant
i dduwiau'r
Canaaneaid

Roedd y cyfoethog
yn gormesu'r
tlawd ac yn eu
cadw mewn tlodi

Gweler 2 Brenhinoedd
17:7–18 am restr gyflawn o'r
rhesymau; gweler hefyd lyfr
Amos ar dudalen 128.

Eliseus

Ychydig iawn o arwyr
sydd yn 2 Brenhinoedd, ond
roedd y proffwyd Eliseus yn
un ohonyn nhw. Gweithiai
yn Israel yn y 50 mlynedd
ar ôl Elias. Mae Eliseus yn
enwog am y canlynol:

Bod yn **dyst** i ymadawiad
Elias (2 Brenhinoedd 2)

Rhoi olew i helpu teulu
oedd yn newynu
(2 Brenhinoedd 4:1–7)

Codi bachgen o farw'n fyw
(2 Brenhinoedd 4:8–37)

Iacháu Naaman, capten
byddin brenin Syria
(2 Brenhinoedd 5)

Rhagweld diwedd sydyn
gwarchae Samaria
(2 Brenhinoedd 6:24–7.20)

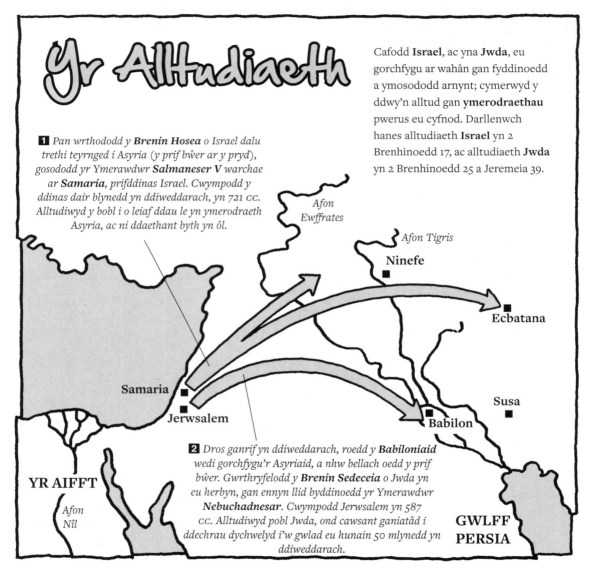

Yr Alltudiaeth

Cafodd **Israel**, ac yna **Jwda**, eu gorchfygu ar wahân gan fyddinoedd a ymosododd arnynt; cymerwyd y ddwy'n alltud gan **ymerodraethau** pwerus eu cyfnod. Darllenwch hanes alltudiaeth **Israel** yn 2 Brenhinoedd 17, ac alltudiaeth **Jwda** yn 2 Brenhinoedd 25 a Jeremeia 39.

1 *Pan wrthododd y **Brenin Hosea** o Israel dalu trethi teyrnged i Asyria (y prif bŵer ar y pryd), gosododd yr Ymerawdwr **Salmaneser V** warchae ar **Samaria**, prifddinas Israel. Cwympodd y ddinas dair blynedd yn ddiweddarach, yn 721 CC. Alltudiwyd y bobl i o leiaf ddau le yn ymerodraeth Asyria, ac ni ddaethant byth yn ôl.*

Afon Ewffrates

Afon Tigris

Ninefe

Ecbatana

Samaria

Susa

Jerwsalem

Babilon

2 *Dros ganrif yn ddiweddarach, roedd y **Babiloniaid** wedi gorchfygu'r Asyriaid, a nhw bellach oedd y prif bŵer. Gwrthryfelodd y **Brenin Sedeceia** o Jwda yn eu herbyn, gan ennyn llid byddinoedd yr Ymerawdwr **Nebuchadnesar**. Cwympodd Jerwsalem yn 587 CC. Alltudiwyd pobl Jwda, ond cawsant ganiatâd i ddechrau dychwelyd i'w gwlad eu hunain 50 mlynedd yn ddiweddarach.*

YR AIFFT

Afon Nîl

GWLFF PERSIA

1 A 2 CRONICL

Aros funud... mae'r llyfr yma'n edrych 'run fath yn union â Samuel a'r Brenhinoedd...

Ydy... fel 1 a 2 Samuel ac 1 a 2 Brenhinoedd, mae'r ddau lyfr yma'n cwmpasu cyfnodau **Dafydd** a **Solomon** ac ymlaen at **alltudiaeth Jwda ym Mabilon**. Ond mae 1 a 2 Cronicl yn adrodd y stori mewn **ffordd wahanol**.

Pam, felly, y penderfynodd yr awdur adrodd yr hanes mewn ffordd wahanol?

Y ddamcaniaeth yw fod y llyfrau hyn wedi eu hysgrifennu ar gyfer **alltudion Jwda** a ddechreuodd ddychwelyd o Fabilon o tua 530 CC. Roedd angen eu **hannog** i gredu eu bod yn parhau i fod yn rhan o deyrnas Dafydd, a sylweddoli bod y deml a'i haddoliad yn dal yn bwysig.

Dyna pam, felly, mae **Dafydd** yn ymddangos mor ddilychwin yn 1 a 2 Cronicl, ac mae'n esbonio'r pwyslais cryf ar **y Deml**.

Gwahanol? Sut felly?

Wel, er enghraifft...

Mae'r llyfrau'n hepgor y **sgandalau** ym mywyd Dafydd (e.e. ei berthynas â Bathseba), a'i gyflwyno fel **arwr** – ac yn anwybyddu'r **deyrnas ogleddol**, i bob pwrpas.

Yna ychwanegir llawer o ddeunydd ynghylch **y Deml** a'r agwedd grefyddol ar fywyd Israel. Pwy bynnag oedd awdur y Croniclau, aeth ati i **ddewis a dethol yn ofalus** beth i'w gynnwys.

Sgerbwd y llyfrau

- Achresi diflas (1 Cronicl 1–9)
- Marwolaeth y Brenin Saul (1 Cronicl 10)
- Gorchestion y Brenin Dafydd (1 Cronicl 11–29)
- Teyrnasiad y Brenin Solomon (2 Cronicl 1–9)
- Y rhaniad rhwng de a gogledd (2 Cronicl 10)
- Brenhinoedd Jwda (2 Cronicl 11 – 36:12)
- Jerwsalem yn cwympo i'r Babiloniaid (2 Cronicl 36:13–23)

esra

Mae'r Croniclau, Esra a Nehemeia yn ffurfio **set o bedair cyfrol**. Felly, os ydych chi newydd ddarllen 1 a 2 Cronicl, mae Esra'n **parhau â'r stori**.

> Am beth mae Esra'n sôn, felly?

Yn 587 CC, llusgwyd pobl **Jwda** i alltudiaeth a'u cadw'n gaeth ym Mabilon. Ond bron i 50 mlynedd yn ddiweddarach dymchwelwyd Babilon gan **y Brenin Cyrus o Bersia**. Roedd Cyrus yn rheolwr mwy trugarog, ac anogodd holl alltudion Babilon i **ddychwelyd adref**. Mae Esra'n disgrifio beth ddigwyddodd pan gyrhaeddodd rhai o'r alltudion yn ôl i Jerwsalem.

Offeiriad oedd Esra, ac mae'n berson pwysig yn hanes y Beibl. Tra oedd yr Iddewon mewn alltudiaeth, collwyd popeth oedd yn eu clymu ynghyd – eu **brenin**, eu **Teml**, a **Jerwsalem** ei hun. Sylweddolodd Esra y byddai'n rhaid iddyn nhw ddechrau o'r dechrau eto os oedden nhw am oroesi. Penderfynodd, felly, fynd â nhw'n ôl at **Gyfraith Moses**.

Helpodd Esra ei bobl i ddod o hyd i ffocws cenedlaethol newydd yn y gyfraith ac mewn arferion megis y **sabath** ac **enwaediad**. Roedd hyn yn fodd o gadw'r Iddewon gyda'i gilydd ar ôl yr alltudiaeth, a gelwid hwy'n **bobl y Llyfr**.

Mae Esra'n ymddangos eto yn llyfr Nehemeia (penodau 8–10), lle mae'n darllen y cyfan o bum llyfr cyntaf y Beibl – sef sgrôl oedd bron yn 70 troedfedd o hyd . . .

BLAS AR Y BEIBL

NEHEMEIA

Nehemeia oedd y dyn a arweiniodd grŵp o alltudion Iddewig yn ôl i **Jerwsalem** o Bersia a'u hannog i **ailadeiladu muriau'r ddinas**.

Pan ddown ar ei draws am y tro cyntaf ym mhennod 1, mae Nehemeia mewn swydd bwysig, sef **blaswr gwin** y brenin **Artaxerxes**. Rhoddodd y brenin ganiatâd iddo ailadeiladu Jerwsalem, a dyrchafwyd e'n llywodraethwr Jwda. Gellir darllen am hyn yn Nehemeia 1–2.

Wrth gynllunio i ailadeiladu Jerwsalem, roedd gan Nehemeia **elynion lleol** nad oeddynt am weld y ddinas yn bwerus unwaith eto. Dechreuodd y gelynion hyn **watwar** y dynion oedd yn adeiladu'r muriau . . .

Doedd taith yr alltudion yn ôl adref o Bersia ddim yn un hawdd. Roedd hi tua 950 milltir, neu 1520 km, o hyd – sef tua 19 awr mewn cerbyd yn gyrru ar 50 milltir yr awr.

> Ydyn nhw'n meddwl y gallan nhw ddod â'r cerrig yma sydd wedi llosgi yn ôl yn fyw?

> Byddai'r wal yn chwalu petai llwynog yn dringo arni!

Nehemeia 4:1–3

Buan iawn y trodd y gwatwar yn **fygythiadau, ymosodiadau, cynllwyn i ladd** Nehemeia, a chyflwyno **adroddiadau ffug** i'r brenin. Llwyddodd Nehemeia oherwydd ei ffydd yn Nuw . . .

> Ond yn awr, Dduw, gwna fi'n gryf!

Gweddi Nehemeia

Yn y penodau olaf (11–13) mae Nehemeia'n arwain gorymdaith fuddugoliaethus o amgylch muriau Jerwsalem. Yn erbyn pob anhawster, roedd y bobl wedi dychwelyd adref mewn steil.

Parch!

ESTHER

Gosodwyd llyfr Esther – fel llyfrau **Eseciel** a **Daniel** – yng nghyfnod **alltudiaeth Jwda**. Ynddo, adroddir stori Iddewes o'r enw Esther a briododd frenin Persia ac a **achubodd ei phobl** rhag cael eu dinistrio gan eu gelynion.

Mae pedwar prif gymeriad yn y stori . . .

Mae'r llyfr yn cynnwys crocbren 75 troedfedd o uchder, sy'n chwarae rhan yn y diweddglo annisgwyl . . .

Esther a Ruth yw'r unig ddau lyfr yn y Beibl i'w henwi ar ôl merched . . .

Esther a Chaniad Solomon yw'r unig lyfrau yn y Beibl lle na sonnir am Dduw . . .

Y Brenin Ahasferus. Roedd ganddo bŵer bywyd a marwolaeth dros ei holl ddinasyddion.

Y Frenhines Esther, gwraig newydd Ahasferus. Trwy ei dewrder a'i meddwl chwim, llwyddodd i osgoi trychineb.

Haman, y Prif Weinidog, oedd yn cynllwynio i ladd yr holl Iddewon yn yr ymerodraeth Bersaidd.

Mordecai, cefnder Esther; gyda help Esther llwyddodd i droi bygythiad Haman yn fuddugoliaeth i'r Iddewon.

Bob blwyddyn, darllennir y sgrôl sy'n cynnwys llyfr Esther yn llawn mewn gŵyl Iddewig o'r enw Purim, sy'n dathlu gobaith a dewrder yn wyneb erledigaeth

BARDDONIAETH

Dyw'r geiriau 'barddoniaeth a doethineb' ddim hyd yn oed yn crafu'r wyneb wrth ddisgrifio cynnwys y pum llyfr rhyfeddol yng nghanol y Beibl. Mae un o'r llyfrau'n gofyn y **cwestiynau anoddaf** ynghylch Duw, tra bod un arall yn ei ddathlu mewn caneuon sy'n llawn **gorfoledd**. Mae un fel **llawlyfr ar ryw**, tra bod un arall yn cwyno bod bywyd yn **afresymol** a diystyr. Dyma nhw:

Job – mae'r gerdd ddramatig hon yn holi: sut y gall Duw adael i bobl dda ddioddef?

Salmau – llyfr emynau Israel, yn cynnwys 150 o ganeuon yn mynegi ffydd, gobaith a chariad . . . yn ogystal ag ofn, dicter ac anobaith.

Diarhebion – arweinlyfr ar sut i fyw eich bywyd fel person doeth yn hytrach nag fel ffŵl, yn llawn o ddywediadau byr, bachog (a doniol yn aml).

Caniad Solomon – yr unig lyfr yn y Beibl sy'n mentro i faes cariad a rhyw.

Pregethwr – rhyw lyfr 'bwrw'ch pen yn erbyn y wal', ar thema afresymoldeb bywyd.

CYFLWYNIAD

Yn yr adran hon, edrychwn ar y pum llyfr sy'n llenwi **tudalennau canol** y Beibl.

Gelwir tri – Job, Diarhebion a Pregethwr – yn **llyfrau Doethineb** . . .

JOB
DIARHEBION
PREGETHWR
SALMAU
CANIAD SOLOMON

. . . tra bod y ddau arall yn cynnwys **caneuon** (Salmau) a **cherdd serch** (Caniad Solomon). Mae'r pum llyfr yn gwneud defnydd o farddoniaeth.

Barddoniaeth

Roedd yr Hebreaid yn hoff iawn o ganu. Cyfeirir at hyn mewn sawl man yn yr Hen Destament . . .

- Mae **Moses** yn canu yn Exodus 15
- Mae **Dafydd** yn galarnadu yn 2 Samuel 1

Llyfr o ganeuon, mewn gwirionedd, yw'r Salmau, sef y llyfr enwocaf o farddoniaeth Iddewig. Ac roedd yr Hebreaid yn adnabyddus mewn gwledydd eraill am eu caneuon . . .

Salm 137:3

Canwch un o ganeuon Seion!

Mae barddoniaeth yr Hebreaid yn wahanol i'r hyn rydyn ni'n gyfarwydd ag e – yn un peth, **dyw e ddim yn odli**. Yn hytrach, mae'n **chwarae ar syniadau** trwy eu hailadrodd, eu hymestyn, neu eu troi ben i waered.

Dyma **dri dull** a ddefnyddiwyd gan feirdd y cyfnod, a phob un wedi'i gymryd o un o'r salmau mawr, **Salm 55** . . .

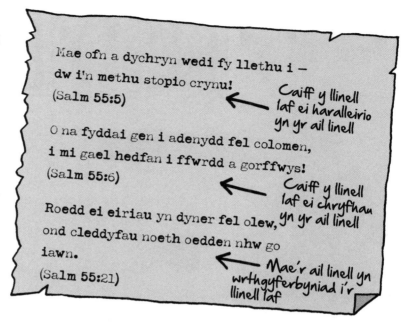

Mae ofn a dychryn **wedi fy llethu** i – dw i'n methu stopio crynu!
(Salm 55:5)

Caiff y llinell laf ei haralleirio yn yr ail linell

O na fyddai gen i adenydd fel colomen, i mi gael hedfan i ffwrdd a gorffwys!
(Salm 55:6)

Caiff y llinell laf ei chryfhau yn yr ail linell

Roedd ei eiriau yn dyner fel olew, ond cleddyfau noeth oedden nhw go iawn.
(Salm 55:21)

Mae'r ail linell yn wrthgyferbyniad i'r llinell laf

Doethineb

Hmm. Stwff y deallusion a'r athronwyr ydy Doethineb, yntê?

Nage, ddim mewn gwirionedd. Mae gan y llyfrau Doethineb yr un faint o ddiddordeb yn y cwestiwn ymarferol **'sut galla i fyw'n ddoeth?'** ag yn y cwestiynau mawr ynghylch **'ystyr bywyd'**. Mae **dau fath** o lyfrau Doethineb . . .

Mae'r llyfrau Doethineb yn anelu'n syth am y galon – y fan lle gwneir ein holl benderfyniadau rhesymegol a moesegol.

Diarhebol – mae llyfr Diarhebion yn cynnwys cannoedd o ymadroddion dwy-linell yn cynnig cynghorion defnyddiol ar gyfer bywyd bob dydd. Gweler tudalen 107.

Ymchwiliol – mae llyfr Job yn defnyddio deialog, a Pregethwr yn defnyddio monolog, i ymchwilio i ystyr bywyd, pwrpas dioddefaint, ac ati. Gweler tudalennau 102 a 108.

JOB

Ydych chi erioed wedi gofyn i chi'ch hun, 'Pam mae pobl dda yn dioddef?' Os felly, Job yw'r llyfr i chi.

Am beth mae e'n sôn?

Mae'r llyfr enwog hwn yn adrodd stori dyn o'r enw Job – **dyn da** a chanddo **deulu mawr**, llawer o **ffrindiau, busnes llewyrchus** a pharch tuag at **Dduw**.

Ac wedyn?

Wel, yn y bôn, mae'n **colli'r cyfan**. Mae lladron yn dwyn ei **gamelod**, mellt yn rhostio'i holl **ddefaid**, storm yn yr anialwch yn lladd ei **blant** – ac yna caiff ei orchuddio o'i gorun i'w draed â **chornwydydd erchyll**. Ac mae hynny i gyd yn digwydd erbyn pennod 2!

Dechrau gwael, felly?

Ddim mewn gwirionedd. Yng ngweddill y llyfr, mae Job yn **ymdrechu** i ddod o hyd i atebion i'w gwestiwn, 'Sut y gall Duw ganiatáu i hyn ddigwydd i ddyn cyfiawn fel fi?' Mae **tri ffrind** yn dadlau ag e, gan roi'r ateb oedd yn draddodiadol ar y pryd, sef 'Os wyt ti'n dioddef, mae hynny oherwydd dy fod wedi **pechu**'.

Mae Job yn gwrthod y ddadl hon, ac yn mynd yn **fwy a mwy dig gyda Duw**. Yn y diwedd, mae'n gosod sialens i Dduw ei fynegi ei hun ac ateb ei holl gwestiynau.

Duw'n ateb!

Ym mhenodau 38–41, mae Duw'n 'ateb' Job o gorwynt ac yn cyflwyno **sioe dân gwyllt** i arddangos ei bŵer. Mae fel petai'n dweud: **Ymddirieda ynof i**. Rwy'n gwybod beth rwy'n ei wneud.' Yn y diwedd, mae bywyd Job yn dda unwaith eto.

Y DEML

Adeiladwyd y Deml yn Jerwsalem ar gyfer **Solomon**, a dinistriwyd hi pan ymosododd byddin **Babilon** ar y ddinas yn 587 cc. Adeiladwyd dwy deml arall ar yr un safle – y gyntaf yng nghyfnod **Nehemeia**, a'r ail gan **Herod Fawr** yng nghyfnod Iesu. Mae'r diagram yn dangos Teml Solomon, a oedd mewn bodolaeth pan gyfansoddwyd nifer o'r salmau.

Y Cysegr Sancteiddiolaf
Dyma lle cedwid arch y cyfamod. Dim ond yr archoffeiriad gâi fynediad iddo, a hynny ryw unwaith y flwyddyn. Roedd waliau'r ystafell – oedd ar siâp ciwb perffaith – wedi'u gorchuddio ag aur.

Y Cysegr Sanctaidd
Yn wahanol i eglwys gadeiriol, lle gall unrhyw un fynd i mewn ac allan, dim ond yr offeiriaid gâi fynediad i'r fan hon, er mwyn cynnal defodau addoliad a llosgi arogldarth.

Y cwrt
Dyma lle'r oedd yr offeiriaid yn aberthu anifeiliaid.

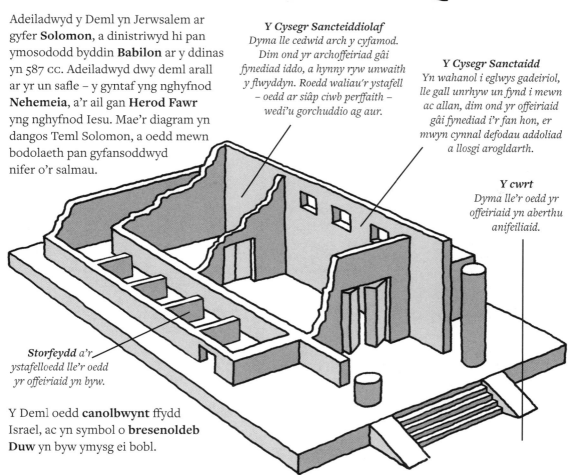

Storfeydd a'r ystafelloedd lle'r oedd yr offeiriaid yn byw.

Y Deml oedd **canolbwynt** ffydd Israel, ac yn symbol o **bresenoldeb Duw** yn byw ymysg ei bobl.

SALMAU

Llyfr y Salmau yw'r llyfr hiraf yn y Beibl, ac mae hefyd yn un o'r uchafbwyntiau. Mae'n cynnwys 150 'salm' (cerddi neu ganeuon), a châi ei ddefnyddio fel llyfr emynau a llyfr gweddi gan Iddewon a Christnogion fel ei gilydd.

Wedi dweud hynny, dyw rhai o'r geiriau yn llyfr y Salmau ddim bob amser y math o beth y disgwyliech ei weld mewn llyfr emynau eglwysig . . .

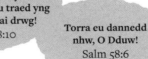

Ar ôl tri . . .

Ti wedi fy ngosod i ar waelod y Pwll, mewn tywyllwch dudew yn y dyfnder.
Salm 88:6

Bydd y duwiol mor hapus wrth weld dial ar yr annhegwch. Byddan nhw'n trochi eu traed yng ngwaed y rhai drwg!
Salm 58:10

Torra eu dannedd nhw, O Dduw!
Salm 58:6

Symud! O ARGLWYDD, pam wyt ti'n cysgu?
Salm 44:23

Prin y gellid galw hwn yn *Llyfr Emynau Neis-neis!* Doedd awduron y salmau ddim yn dal yn ôl rhag mynegi **ofn, dicter, anobaith, casineb** ac **awydd i ddial** wrth Dduw . . . ynghyd, wrth gwrs, â theimladau da, hapus hefyd. Mae'r salmau'n dangos pobl yn ymddwyn yn **naturiol** gyda Duw.

Sut y defnyddid y Salmau?

Gweddïau personol, preifat oedd rhai o'r salmau. Ond mae'n amlwg fod llawer ohonyn nhw wedi'u cyfansoddi ar gyfer **addoliad** neu weddïo ar y cyd. Yng nghyfnod yr Hen Destament, gwnaed hyn yn y **Deml** yn Jerwsalem. Hyd y dydd heddiw, mae Cristnogion yn dal i weddïo neu ganu'r salmau yn eu haddoliad.

Sut beth oedd yr addoliad hwn?

Mewn gair – **swnllyd!** Er bod rhai o'r salmau'n **dawel** a myfyrgar, ar y cyfan mae'r llyfr yn llawn o **weiddi** a **dawnsio** – ac yn Salm 150 ychwanegir utgyrn, drymiau, telynau, pibau a symbalau. Mae Salm 81:1–2 yn cyflwyno darlun o'r math o addoliad oedd yn digwydd.

Y farddoniaeth

Mae'r salmau'n gyforiog o **ddelweddau ac iaith farddonol**, goeth.

Ynddyn nhw, mae'r coed yn curo'u dwylo, y bryniau'n canu mewn gorfoledd, a gelynion Duw'n toddi fel gwêr; mae'r haul fel rhedwr, mae Duw'n marchogaeth y cymylau, ac mae ei gyfraith yn felysach na mêl.

Mae barddoniaeth y salmau'n **bwerus** ac yn **ysbrydoledig**.

Yn y Testament Newydd, mae **Iesu**'n aml yn dyfynnu o'r salmau (daw rhai o'r **geiriau olaf** a ynganodd o Salm 22). Roedd y **Cristnogion** cynnar hefyd yn gyfarwydd iawn â'r salmau (gweler pregeth Pedr yn Actau 2). Ar hyd yr oesau, mae Cristnogion wedi gwerthfawrogi'r llyfr hwn yn fwy nag unrhyw ran arall o'r Hen Destament.

> Gellid yn hawdd galw Llyfr y Salmau yn 'Feibl bach' am ei fod yn cynnwys y cyfan sydd i'w gael yn y Beibl – a hynny wedi'i fynegi yn y ffurf fyrraf a phrydferthaf bosibl.
>
> *Martin Luther*

Teimlo'n ansicr wrth feddwl am stryffaglu drwy bob un o'r 150 salm? Beth am ddechrau gyda'r rhestr hon o'r 20 Uchaf, sy'n cynnwys rhai o'r salmau mwyaf adnabyddus? Ticiwch y rhif wrth i chi ddarllen y salm.

1
8
19
22
23
24
27
33
42
46
51
63
84
90
91
121
127
137
139
150

DAFYDD

Mae'r Brenin Dafydd ymhlith y brenhinoedd mwyaf **adnabyddus** a **phoblogaidd** a fu erioed. Teyrnasodd dros yr hen Israel rhwng tua 1010 a 970 cc. Dyma grynodeb byr o'i yrfa . . .

1 BUGAIL

Pan oedd yn fachgen ifanc, gofalai Dafydd am ddefaid ei dad – **gwaith caled iawn**. Roedd yn rhaid iddo ymlid anifeiliaid gwyllt oedd yn ffansïo rhyw ginio bach blasus (gweler 1 Samuel 17:34–37).

2 MILWR

Bu raid i Dafydd aros am **flynyddoedd lawer** cyn dod yn frenin, gan dreulio'r cyfnod hwnnw fel milwr. Roedd yn aml yn ffoi oddi wrth y **Brenin Saul**, a oedd yn awyddus i'w ladd.

3 BARDD

Mae Dafydd yn enwog am gyfansoddi caneuon, ac mae nifer o'r salmau'n adrodd ei **brofiadau**: 54 (dianc oddi wrth **Saul**); 3 (dianc oddi wrth ei fab, **Absalom**); a'r salm enwog rhif 51, lle mae Dafydd yn ymddiheuro ar ôl yr helynt gyda **Bathseba**).

4 BRENIN

Adroddir am fywyd cynnar Dafydd yn 1 Samuel, a daw'n frenin ar ddechrau 2 Samuel. Teyrnasodd Dafydd dros **oes aur** yn hanes Israel, ac yn ddiweddarach câi ei ystyried fel ffigur chwedlonol – y **rheolwr delfrydol** dros bobl Dduw. Ar y dde nodir rhai o ddigwyddiadau allweddol ei deyrnasiad. Am ragor o fanylion am Dafydd a'i blant, gweler tudalen 86.

- *Ei orseddu'n frenin, a chipio* **Jerwsalem** *(2 Samuel 1 a 5)*
- *Cludo* **Arch y Cyfamod** *i Jerwsalem (2 Samuel 6)*
- **Godinebu** *a* **llofruddio** *(2 Samuel 11–12)*
- *Gorchfygu* **gwrthryfel** *a arweiniwyd gan ei fab (2 Samuel 13–19)*
- **Marw** *(1 Brenhinoedd 2)*

Tybed beth gafodd *e'n* anrheg Nadolig!

DIARHEBION

> *Dim ond dy ffrind wnaiff ddweud wrthyt bod dy wyneb yn fudr.*
> **Sisili**

> *Pan fo eliffantod yn ymladd, y glaswellt sy'n dioddef.*
> **Kenya**

> *Mae llyfr fel gardd yn cael ei chario yn dy boced.*
> **China**

> *Mae ffasiwn yn fwy pwerus nag unrhyw deyrn.*
> **O'r Lladin**

> *I'r pant y rhed y dŵr.*
> **Cymru**

Beth yw dihareb? Wel, **dywediad byr, bachog**, sy'n hawdd ei gofio a'i ailadrodd yn ôl y galw. Roedd diwylliannau traddodiadol yn trysori eu diarhebion. Roedden nhw'n **ffynhonnell doethineb** a ddefnyddid gan **bobl gyffredin** i wneud penderfyniadau o ddydd i ddydd, a chan **farnwyr** i benderfynu achosion cyfreithiol. Yn y Beibl, casgliad mawr o hen ddywediadau doeth yr Iddewon yw'r Diarhebion.

Beth, felly, yw prif thema'r llyfr?

Mae llyfr Diarhebion yn **ganllaw** i ddangos sut i fyw. Ynddo, cynigir llawer o gynghorion ymarferol ar **sut i fod yn ddoeth** a beth i'w wneud dan wahanol amgylchiadau.

Ai'r Brenin Solomon oedd yr awdur?

Dywedir mai Solomon oedd awdur nifer fawr o'r diarhebion, ond mae'r llyfr yn cynnwys dywediadau o wahanol ffynonellau. Gweler **pennod 10** ymlaen.

Roedd awduron y diarhebion yn awyddus i sicrhau bod eu geiriau'n glynu yn y cof, felly defnyddient wahanol ddyfeisiau . . .

- Gweler Diarhebion 30:15–31 am ddywediadau'n defnyddio **rhestrau o rifau**.

- Yn Diarhebion 31:10–31 (sydd ar ffurf cerdd) mae llythyren gyntaf pob adnod newydd yn dechrau gyda'r llythyren nesaf yn yr **wyddor Hebraeg**.

- Mae llawer o'r Diarhebion yn defnyddio **hiwmor**. Unwaith y byddwch wedi eu darllen, a chwerthin, byddwch yn fwy tebygol o'u cofio!

PREGETHWR

Rhyw fachan oedd yn galw'i hun 'y pregethwr' sgrifennodd y llyfr yma, yntê?

Ie, ond caiff hefyd ei alw'n 'athronydd'. Yn y bôn, mae'r llyfr yn rhefru am ystyr bywyd, a'r modd y mae popeth yn ymddangos yn absŵrd.

Mae Pregethwr yn agor ar nodyn **digalon** iawn . . .

> **Mae'n ddiystyr! – meddai'r Athro – dydy e'n gwneud dim sens! Mae'r cwbl yn hollol absŵrd! Beth ydy'r pwynt gwneud unrhyw beth?**
>
> *Pregethwr 1:2-3*

Yna mae pethau'n **gwaethygu**! Os yw Diarhebion gan amlaf yn **optimistaidd** ynghylch bywyd, yna mae Pregethwr gan amlaf yn **besimistaidd**.

Y CHWILIO

Mae'r athronydd yn ceisio dod o hyd i **hapusrwydd** ac **ystyr** mewn chwerthin, mwynhad, cyfoeth a chrefydd. Ond mae'r cyfan yn **methu**. Yn y diwedd, mae **marwolaeth** yn gwneud popeth yn ddiystyr.

Mae hyd yn oed Duw'n ymddangos yn **anghyfiawn** ac **anwadal**. 'Yr un peth fydd yn digwydd i mi ac i'r ffŵl yn y diwedd! Felly beth ydy'r pwynt bod mor ddoeth?' (Pregethwr 2:15).

Ac mae hyn yn codi'r cwestiwn: **pam** bod llyfr mor negyddol, mor ddiobaith, **yn y Beibl** o gwbl? Mae'n gwestiwn a ofynnwyd yn aml gan arbenigwyr Iddewig a Christnogol. Dyma rai o'u hatebion:

■ Mae'r llyfr yn cynnwys thema gref ynghylch ein **dibyniaeth** ar Dduw
■ Mae Duw'n gwerthfawrogi **amheuaeth**, a gall helpu i **lunio ein ffydd**
■ Does dim pwynt anwybyddu'r **pethau gwael** sy'n digwydd mewn bywyd – rhaid i ni eu hwynebu'n onest.

Caniad Solomon

Mae sawl rhan o'r Beibl yn bur ddiflas, ond dyw Caniad Solomon ddim yn un ohonyn nhw! **Cerdd serch** angerddol yw'r llyfr. Dyma graidd y stori . . .

Mae'n wanwyn. Mewn tirlun eithriadol o brydferth, lle mae'r blodau'n lliwgar a'r llwynogod yn rhedeg yn rhydd, mae **dau gariad ifanc** yn dathlu eu cariad mewn cyfres o ganeuon. Mae'r geiriau'n hynod **angerddol**, ac yn llawn delweddau **corfforol** a **rhywiol**.

Wir? Oes ganddoch chi unrhyw . . . ym . . . enghreifftiau?

Oes – ond peidiwch â mentro hyn gartref. Dyma sut mae'r cariadon yn sôn am ei gilydd . . .

Mae dy wallt . . .
. . . fel praidd o eifr
Mae dy wefusau
. . . fel edau goch

Mae ei goesau . . .
fel pileri o farmor
Dy wain ddirgel
. . . fel cwpan gron

Mae dy drwyn . . .
fel y tŵr yn Libanus

Dyfyniadau o Ganiad Solomon 4, 5, 6 a 7

. . . ydy, mae'r cyfan yn swnio braidd yn **od** i ni heddiw, ond dyna sut roedd pobl mewn cariad yn siarad â'i gilydd bryd hynny. Rhaid cofio mai **cerdd serch o'r Dwyrain** yw Caniad Solomon, nid ffilm o Hollywood.

Felly beth mae hyn i gyd yn ei wneud yn y Beibl, 'te?

Efallai ei fod yn dangos y gwerth uchel roedd Duw'n ei roi ar **gariad rhywiol**. Wedi'r cyfan, Duw oedd yn gyfrifol am ei ddyfeisio yn y lle cyntaf.

Angylion

Mae angylion yn ymddangos yn gyson drwy'r Hen Destament a'r Testament Newydd, a hynny fel arfer **ar ffurf dynol**.

le, ond beth yw angylion?

Bodau goruwchnaturiol yw angylion, sy'n cael eu hanfon gan Dduw i wneud ei waith ar y ddaear. Mae'r gair 'angel' yn dod o'r Groeg *angelos*, sef **negesydd**.

Mae angylion yn gweithredu fel negeswyr Duw, ac yn cyhoeddi newyddion drwg neu dda i unigolion a grwpiau o bobl. Maen nhw'n **gweithredu** mewn gwahanol ddigwyddiadau, gan amddiffyn pobl Dduw neu ymosod ar elynion Duw.

Yn y Beibl, caiff angylion yn aml eu camgymryd am fodau dynol.

Ni ddywedir fod gan bob angel adenydd, er bod gan yr angylion a welwyd gan Eseia chwe adain yr un (gweler Eseia 6).

Dywedir weithiau fod angylion mor llachar fel na all neb edrych arnyn nhw.

Mae rhai angylion yn codi parchedig ofn ar bobl – yn aml, eu geiriau cyntaf yw 'Peidiwch â bod ofn!'

Rhai o **brif ddigwyddiadau angylaidd** y Beibl . . .

- *Mae dau angel yn achub Lot, nai Abraham, o drefi Sodom a Gomorra cyn iddyn nhw gael eu dinistrio (Genesis 19)*

- *Mae Jacob yn breuddwydio am angylion yn esgyn a disgyn ysgol i'r nefoedd (Genesis 28:12)*

- *Mae'r angel Gabriel yn dweud wrth Mair y bydd yn esgor ar fab ac y dylai ei alw'n Iesu (Luc 1:26–38)*

- *Mae llu o angylion yn ymddangos i grŵp o fugeiliaid o Fethlehem, yn cyhoeddi genedigaeth Iesu (Luc 2:8–14)*

- *Mae angel yn rhyddhau Pedr o'r carchar (Actau 12:1–10)*

PROFFWYDI

Roedden nhw'n cael **breuddwydion a gweledigaethau** ac yn rhefru ar gornel strydoedd. Teimlent yn ddig oherwydd yr **annhegwch** o'u cwmpas. Ac roedden nhw'n bobl ddewr. Siaradai'r proffwydi **ar ran Duw** yn y dyddiau tywyll cyn ac ar ôl i Israel a Jwda gael eu halltudio. Mae'r 17 llyfr rhyfeddol yma'n cofnodi eu negeseuon **chwyldroadol**.

Eseia – Duw sy'n rheoli'r cenhedloedd

Jeremeia – proffwyd y farn

Galarnad – galaru dros adfeilion dinas Jerwsalem

Eseciel – y dyn gwyllt ymhlith y proffwydi

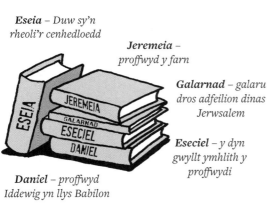

Daniel – proffwyd Iddewig yn llys Babilon

Nahum – dawnsio ar fedd ymerodraeth Asyria

Habacuc – sut y gall Duw ddiodde'r Babiloniaid?

Hosea – cariad Duw tuag at ei bobl anwadal

Obadeia – tranc i'r Edomiaid!

Micha – Duw'n casáu crefyddau ffug

Seffaneia – mae'n ddydd y farn!

Haggai – dim llaesu dwylo; ailadeiladwch Deml Dduw!

Joel – pla o locustiaid yw'r ddelwedd o farn Duw

Amos – Duw'n cefnogi'r gwan

Jona – y Beibl yn cwrdd â 'Jaws'

Sechareia – gweledigaethau rhyfeddol yn y nos

Malachi – ceryddu pobl Dduw

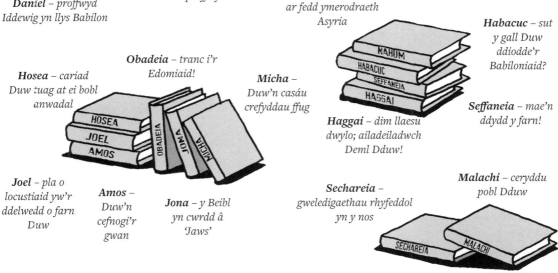

CYFLWYNIAD

Pwy oedd y proffwydi?

Mae'r **proffwydi cyntaf** yn ymddangos yn llyfrau hanes yr Hen Destament. Ceir straeon niferus (a chyffrous) am y ddau brif broffwyd – **Elias** ac **Eliseus** – ar ddechrau oes y brenhinoedd (gweler tudalennau 89 a 93).

Ond does dim sôn am y **proffwydi diweddarach**, megis Eseia, Eseciel ac Amos, yn y llyfrau hanes. Yn hytrach, mae ganddyn nhw **eu llyfrau eu hunain** yn yr adran broffwydoliaeth ar ddiwedd yr Hen Destament – er bod nifer ohonynt yn byw yng nghyfnod 1 a 2 Brenhinoedd.

Ac mae 'na wahaniaeth arall hefyd. Roedd rhai o'r proffwydi'n enwog am eu **gweithredoedd**, tra bod eraill yn enwog am eu **proffwydoliaethau**. Os ydych chi'n troi at y proffwydi am y tro cyntaf, dyma'r rhai mwyaf **diddorol** . . .

- **Elias** – gweler 1 Brenhinoedd 17 – 2 Brenhinoedd 2
- **Eliseus** – gweler 2 Brenhinoedd 2–7
- **Daniel** – gweler Daniel 1–6
- **Jona** – gweler y cyfan o lyfr Jona

Yn fras, trefnwyd llyfrau'r proffwydi gyda'r rhai **mwyaf** yn dod **gyntaf**. Mae 66 phennod yn Eseia, a dim ond un yn Obadeia.

Beth oedd y proffwydi'n ei wneud, felly? Rhagweld y dyfodol, ie?

Oedd, roedd y proffwydi'n siarad am y dyfodol, ond yn gwneud hynny'n bennaf er mwyn **rhybuddio pobl** beth fyddai'n digwydd petaen nhw'n mynnu parhau i anufuddhau i gyfraith Duw. Ond nid trafod y dyfodol oedd eu prif waith. Gelwid arnyn nhw i gyfleu **negeseuon Duw** i Israel a Jwda, yn y cyfnod pan oedd y ddwy genedl wedi troi eu cefnau ar Dduw.

Gwrthwynebwyr oedd y proffwydi. Roedden nhw'n siarad yn blaen pan gredent fod y brenin, ei gynghorwyr, barnwyr, offeiriaid neu hyd yn oed y bobl gyffredin yn ymddwyn yn wael. Siaradent **yn enw Duw**. Un o'u hoff ymadroddion oedd, 'Dyma mae Duw'n ei ddweud'.

Dyma rai o'r pethau roedd y proffwydi'n **ymosod** arnyn nhw . . .

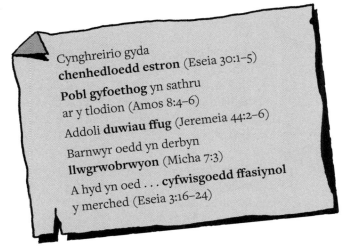

Cynghreirio gyda **chenhedloedd estron** (Eseia 30:1–5)

Pobl gyfoethog yn sathru ar y tlodion (Amos 8:4–6)

Addoli **duwiau ffug** (Jeremeia 44:2–6)

Barnwyr oedd yn derbyn **llwgrwobrwyon** (Micha 7:3)

A hyd yn oed . . . **cyfwisgoedd ffasiynol** y merched (Eseia 3:16–24)

Yn naturiol, roedd y pethau hyn yn gwneud y proffwydi'n **amhoblogaidd** iawn. Dyma flas ar rai o'u profiadau:

> . . . a thithau yn eistedd ar sgorpionau [. . .] tylwyth gwrthryfelgar ydynt.

Duw'n galw Eseciel (2:6)

> . . . rhodder y dyn hwn i farwolaeth!

Ynghylch Jeremeia (38:4)

> Jerwsalem, Jerwsalem, tydi sy'n lladd y proffwydi [. . .] a anfonwyd atat!

Iesu, yn Luc 13:34

> Prun o'r proffwydi na fu'ch hynafiaid yn ei erlid?

Steffan, yn Actau 7:52

Dim ond yn ddiweddarach y daeth pobl i sylweddoli pa mor **ddewr** oedd y proffwydi, a bod eu negeseuon wedi'u **hysbrydoli gan Dduw**. Casglwyd eu gwaith ysgrifenedig at ei gilydd a'i gynnwys yn y casgliad o **ysgrythurau**.

ESEIA

Eseia? Pwy oedd e, 'te?

Enw:	Eseia fab Amos
Galwedigaeth:	Proffwyd i wlad Jwda
Gyrfa:	Galwyd i fod yn broffwyd yn y flwyddyn y bu farw'r Brenin Usseia (gweler Eseia 6). Proffwydodd yn Jerwsalem am 40 mlynedd
Gwybodaeth bellach:	Honnir ei fod o waed brenhinol. Credir iddo gael ei ladd gan y Brenin Manasse

Ac ai'r un Eseia sgrifennodd y llyfr hwn?

Dyw hwnna ddim yn gwestiwn mor dwp ag y mae'n ymddangos! Dyma'r sefyllfa . . .

Penodau 1–39
Proffwydoliaethau a wnaed cyn i Jwda gael ei halltudio.

Penodau 40–66
Disgrifiad manwl o ddigwyddiadau yn ystod ac ar ôl yr alltudiaeth, 150 mlynedd yn ddiweddarach.

Mae rhai pobl yn credu bod Duw wedi galluogi Eseia fab Amos i **rag-weld y dyfodol** yn fanwl. Cred eraill ei bod yn fwy tebygol mai gwaith **disgyblion diweddarach** Eseia oedd penodau 40–66, a ysgrifennwyd yn ystod ac ar ôl yr alltudiaeth.

Os mai'r ail ddewis sy'n gywir, gwaith pobl oedd yn dilyn athrawiaeth Eseia'n agos yw'r penodau diweddarach. Oherwydd hynny, ceir undod o ran y **meddylfryd**, hyd yn oed os nad oes undod o ran **awduraeth**.

Mae llyfr Eseia'n unigryw ymhlith y proffwydi am iddo gynnwys y cyfnod **cyn** yr alltudiaeth a'r cyfnod **ar ôl** hynny. Fel y byddech yn disgwyl, mae **naws a negeseuon** gwahanol i dair adran y llyfr . . .

> Felly, bydd fy mhobl yn cael eu caethgludo am beidio cymryd sylw. Bydd y bobl bwysig yn marw o newyn, a'r werin yn gwywo gan syched.

Gwae ac anobaith yn Eseia 5:13

Gobaith a rhybudd

Yn rhan 2 (**Eseia 40–55**), mae'r neges yn newid mewn modd dramatig i roi **gobaith a chysur** i alltudion Jwda oedd yn byw mewn caethiwed ym Mabilon. Yn rhan 3 (**Eseia 55–66**), mae'r proffwyd yn cyflwyno **negeseuon rhybuddiol** i'r alltudion sydd wedi dychwelyd.

Un thema amlwg yn y penodau hyn yw fod Duw'n rheoli popeth sy'n digwydd yn y byd. Nid duw llwyth Israel yn unig mohono – ef yw'r '**Duw tragwyddol** . . . a greodd gyrrau'r ddaear' (Eseia 40:28).

Gwae ac anobaith

Yn rhan 1 (**Eseia 1–39**), mae Eseia'n ymosod ar y sefyllfa yn **Jwda cyn yr alltudiaeth**. Roedd Jerwsalem bellach yn ddinas oludog, a'r cyfoethogion yn **gormesu'r tlawd** a'r gwan. Hefyd, oherwydd y perygl o ymosodiad gan estroniaid, roedd Jwda wedi trefnu nifer o **gytundebau** gyda chenhedloedd oedd yn addoli duwiau ffug.

Dywedodd Eseia fod **Duw'n ddig** oherwydd hyn i gyd ac y byddai'n cosbi ei bobl am iddynt golli ffydd ynddo.

> Deffra! Deffra! Dangos dy nerth, Seion! Gwisga dy ddillad hardd, Jerwsalem, y ddinas sanctaidd! Fydd y paganiaid aflan sydd heb eu henwaedu byth yn dod i mewn i ti eto.

Gobaith a gogoniant yn Eseia 52:1

Dwy o'r penodau enwocaf yn y llyfr yw Eseia 53 a 61. Mae Eseia 53 fel petai'n cyfeirio at farwolaeth Iesu, dros 500 mlynedd yn ddiweddarach. Yn Luc 4:16–30, dyfynnodd Iesu o Eseia 61 ar ddechrau ei yrfa.

JEREMEIA

Roedd y proffwydi'n **amhoblogaidd**. Roedd pobl yn eu **casáu**. Jeremeia oedd y mwyaf amhoblogaidd o'r cyfan, a'r un oedd yn ennyn y casineb mwyaf.

BRADWR!

Chwilio am gydymdeimlad? Dim gobaith! Bradwr oedd Jeremeia – dyn cwbl anwlatgarol!

Dyna sut roedd pobl y cyfnod yn meddwl am Jeremeia. Roedd yn rhaid iddo ddweud wrth bobl Jwda y byddai Duw'n eu cosbi am eu pechodau – y byddai'r **Babiloniaid** pwerus yn dinistrio'u cenedl ac yn llorio **Jerwsalem**, eu dinas annwyl.

A phan ymosododd y Babiloniaid, a phawb arall yn ceisio cadw'u hysbryd yn uchel, dywedodd Jeremeia wrthyn nhw am roi'r **ffidil yn y to a derbyn barn Duw**. Cafodd ei guro, ei garcharu, ei daflu i bydew, a'i fygwth â marwolaeth.

Jeremeia druan! Tybed sut roedd e'n teimlo . . .

Roedd yn ei holi ef ei hun. Roedd am roi'r ffidil yn y to. Weithiau, roedd pethau cynddrwg fel ei fod yn cwyno wrth Dduw, ond i ddim diben . . .

Dw i'n meddwl weithiau, "Wna i ddim sôn amdano eto. Dw i'n mynd i wrthod siarad ar ei ran!" Ond wedyn mae ei neges fel tân y tu mewn i mi. Mae fel fflam yn llosgi yn fy esgyrn. Dw i'n trio fy ngorau i'w ddal yn ôl, ond alla i ddim!

Jeremeia 20:9

Am ba hyd oedd Jeremeia'n broffwyd, felly?

Deugain mlynedd – a gwelodd ei broffwydoliaethau gwaethaf yn cael eu gwireddu. Mae llyfr Jeremeia'n cofnodi ei **fywyd** a'i **neges** ryfeddol, gan gyfuno'i broffwydoliaethau â digwyddiadau yn ei fywyd. Mae dwy ffordd o fynd at y llyfr mawr hwn . . .

Beth ddywedodd e . . .

Oherwydd bod gan Jeremeia wybodaeth bwysig i'w chyflwyno, byddai'n aml yn defnyddio **lluniau** a **gweithredoedd dramatig** i bwysleisio'i neges. Dyma rai ohonyn nhw (rhifau mewn cromfachau = penodau yn Jeremeia) . . .

- y crochenydd yn gwneud llestr pridd (18)
- y llestr yn cael ei falu (19)
- y ffigys da a'r ffigys drwg (24)
- yr iau pren a'r iau haearn (27 a 28)

Efallai nad oedd gelynion Jeremeia'n hoff o'i eiriau, ond allen nhw mo'u hanghofio!

Er bod gan Jeremeia neges anodd i'w phregethu, pan ddigwyddodd y **trychinebau** roedd e wedi'u rhag-weld, dechreuodd siarad am **obaith am y dyfodol**. Ni fyddai cosb Duw yn para am byth, meddai.

Yn un o rannau pwysicaf y llyfr (Jeremeia 31:31–34), mae Jeremeia'n edrych ymlaen at **gytundeb newydd** gyda Duw, pan fo Duw'n dweud: '. . . rhof fy nghyfraith o'u mewn, ysgrifennaf hi ar eu calon.'

Beth wnaeth e . . .

Dyma rai o'r **prif ddigwyddiadau** ym mywyd Jeremeia . . .

- ei alw gan Dduw i fod yn broffwyd (1)
- ei arestio! (26)
- y Babiloniaid yn codi gwarchae yn erbyn Jerwsalem, a Jeremeia'n prynu maes (32)
- yn ystod y gwarchae, caiff ei garcharu (37)
- ei daflu i mewn i bydew a'i adael i farw (38)
- Jerwsalem yn cwympo i'r Babiloniaid (39)
- ei orfodi i fynd i'r Aifft (40–43)

Ym mhennod 39, mae Jeremeia'n dyst i gwymp Jerwsalem yn 587 CC i fyddin frawychus y Brenin Nebuchadnesar, a'r Iddewon yn cael eu halltudio i Fabilon. Roedd fel petai'r cyfan ar ben i bobl Dduw.

Chwith: milwr o Fabilon

BLE'R OEDD PAWB?

Roedd y 13 proffwyd sydd â'u llyfrau yn yr adran hon o'r Beibl yn llefaru rhwng yr **8fed** a'r **5ed** ganrif cc yn **Israel**, yn **Jwda**, ac mewn alltudiaeth ym **Mabilon**. Mae'r siart isod yn dangos ble'r oedd pawb.

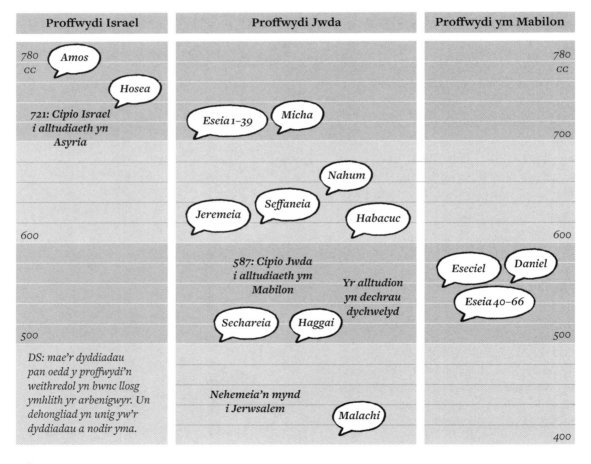

Proffwydi Israel	Proffwydi Jwda	Proffwydi ym Mabilon
780 cc		780 cc
Amos		
Hosea		
	Eseia 1–39	Micha	700
721: Cipio Israel i alltudiaeth yn Asyria		
	Nahum	
	Jeremeia Seffaneia Habacuc	
600		600
	587: Cipio Jwda i alltudiaeth ym Mabilon	Eseciel Daniel
	Yr alltudion yn dechrau dychwelyd	Eseia 40–66
	Sechareia Haggai	
500		500
DS: mae'r dyddiadau pan oedd y proffwydi'n weithredol yn bwnc llosg ymhlith yr arbenigwyr. Un dehongliad yn unig yw'r dyddiadau a nodir yma.	Nehemeia'n mynd i Jerwsalem	
	Malachi	400

GALARNAD

Galarnad yw un o'r **rhannau mwyaf emosiynol** yn y Beibl cyfan. Casgliad o **bum cerdd** (un i bob pennod) yw'r llyfr, yn pryderu'n fawr oherwydd bod byddin Babilon wedi dinistrio Jerwsalem. Mae'n debygol fod y cerddi wedi'u cyfansoddi'n fuan ar ôl **cwymp y ddinas** a bod yr awdur yn llygad-dyst i'r holl **erchylltra** a ddigwyddodd.

*Dyma rai o
← themâu'r llyfr*

ING – mae'r cerddi'n defnyddio brawddegau byr mewn rhythm torcalonnus i alaru dros y ddinas a ddinistriwyd. Disgrifir y lladd a'r dinistr mewn **manylder mawr**, ac mae'r gelynion yn gwatwar: 'Ai hon yw'r ddinas a gyfrifid yn goron prydferthwch, ac yn llawenydd yr holl ddaear?' (Galarnad 2:15)

CYFFES – felly, ai damwain neu ffawd yw'r holl ddioddefaint yma? Nage, **cosb** a anfonwyd gan Dduw yw'r cyfan: 'Yr ydym ni wedi troseddu a gwrthryfela, ac nid wyt ti wedi maddau' (Galarnad 3:42). Dyw'r cerddi ddim yn beio Duw, ond yn hytrach yn ategu ei **ddaioni**.

GOBAITH AC ANOBAITH – yn rhyfeddol, er yr holl drawma a galar, llwydda Galarnad i **gadw ffydd** gyda Duw – er bod **anobaith** yn aml yn taflu cysgod dros obaith yr awdur. Y geiriau o ffydd a ddyfynnir yn aml yw: 'Nid oes terfyn ar gariad yr ARGLWYDD, ac yn sicr ni phalla ei dosturiaethau . . .' (Galarnad 3:22).

Mae'r llyfr yn gorffen â'r weddi hon gan rywun sydd ar **ben ei dennyn** . . .

> Tyn ni'n ôl atat dy hun, ARGLWYDD, i ni droi nôl. Gwna ni eto fel roedden ni ers talwm. Neu wyt ti wedi'n gwrthod ni'n llwyr? Wyt ti wedi digio'n lân gyda ni?

Galarnad 5:21–22

ESECIEL

Pe bai gwobr am y **Proffwyd Rhyfeddaf** yn yr Hen Destament, yna byddai Eseciel yn sicr o'i hennill. Mae ei **weledigaethau od**, a'r ffordd y byddai'n actio'i broffwydoliaethau (er enghraifft, trwy glymu ei hun i fyny, neu orwedd ar ei ochr am 40 diwrnod), yn gwneud iddo swnio'n hynod **ecsentrig**, a dweud y lleiaf.

Mae'r llyfr yn gosod ei stamp ei hun o'r cychwyn cyntaf. Ar lan un o afonydd Babilon, caiff Eseciel un o'r **gweledigaethau rhyfeddaf** a mwyaf hynod **o Dduw** yn y Beibl cyfan. Dyma sut mae'n cychwyn . . .

Wrth i mi edrych, rôn i'n gweld storm yn dod o'r gogledd. Roedd cwmwl anferth, a mellt yn fflachio, a golau llachar o'i gwmpas. Roedd ei ganol yn llachar fel tân mewn ffwrnais fetel. Yna o'i ganol dyma bedwar ffigwr yn dod i'r golwg. Roedden nhw'n edrych fel creaduriaid byw.

Eseciel 1:4–5

Mae'r weledigaeth yn parhau gydag olwynion (a'r rheini'n llawn o lygaid) yn troi o fewn olwynion eraill, a gorsedd o saffir uwch eu pennau, a . . .

wel, dyna ddigon am y tro. Mae gwahanol bobl wedi ceisio esbonio'r cyfan fel cyfarfyddiad gydag UFO, effaith cyffuriau cryf – neu'n syml bod yr hen foi'n honco bost!

Mae llyfr Eseciel, fodd bynnag, yn dweud wrthym bod hyn yn **ddatguddiad go iawn** o Dduw ei hun: 'Dyma fi'n sylweddoli mai ysblander yr ARGLWYDD ei hun oedd e, felly dyma fi'n mynd ar fy wyneb ar lawr . . .' (Eseciel 1:28).

Roedd Eseciel ymhlith y proffwydi fu'n siarad â'r **alltudion Iddewig ym Mabilon** (roedd Daniel yn un arall). Cludwyd ef yno gyda grŵp o arweinwyr o Jerwsalem yn 597 CC, **11 mlynedd** cyn i'r Babiloniaid ddinistrio'r ddinas yn derfynol. Mae rhan gyntaf y llyfr yn cynnwys proffwydoliaethau a wnaed cyn i Jerwsalem gwympo. Dyma'r dilyniant . . .

Chwilio am fap o Fabilon? Gweler tudalen 134.

Penodau 1–32
*negeseuon o **wae***

CWYMP JERWSALEM
587 CC

Penodau 33–48
*negeseuon o **obaith***

Ar ôl dinistr Jerwsalem, newidiodd neges Eseciel yn **un o obaith**. Roedd yr alltudion mewn cyflwr ofnadwy, ac yn anobeithio yn sgil colli eu treftadaeth. Gofynnent bob math o **gwestiynau** . . .

Ble'r oedd Duw pan ddinistriwyd Jerwsalem?

Does dim gobaith i ni bellach, yn nac oes?

Rhaid bod duwiau Babilon yn fwy pwerus na'r Arglwydd. Wedi'r cyfan, fe'i gorchfygwyd!

Rhai uchafbwyntiau

- Duw'n galw Eseciel i fod yn broffwyd (1–3)
- Eseciel yn actio'r gwarchae ar Jerwsalem (4)
- Bugeiliaid ffug Israel (34)
- 'Rhof fy ysbryd ynoch' (36:24–38)
- Dyffryn yr esgyrn sychion (37)

Ymatebodd Eseciel gyda **chyfres o broffwydoliaethau** . . .

Pwrpas Duw – pwysleisiodd Eseciel, fel y proffwydi eraill, fod pobl Jwda wedi cael eu halltudio oherwydd eu pechodau.

Dychwelyd adref – dywedodd fod gobaith iddyn nhw yn y dyfodol, gan y byddai Duw'n eu dychwelyd i'w gwlad eu hunain.

Y Goruchaf Dduw – fel Eseia (gw. tud. 114), rhoddodd Eseciel weledigaeth iddynt o Dduw grymus a thra-rhagorol.

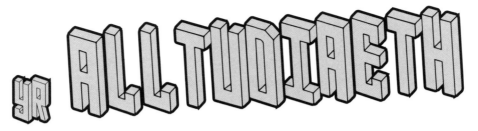

YR ALLTUDIAETH

Yn 597 CC, digwyddodd trychineb yn **Jwda**. Ymosododd Babilon, y wlad rymusaf ar y pryd, arni a chipio'r holl **brif ddinasyddion** i alltudiaeth ym **Mabilon**, 950 milltir o'u cartref. Roedd yr Iddewon – a fu unwaith yn gaethweision yn yr Aifft – yn **gaethweision unwaith eto**.

Pam y digwyddodd hyn?

Am **nifer o resymau** – gwleidyddol, militaraidd a chrefyddol. Dyma sut roedd rhai o'r bobl oedd yn rhan o'r digwyddiadau perthnasol yn ei gweld hi . . .

> Oherwydd bod y genedl yn llygredig! Roedd y cyfoethogion yn gwneud y tlodion yn gaethweision, a'r arweinwyr yn camarwain y bobl . . .

Eseia

> Oherwydd bod Jwda'n gwrthod rhoi'r gorau i addoli duwiau ffug!

Jeremeia

> Oherwydd bod brenin Jwda wedi gwrthryfela yn erbyn fy awdurdod i. Rhaid oedd dysgu gwers iddo!

Nebuchadnesar, Ymerawdwr Babilon

Digwyddodd alltudiaeth Jwda mewn **dau gam** . . .

597 CC

*Aeth y **Brenin Jehoiachin** ac eraill (yn cynnwys y proffwyd **Eseciel**) i alltudiaeth ym Mabilon.*

587 CC

*Digwyddodd yr un peth i'r **Brenin Sedeceia**. Y tro hwn, dinistriwyd Jerwsalem yn llwyr.*

Y tu ôl i'r holl resymau hyn, gwelai'r proffwydi **law Duw'n** gweithredu. Duw, medden nhw, oedd yn **cosbi** pobl Jwda am eu pechodau.

Pa fath o fywyd oedden nhw'n ei fyw?

Ysgrifennodd y proffwyd **Jeremeia** at un o'r grwpiau cyntaf o alltudion (gweler Jeremeia 29:5–7) yn eu hannog i setlo i lawr. Dyma ei eiriau (ar y dde) . . .

Ond hyd yn oed ymhlith yr alltudion oedd yn mwynhau bywyd bras ym Mabilon (a doedd hyn ddim yn wir am bawb) roedd yna deimlad o **anobaith**. Ni allai dim byd wneud iawn am y boen o golli eu **gwlad annwyl**.

Bron i **70 mlynedd** ar ôl i'r Jwdeaid cyntaf gael eu cipio, dechreuodd yr alltudiaeth ddirwyn i ben. Yn ei thro, trechwyd ymerodraeth Babilon (a oedd wedi concro ymerodraeth Asyria) gan y **Persiaid**, a rhoddwyd caniatâd i'r alltudion roedden nhw wedi'u hetifeddu **ddychwelyd adref**.

Adeiladwch dai a setlo i lawr. Plannwch erddi a bwyta'r hyn sy'n tyfu ynddyn nhw. Priodwch a chael plant. Dewiswch wragedd i'ch meibion a gadael i'ch merched briodi, er mwyn iddyn nhw hefyd gael plant. Dw i eisiau i'ch niferoedd chi dyfu, yn lle lleihau. Gweithiwch dros heddwch a llwyddiant y ddinas lle dw i wedi mynd â chi'n gaeth. Gweddïwch ar yr ARGLWYDD drosti. Ei llwyddiant hi fydd eich llwyddiant chi.

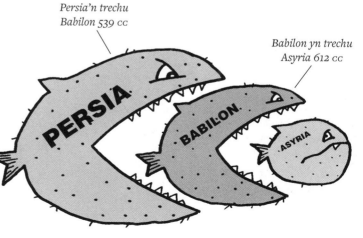

Persia'n trechu Babilon 539 cc

Babilon yn trechu Asyria 612 cc

DANIEL

Straeon

Mae Daniel yn debyg i **ddau lyfr wedi'u glynu at ei gilydd**. Ceir ynddo ddwy ran amlwg – un yn adrodd straeon a'r llall yn datgelu gweledigaethau . . .

Straeon – ym mhenodau 1–6 adroddir am anturiaethau Daniel a'i ffrindiau, sef grŵp o alltudion Iddewig ifanc oedd yn hyfforddi ar gyfer swyddi pwysig yn llys brenhinol Babilon. Mae'r straeon yn gyfarwydd, fel yr un am Daniel yn ffau'r llewod.

Gweledigaethau – yn y cyfamser, ym mhenodau 7–12, mae rhywbeth cwbl wahanol yn digwydd. Yma, cofnodir cyfres o weledigaethau rhyfedd sy'n darogan y dyfodol trwy ddelweddau dirgel mewn cod.

Yn y penodau hyn (Daniel 1–6) mae'r **Daniel ifanc** yn codi'n gyflym i swydd allweddol yn llys brenhinol Babilon. Bu yno am bron i 70 mlynedd – trwy gydol **alltudiaeth yr Iddewon**. Fel **Joseff** (Genesis 41), daeth Daniel i amlygrwydd trwy ddehongli breuddwydion y brenin.

Nid er mwyn diddanu y bwriadwyd straeon Daniel. Lluniwyd hwy i **annog** yr Iddewon oedd yn wynebu amser caled dan lywodraeth estron, ddidostur, oedd yn awyddus iddyn nhw gefnu ar eu ffydd. Mae'r penodau hyn yn llyfr Daniel yn dweud wrthynt am **lynu ati**, doed a ddelo.

Un o'r prif straeon yn Daniel yw'r un am wledd Belsassar ym mhennod 5, lle tarddodd yr ymadrodd 'yr ysgrifen ar y mur'.

Gweledigaethau

Mae gweledigaethau Daniel ar ffurf **math o broffwydoliaeth** a elwir yn **apocalyptaidd**. Un o'i phrif nodweddion yw ei bod yn defnyddio **symboliaeth gymhleth** i ddatgelu'r hyn mae Duw'n ei wneud y tu ôl i lenni hanes y ddynoliaeth. Dyma'r symboliaeth a geir yn nhair gweledigaeth Daniel . . .

GWELEDIGAETH 1
Mae Daniel yn gweld pedwar bwystfil rhyfedd, yn cynrychioli pedair ymerodraeth. Cânt eu barnu gan Dduw, sy'n rhoi pŵer i 'un fel mab dyn' gogoneddus.
Daniel 7

GWELEDIGAETH 2
Mae Daniel yn gweld gafr yn trechu hwrdd. Mae gan yr afr (sy'n cynrychioli ymerodraeth fawr) bedwar corn – ac un ohonyn nhw'n tyfu corn bychan sy'n creu anhrefn i bobl Dduw.
Daniel 8

GWELEDIGAETH 3
Mae ffigur godidog yn ymddangos i Daniel, ac yn cyflwyno proffwydoliaeth fanwl o'r dyfodol.
Daniel 10–12

Iawn . . . ond beth yw ystyr hyn i gyd?

Mae'r atebion i'r cwestiwn hwnnw wedi achosi llawer o ddadlau. Ceir **dwy brif ddamcaniaeth**, sef . . .

■ **Pethau oedd yn digwydd ar y pryd** – mae Daniel yn disgrifio (nid proffwydo) pethau a ddigwyddodd tua 200 mlynedd cyn cyfnod Iesu, i roi gobaith i'r bobl.

■ **Digwyddiadau sydd i ddod, naill ai'n awr neu yn y dyfodol** – byth ers cyfnod Iesu, mae pobl wedi honni bod Daniel yn defnyddio symboliaeth fanwl i sôn am ddigwyddiadau yn eu hamser eu hunain.

Gweler Sechareia, rhannau o Eseciel a Datguddiad am ragor o ddeunydd apocalyptaidd.

HOSEA

Stori o **dor-priodas** a geir yn Hosea. Priodwyd Hosea a Gomer, a chawsant dri o blant. Ond bu Gomer yn **anffyddlon** sawl gwaith, gan adael ei chartref i fod gyda'i chariadon. Er mai putain oedd hi, roedd Hosea'n **dal i'w charu** a daeth y ddau'n ŵr a gwraig am yr eildro. Gallwch ddarllen am hyn yn Hosea 1–3.

Drwy'r argyfwng hwn yn ei fywyd personol, cafodd Hosea oleuni pellach ar y modd roedd Duw'n gweld **anffyddlondeb Israel** tuag ato ef. Daeth tor-priodas Hosea'n symbol o berthynas Duw gyda'i bobl . . .

> Bydda i'n dy gymryd di'n wraig i mi am byth . . . Bydda i'n ffyddlon i ti bob amser . . .

Duw'n siarad yn Hosea 2:19

Roedd Hosea'n broffwyd i deyrnas ogleddol **Israel** tua'r un pryd ag roedd **Eseia** yn y de (gweler y map ar dudalen 132). Roedd ganddo neges anodd i'w chyflwyno – oherwydd pechodau'r bobl, câi Israel ei **difa gan ryfel**.

Doedd 'na ddim gobaith, felly?

Yn rhyfedd iawn, roedd gobaith yn neges Hosea. Yn union fel roedd Hosea wedi cymryd ei wraig yn ôl, ni allai Duw chwaith **fyth anghofio'i** bobl. Dyma eiriau mwyaf gobeithiol y llyfr . . .

> Pa fodd y'th roddaf i fyny, Effraim, a'th roi ymaith, Israel? . . . Newidiodd fy meddwl ynof: enynnodd fy nhosturi hefyd.

Duw'n siarad yn Hosea 11:8

JOEL

Credir fod y proffwyd Joel wedi byw rywbryd rhwng 500 a 300 cc, pan oedd yr Iddewon wedi ailsefydlu yn eu **gwlad eu hunain** ar ôl yr alltudiaeth. Ar ddechrau llyfr Joel ceir **pla ofnadwy o locustiaid**, a drodd y wlad yn anialwch.

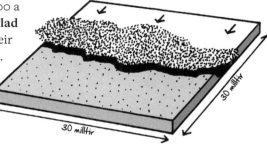

Barn Duw!

Nid dim ond gohebydd yn adrodd am drychineb y pla oedd Joel. Yn hytrach, gwelai'r locustiaid fel darlun o'r hyn fyddai **barn Duw** ar ddiwedd amser. Fel y locustiaid, meddai, bydd barn Duw yn . . .

- ddydd o dywyllwch
- ddiwedd ar fendithion **Duw** – wrth i bopeth da gael ei ddifa
- ddi-droi'n-ôl – does dim modd rhoi stop ar haid o locustiaid, nac ar ddicter Duw

Yn ôl Joel, dylai'r weledigaeth hon o farn Duw ein **troi ni'n ôl** at Dduw. Yna bydd yn adfer yr holl bethau da rydyn ni wedi'u colli oherwydd ein pechodau.

Mae Joel hefyd yn rhag-weld amser pan fydd Duw'n **rhoi ei Ysbryd** i'r holl bobloedd, yn hytrach nag i ddim ond yr ychydig rai dethol yn yr Hen Destament. Dyfynnwyd y geiriau enwocaf o'i lyfr ar **Ddydd y Pentecost**, pan ddisgynnodd yr ysbryd ar y Cristnogion cynharaf. . .

Wyddech chi? Gall haid o locustiaid fwyta 900 milltir sgwâr o blanhigion mewn un diwrnod . . .

> Ar ôl hynny, bydda i'n tywallt fy Ysbryd ar y bobl i gyd. Bydd eich meibion a'ch merched yn proffwydo; bydd dynion hŷn yn cael breuddwydion, a dynion ifanc yn cael gweledigaethau.

Joel 2:28

AMOS

Bugail yn Jwda oedd Amos nes iddo gael ei alw gan Dduw. Dywedwyd wrtho am adael ei ddefaid, teithio i'r gogledd i Israel a phregethu neges anodd, beryglus wrth y bobl yno. Roedd yr alwad yn un bwerus . . .

> Pan mae'r llew yn rhuo, pwy sydd ddim yn ofni? Mae fy Meistr, yr ARGLWYDD, wedi siarad, felly pwy sy'n mynd i wrthod proffwydo?
>
> Amos 3:8

Er bod ei lyfr yn eitha byr, Amos oedd un o'r **ffyrnicaf a'r mwyaf** o holl broffwydi'r Hen Destament. Proffwydai yn Israel tua 760 cc, ac roedd yn un o grŵp o bedwar proffwyd o'r 8fed ganrif oedd yn enwog am eu **gwersi moesegol** – y tri arall oedd **Eseia, Micha a Hosea**.

Beth oedd cynnwys ei neges, felly?

Dyma'r cefndir. Ar yr wyneb, roedd popeth yn ymddangos yn iawn, ac Israel – dan y **Brenin Jeroboam II** – yn mwynhau cyfnod prin o heddwch a digonedd. Roedd masnach ar i fyny, a sefyllfa ariannol y wlad yn dda. Adeiladai'r bobl dai moethus – ac roedd hyd yn oed crefydd yn ffynnu.

Ond, fel y dywedodd Amos, dim ond yr ychydig **bobl gyfoethog** oedd yn gallu elwa ar y pethau hyn. Tra bod y cyfoethog a'r pwerus yn mwynhau eu bywydau bras, roedd y tlodion yn llwgu neu'n gwerthu eu hunain fel caethweision.

> A beth, os ca i ofyn, sy'n bod ar hynny?

Y peth gwaethaf oedd fod y cyfoethogion, ar yr wyneb, yn **ymddangos yn grefyddol iawn**, a hyd yn oed yn credu bod eu cyfoeth yn fendith gan Dduw. Feddylion nhw ddim am eiliad bod croes-ddweud anferth rhwng y ffordd roedden nhw'n **addoli** a'u dull o **gam-drin y tlodion**.

Mae Amos yn **ffyrnicach** na neb arall yn y Beibl yn ei ymosodiadau ar yr holl anonestrwydd, yr annhegwch a'r gormes mae'n ei weld o'i gwmpas ym mhobman. Mae ei lyfr yn **wenfflam o ddicter**.

Mae'n dweud wrth ei wrandawyr y bydd Israel yn cael ei **dileu'n llwyr** ac y bydd Duw'n erlid pob un ohonyn nhw – hyd yn oed os byddan nhw'n cuddio yn y nefoedd neu ar waelod y môr (Amos 9:2–4). Drwy gydol y llyfr, mae ei iaith yn **eithafol**.

Dyma ymosodiad milain Amos ar **grefydd y cyfoethogion** . . .

> Dw i'n casáu eich gwyliau crefyddol chi, ac yn **eu** diystyru nhw. Dydy'ch addoliad chi'n rhoi dim pleser i **mi...** Stopiwch ddod yma i forio canu'ch emynau; does gen i ddim eisiau clywed sŵn eich nablau. Beth dw i eisiau ydy gweld cyfiawnder fel dŵr yn gorlifo, a thegwch fel ffrwd nant sydd byth yn sychu.

Amos 5:21, 23–24

Mae apêl Amos am gyfiawnder wedi cael dylanwad mawr yn ein hoes ni. Gwelir llawer o Gristnogion sy'n ymgyrchu yn erbyn anghyfiawnder lleol a byd-eang yn gwreiddio'u gweithredoedd yn athrawiaeth Amos. Hyd heddiw, mae ei eiriau'n dal i lefaru'n rymus dros y tlawd a'r gorthrymedig.

Onid oedd Iesu'n eithafwr dros gariad? Onid oedd Amos yn eithafwr dros gyfiawnder? Onid oedd Paul yn eithafwr dros efengyl Iesu Grist?

Martin Luther King, mewn llythyr o Garchar Birmingham, 1963

OBADEIA

Obadeia yw'r **llyfr byrraf** yn yr Hen Destament. Does yr un bennod ynddo – dim ond adnodau. Ac mae **naws pigog** iddo wrth i Obadeia daranu yn erbyn **Edom** – teyrnas i'r de o Jwda – a mwynhau rhag-weld ei chwymp.

Pam yn union mae e'n gwneud hynny?

Wel . . . faint o amser sy 'da chi? Mae'n un o'r cwerylon 'na yn y Dwyrain Canol.

DRWGDEIMLAD

Gellid olrhain y drwgdeimlad rhwng Israel ac Edom cyn belled yn ôl â **Jacob** a'i frawd **Esau** yn llyfr Genesis. Roedd Israel yn ddisgynyddion i Jacob, ac Edom yn ddisgynyddion i Esau. Drwy'r Hen Destament, gwelir y ddwy genedl yn **cweryla**.

Brwydrodd Saul yn eu herbyn. Llwyddodd Dafydd i'w concro, ond parhâi'r Edomiaid i fod yn ddraenen yn ystlys Jwda, gan eu **goresgyn** neu **wrthryfela** yn eu herbyn yn gyson.

BRAD

Yna, yn 587 cc, yr hoelen olaf yn arch eu perthynas oedd pan ddinistriwyd Jerwsalem yn llwyr gan y Babiloniaid. Yn hytrach na helpu'u cymdogion, **ochrodd yr Edomiaid â'r Babiloniaid**, gan drosglwyddo rhai oedd yn dianc i'r gelyn, ysbeilio gweddillion y ddinas a mwynhau bod yn dystion i'r drychineb.

TRANC

Cred Obadeia ei bod yn hen bryd i Edom **dalu** am ei chamweddau. Mae'n proffwydo tranc yr Edomiaid oherwydd eu brad. Credai'r Edomiaid nad oedd modd i neb eu gorchfygu; roedd eu teyrnas ar gopa mynydd, a'r unig ffordd ati oedd drwy geunant cul – yr amddiffynfa berffaith! Ond dywed Obadeia y cânt eu **hysbeilio** a'u **dinistrio**.

Gafodd proffwydoliaeth Obadeia ei gwireddu?

Do. Erbyn y 5ed ganrif cc roedd Edom wedi cwympo i ddwylo'r Arabiaid.

Doedd gan Jona **ddim awydd** o gwbl i fod yn broffwyd. Nid ef oedd yr unig un – ceisiodd **Jeremeia** hefyd wrthod y swydd (gweler tudalen 116). Ond gwnaeth Jona ei orau glas i osgoi'r busnes o broffwydo – ac mae'r stori yn y llyfr hwn.

Dechreuodd y cyfan pan ddywedodd **Duw wrth Jona** . . .

Roedd Duw am i bobl **Ninefe** (prifddinas Asyria) gefnu ar eu ffordd bechadurus o fyw – ond **gwrthododd** Jona fynd yno i gyflwyno'r neges. Fel pobl eraill ei gyfnod, **casâi'r Asyriaid** am eu creulondeb. Roedd am i Dduw eu dinistrio – nid maddau iddyn nhw.

> Oni thosturiaf finnau wrth Ninefe, y ddinas fawr, lle mae mwy na 120,000 o bobl sydd heb wybod y gwahaniaeth rhwng y llaw chwith a'r llaw dde, heb sôn am lu o anifeiliaid?

Duw'n siarad yn Jona 4:11

Felly aeth Jona ar long oedd yn teithio i **gyfeiriad cwbl wahanol**. Ond doedd Duw ddim yn fodlon o gwbl. Yng nghanol storm ar y môr, llyncwyd Jona gan glamp o **bysgodyn mawr** oedd yn digwydd nofio tuag at . . . ie, wrth gwrs, Ninefe.

Mae llyfr Jona'n ddiddorol am y modd annisgwyl y mae'n delio â **rhagfarn hiliol**. Dangosir nad yw consýrn Duw wedi'i gyfyngu i un hil yn unig – yr **Iddewon** – ond ei fod yn ymestyn cyn belled â'r **Asyriaid**, prif elyn Israel yr adeg honno. Mae'r un neges i'w gweld hefyd yn llyfr **Ruth** (gweler tudalen 80).

MICHA

Roedd **Micha**'n un o grŵp o **bedwar proffwyd pwysig** a siaradai'n blaen yn ystod yr 8fed ganrif cc . . .

Roedd **Amos a Hosea**'n proffwydo yn Israel, y deyrnas ogleddol

Samaria

Jerwsalem

Roedd **Micha ac Eseia**'n proffwydo yn Jwda, y deyrnas ddeheuol

Yng nghyfnod Micha, roedd Jwda ac Israel cyn waethed bob tamaid â'r cenhedloedd cyfagos. Credai'r cenhedloedd hyn, pe baen nhw'n **aberthu** digon o anifeiliaid (a phobl) a chynnal digon o **ddefodau crefyddol**, yna byddai eu duwiau'n ad-dalu'r gymwynas yn hael gyda glaw, cynaeafau da a llwyddiant mewn brwydrau. Y fargen oedd: 'Rho di'r peth-a'r-peth i mi, ac fe wnaf yn siŵr dy fod ti'n iawn.'

— *Diolch!*

Roedd Jwda ac Israel wedi dod i gredu bod ganddyn nhw fargen debyg gyda Duw. Cyn belled â'u bod yn dal i gynnal y defodau crefyddol, gallent **fyw fel y mynnent** a byddai Duw'n fodlon ar hynny.

Siaradodd Micha yn erbyn y trefniant bach cysurus hwn. Ei thema fawr oedd mai **Duw cyfiawnder** oedd Duw, a'i fod yn disgwyl i'r **bobl gyfoethog**, bwerus, drin y **tlawd** a'r gwan mewn ffordd gyfiawn. Dyw e ddim am weld miloedd o anifeiliaid yn cael eu haberthu. Does arno ddim eisiau addoliad gwag, peiriannol. Yn hytrach...

"Mae'r ARGLWYDD wedi dweud beth sy'n dda, a beth mae e eisiau gen ti: Hybu cyfiawnder, bod yn hael bob amser, a byw'n wylaidd ac ufudd i dy Dduw." *Micha 6:8*

NAHUM

Pe baech chi'n byw yn y Dwyrain Canol yng nghyfnod Nahum, byddech yng nghysgod **Asyria** – prif bŵer y rhanbarth, heb os nac oni bai.

Roedd Asyria'n **rymus** ac yn **dreisgar**. Gwelodd pobl Jwda Asyria'n gyrru dros **27,000** o Israeliaid i alltudiaeth yn 721 CC, pan gwympodd dinas Samaria. Ugain mlynedd yn ddiweddarach, anfonwyd **200,000** o bobl eto pan oresgynnwyd Jwda gan yr Asyriaid.

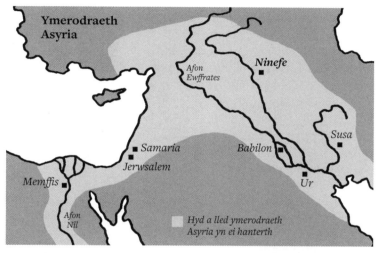

Ymerodraeth Asyria

Afon Ewffrates

Ninefe

Samaria

Jerwsalem

Babilon

Susa

Memffis

Ur

Afon Nîl

Hyd a lled ymerodraeth Asyria yn ei hanterth

Beth am Nahum, felly?

Wŷr neb pryd yn union roedd Nahum yn byw ac yn proffwydo. Ond mae'n debygol ei fod o gwmpas yn y 7fed ganrif CC pan oedd yr ymerodraeth wedi gweld ei dyddiau gorau ac yn **prysur ddadfeilio**.

Mae Nahum yn mwynhau proffwydo **dinistr Ninefe**, prifddinas Asyria. Mae ei farddoniaeth yn lliwgar ac yn llawn egni. Cwympodd Ninefe yn 612 CC.

Mae Nahum wedi ysbrydoli Iddewon a Christnogion sy'n byw dan gyfundrefnau creulon. Caiff **gormeswyr** eu **gorchfygu**, ac mae Duw'n noddfa ddiogel i'r sawl sy'n ymddiried ynddo.

> Bydd pawb fydd yn clywed y newyddion amdanat yn dathlu a churo dwylo. Oes rhywun wnaeth ddianc rhag dy greulondeb diddiwedd?

Geiriau olaf Nahum, a lefarwyd wrth Ninefe. Nahum 3:19

HABACUC

Mae Habacuc yn fath o chwaer gyfrol i **Nahum**, gan fod y ddau broffwyd yn ymlafnio â phroblem y **grymoedd mawr, ymosodol**, oedd yn tra-arglwyddiaethu dros fywydau pobl y cyfnod hwnnw. Yr **Asyriaid** oedd y broblem i Nahum. Ond i Habacuc (oedd, mae'n debyg, yn byw mewn cyfnod diweddarach) y broblem oedd y **Babiloniaid**.

Nage. Mae naws **gwahanol iawn** i'r ddau lyfr. Tra bod Nahum yn dawnsio'n llawen ar fedd yr Asyriaid, mae Habacuc yn **llawn anobaith**. Er bod yr Asyriaid **creulon** wedi mynd, mae'r Babiloniaid – sy'n **fwy creulon fyth** – wedi dod i gymryd eu lle.

Mae Habacuc yn gofyn y cwestiwn: sut y gall **Duw** ganiatáu i'r Babiloniaid treisgar **ymosod ar, a dinistrio**, pobl sy'n well na nhw'u hunain? Yr ateb a gaiff ym mhennod 2 yw fod barn Duw ar fin dod – yn **araf**, ond yn **anochel**.

Mae'r addewid hon yn adfer ffydd Habacuc yn Nuw.

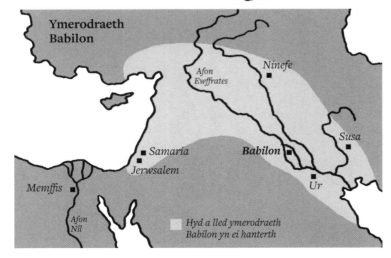

Cân arall o ddialedd, mae'n debyg?

HABA CUC

Ymerodraeth Babilon

Afon Ewffrates

Ninefe

Samaria
Jerwsalem

Babilon

Susa

Memffis

Ur

Afon Nîl

Hyd a lled ymerodraeth Babilon yn ei hanterth

SEFFANEIA

Seffaneia, Sedeceia, Sechareia, Saba . . . Sera . . . sssss . . . sssssssss . . . sss . . .

Dydd y Farn

Roedd neges Seffaneia'n arswydus. Yn y cyfnod hwnnw credai llawer yn **Nydd yr Arglwydd** – y diwrnod pan fyddai Duw'n **achub ei bobl**. Byddai eu gelynion yn cael eu dinistrio, Jwda'n rheoli'r byd, a phawb yn hynod o gyfoethog, ac ati.

Ond trodd Seffaneia y ffantasi hon ben i waered. Ar Ddydd yr Arglwydd, meddai, ti, **Jwda**, gaiff ei dinistrio. Bydd Duw yn dy farnu oherwydd dy holl bechodau. Mae'n cyflwyno darlun syfrdanol o **ddicter Duw** – darlun a esgorodd ar y syniad o Ddydd y Farn.

Pregethwr tanllyd oedd Seffaneia, yn proffwydo yn ystod teyrnasiad y **Brenin Joseia** (2 Cronicl 34–35), yn yr hanner can mlynedd olaf cyn i Jwda gael ei llusgo i alltudiaeth.

Sylweddolai Seffaneia fod Jwda'n suddo'n ddyfnach ac yn ddyfnach i **drais** a'r arfer o **addoli eilunod**. Bydd hyn i gyd yn ennyn dicter Duw, meddai.

66 Mae dydd barn yr ARGLWYDD yn agos; y dydd mawr – bydd yma'n fuan! Bydd sŵn chwerw i'w glywed y diwrnod hwnnw; sŵn milwyr cryf yn gweiddi crio. Bydd yn ddydd i Dduw fod yn ddig. Bydd yn ddiwrnod o helynt a gofid; yn ddiwrnod o ddifrod a dinistr. Bydd yn ddiwrnod tywyll ofnadwy; diwrnod o gymylau duon bygythiol. Bydd sŵn y corn hwrdd, y bloeddio a'r brwydro yn bygwth y trefi caerog a'r tyrau amddiffynnol. 99

Dydd yr Arglwydd, yn Seffaneia 1:14–16

HAGGAI

Dyw Haggai ddim ar y brif restr o broffwydi'r Hen Destament – na hyd yn oed ar y rhestr wrth gefn. Wyddon ni **fawr ddim** amdano, a dim ond dwy bennod sydd yn ei lyfr. Fe wyddom, fodd bynnag, ei fod yn byw yn y cyfnod pan oedd **yr alltudion** a oedd wedi dychwelyd o Fabilon yn ceisio ailadeiladu eu bywydau yn **adfeilion Jerwsalem**.

Roedd Haggai mor llwyddiannus wrth ysgogi'r bobl i ddechrau ailadeiladu fel bod y Deml wedi'i chwblhau gwta bedair blynedd yn ddiweddarach. Safodd am 500 mlynedd – cyfnod hirach na themlau Solomon a Herod.

DEFFRWCH!!

Mae llyfr Haggai'n atgoffa'r bobl oedd wedi ailsefydlu yn Jerwsalem eu bod wedi anghofio un peth pwysig. Doedden nhw ddim eto wedi **ailadeiladu'r Deml**, prif ganolbwynt eu ffydd, er eu bod yn ôl yn y ddinas ers **16 mlynedd**. Pam y llaesu dwylo?

- **Gwrthwynebiad** – roedd pobl leol yn gwrthwynebu'r ailadeiladu, ac wedi cwyno wrth yr ymerawdwr (Esra 4:1–5).

- **Diogi** – roedd cyfoethogion y ddinas yn rhy brysur yn byw eu bywydau moethus (Haggai 1:3–4).

- **Digalondid** – gwyddai pawb na fyddai'r deml newydd hanner cystal â theml Solomon (Haggai 2:1–5).

Aeth Haggai ati i'w hysgogi i weithredu. Ei neges oedd 'Ymgryfhewch . . . Gweithiwch!' Ac addawodd iddyn nhw hefyd: 'Bydd gogoniant y tŷ diwethaf hwn yn fwy na'r cyntaf' (Haggai 2:9).

SECHAREIA

Llyfr digon rhyfedd yw Sechareia. Fel llyfr **Daniel**, mae iddo **ddau hanner pendant**, a'r ddau'n gwbl wahanol i'w gilydd. Dyma sut mae'r ddau hanner yn edrych . . .

Gweledigaethau yn y nos

Roedd Sechareia yn Jerwsalem yr un pryd â **Haggai**, a chyflwynwyd y proffwydoliaethau ym mhenodau 1–8 pan oedd Haggai hefyd yn weithredol. Caiff Sechareia **wyth gweledigaeth** yn y nos, yn cynnwys **sgrôl yn hedfan**, a honno o faint awyren fechan, **pedwar cerbyd** yr apocalyps, a menyw mewn **casgen yn hedfan**. Mae'r cyfan yn hynod symbolaidd ac yn bur swreal i'w ddarllen.

Oraclau'r dyfodol

Does dim gweledigaethau rhyfedd ym mhenodau 9–14, dim ond proffwydoliaeth 'gonfensiynol' sydd fel petai'n perthyn i gyfnod llawer mwy diweddar na phenodau 1–8. Maen nhw'n cynnwys dwy ran gyfarwydd: dyfodiad **Tywysog Heddwch**, sy'n marchogaeth ar **asyn** (Sechareia 9:9) a galaru dros 'yr un a **drywanwyd** ganddynt' (Sechareia 12:10). Dyfynnir y ddwy ran yn yr efengylau wrth gyfeirio at fywyd a marwolaeth Iesu.

Pwy, felly, oedd awdur y llyfr hwn, a pham mae dwy ran y llyfr mor wahanol i'w gilydd?

Ysgrifennwyd Rhan 1 – gyda'i neges o obaith – gan broffwyd o'r enw Sechereia a oedd yn byw tua 520 CC.

Mae'n debyg fod Rhan 2 wedi'i llunio'n llawer mwy diweddar (rywbryd ar ôl 332 CC) pan oedd yr Iddewon yn byw dan awdurdod y Groegiaid. Cafodd ei hysgrifennu gan broffwyd anhysbys, neu grŵp o broffwydi.

Malachi

Malachi yw'r **olaf** o broffwydi'r Hen Destament, a'r un oedd yn byw agosaf at gyfnod y Testament Newydd. Fel **Haggai** a **Sechareia**, rhyw 70 mlynedd o'i flaen, proffwydai Malachi i'r bobl oedd wedi ailsefydlu yn Jerwsalem **ar ôl yr alltudiaeth**. Unwaith eto, roedden nhw'n ddifater ynghylch eu ffydd, gan ddweud, 'Does dim pwrpas mewn gwasanaethu Duw'.

Nawr 'te, ble glywais i hynna o'r blaen?

O ie . . . yn Exodus, Numeri, Barnwyr, 1 a 2 Brenhinoedd, Eseia, Amos, Hosea ac ati . . . Diffyg diddordeb yn Nuw yw un o **themâu mwyaf arhosol** y Beibl.

Mae Malachi hefyd yn ceryddu'r **offeiriaid** am beidio â chymryd eu swyddi o ddifri, y **rheolwyr** am dwyllo gweithwyr gyda'u cyflogau, a **dynion priod** am ysgaru eu gwragedd. Dim ond yng nghyfnod **Nehemeia**, yn fuan ar ôl dyddiau Malachi, y dechreuwyd datrys y problemau hyn.

Mae dau ddarn o destun yn Malachi yn llawn **disgwyliad** fod Duw ar fin gwneud rhywbeth **tyngedfennol**. Mae awduron y Testament Newydd yn gwneud defnydd ohonyn nhw . . .

Edrychwch, dw i'n anfon fy negesydd, a bydd e'n paratoi'r ffordd ar fy nghyfer i...

Malachi 3:1
(gweler Marc 1:2)

Ond bydd haul cyfiawnder yn gwawrio arnoch chi sy'n fy mharchu i, a iachâd yn ei belydrau...

Malachi 4:2
(gweler Luc 1:78)

DADLEUOL!

Ar un adeg, roedd y Beibl yn **fwy o faint** nag yw e nawr. Ynghyd â'r 66 o lyfrau a geir fel arfer mewn fersiynau Protestannaidd o'r Beibl heddiw, roedd nifer o **lyfrau eraill yn yr Hen Destament** – er bod rhai'n cwestiynu eu hunion statws. Yn ein hoes ni, mae'r traddodiad Protestannaidd yn cyfeirio at y llyfrau dadleuol hyn fel yr **Apocryffa**, ac yn y traddodiadau Pabyddol ac Uniongred cyfeirir atynt fel y **llyfrau deutero-canonig**. Ceir dadlau hefyd ynghylch union nifer y llyfrau hyn, ond mae'r Apocryffa – fel yr ymddengys yn y Beibl Cymraeg – tua 80 y cant o faint y Testament Newydd.

Ie, dyna'i hyd a'i led e . . .

CYFLWYNIAD

Mewn rhai fersiynau o'r Beibl, mae **mwy o lyfrau Hen Destament** nag a geir mewn Beibl cyffredin. Er enghraifft, yn y fersiwn Pabyddol o'r Beibl, mae **46** fel arfer, o'u cymharu â **39** llyfr yn y Beiblau Protestannaidd.

Sut y digwyddodd hyn, felly?

Wel, dyma i chi hanes y pedwar Beibl . . .

1. Beibl Groegaidd

Tua 250 cc, penderfynodd grŵp o ysgolheigion Iddewig oedd yn byw yn Alecsandria, yn yr Aifft, gyfieithu'r ysgrythurau Iddewig i'r **iaith Roeg**. Roedd yn syniad gwych, gan fod Groeg yn y cyfnod hwnnw'n iaith ryngwladol, a'r rhan fwyaf o'r Iddewon yn ei siarad.

Galwyd eu cyfieithiad yn **Septuagint**; yn ddiweddarach, cafodd ei ddefnyddio gan awduron y Testament Newydd a chan yr eglwys Gristnogol gynnar fel y fersiwn o'r Hen Destament oedd yn fwyaf cyfarwydd iddyn nhw.

2. Beibl Iddewig

Yn 90 oc, daeth cyngor o **rabïaid Iddewig** at ei gilydd yn Jamnia (Jaffa yn Israel ein dyddiau ni) i gytuno ar **restr swyddogol** o'r llyfrau yn eu hysgrythurau. Gwrthodwyd nifer o lyfrau'r Septuagint oherwydd nad oedden nhw wedi'u hysgrifennu mewn **Hebraeg neu Aramaeg** (fel gyda'r llyfrau hynaf); yn hytrach, roedden nhw'n fwy diweddar ac wedi'u hysgrifennu mewn **Groeg**.

Felly, nawr roedd 'na ddwy restr o lyfrau . . .

- **Y rhestr Roegaidd (yr hiraf)** – yn cynnwys y cyfan o'r 46 llyfr a welir bellach mewn Beiblau Pabyddol

- **Y rhestr Hebrëig (y fyrraf)** – yn cynnwys dim ond y 39 llyfr a welir bellach mewn Beiblau Protestannaidd

Groeg Lladin Hebraeg

Uchod: Sant Jerome wrth ei ddesg yn gweithio o'r testunau Groeg a Hebrëig i gynhyrchu ei Feibl Lladin.

Llew dof

3. Beibl Sant Jerome

Tua diwedd y 4edd ganrif oc, cyfieithodd **Sant Jerome** y Beibl i'r Lladin. Gan ei fod yn gweithio o'r **ysgrythurau Hebraeg** gwreiddiol, byddai rhywun yn disgwyl iddo gynnwys dim ond y llyfrau oedd ar y rhestr Hebrëig fyrrach. Ond, yn lle hynny, cynhwysodd yr holl lyfrau oedd ar y rhestr Roegaidd hirach. Yr enw ar ei Feibl Lladin oedd y **Vulgate** (sef 'poblogaidd'), a chafodd ei ddefnyddio am dros fil o flynyddoedd. Hwn oedd y sail ar gyfer rhestr hirach yr Eglwys Babyddol.

4. Beibl Martin Luther

Neidiwn ymlaen 1,100 o flynyddoedd, i ddechrau'r 16eg ganrif, pan oedd y diwygiwr **Martin Luther** yn cyfieithu'r Beibl i'r Almaeneg. Fel Sant Jerome, gweithiai Luther o'r ysgrythurau Hebrëig, ond y tro hwn defnyddiodd y rhestr fyrrach. Rhoddodd y llyfrau Groegaidd mewn adran ar wahân, a'u galw'n **Apocryffa** (sef 'cuddiedig'). Gosododd hyn y patrwm a ddefnyddiwyd byth ers hynny wrth lunio Beiblau Protestannaidd.

Mae'r Beiblau a ddefnyddir heddiw gan yr eglwysi Pabyddol ac Uniongred yn cynnwys y rhestr hirach o lyfrau; gelwir y llyfrau ychwanegol yn 'deutero-canonig' (sef 'ail restr' o lyfrau).

Llyfrau'r APOCRYFFA

3 Esdras – *ailadroddir hanesion 1 a 2 Cronicl, Esra a Nehemeia. Enw arall ar Esra yw Esdras, ac yn y dull hwn o rifo mae 1 a 2 Esdras yn gyfystyr ag Esra a Nehemeia.*

4 Esdras – *caiff Esra saith gweledigaeth apocalyptaidd ynghylch dioddefaint pobl Dduw a dyfodiad oes y Meseia. Mae iaith goeth y llyfr wedi darparu geiriau ar gyfer nifer o litwrgïau Cristnogol, gan gynnwys 'Lux perpertua . . .' y Pabyddion.*

Ychwanegiadau at Lyfr Esther – *chwe rhan ychwanegol sy'n ymhelaethu ac yn 'gwella' ar lyfr Esther.*

Judith – *a'i dinas dan warchae, mae Judith – gweddw o Iddewes – yn achub y dydd trwy hudo'r cadfridog sy'n rheoli'r gwarchae. Ac yna . . . na, fiw i mi ddatgelu'r diweddglo!*

Tobit – *chwedl grefyddol o gyfnod yr alltudiaeth ym Mabilon. Mae'r cast yn cynnwys yr angel Raffael, diafol sy'n lladd dynion ifanc ar noson eu priodas, a dyn dall sy'n cael ei iacháu.*

Bel a'r Ddraig – *mae Daniel yn datgelu triciau offeiriaid Bel (Duw Babilonaidd) ac yn lladd draig trwy achosi iddi ffrwydro.*

Cân y Tri Llanc – *ychwanegiad at Daniel, pennod 3. Cenir y gân hyfryd hon gan y tri Iddew a daflwyd i mewn i'r ffwrn dân ym Mabilon.*

Doethineb Solomon – *un o uchafbwyntiau traddodiad Doethineb yr Iddewon, gyda blas o athroniaeth y Groegwyr.*

Ecclesiasticus – *doethineb ymarferol ac ysbrydol ar sut i fyw bywyd llwyddiannus, ynghyd â theyrnged unigryw i wŷr enwog yr Hen Destament.*

Llythyr Jeremeia – *rhefru yn erbyn addoli duwiau ffug a thaflu sen ar eilunod; credir mai'r proffwyd Jeremeia yw'r awdur.*

Swsanna – *stori dditectif am ferch hardd a gyhuddir ar gam o odineb; gyda help Daniel, caiff ail gyfle i brofi ei bod yn ddieuog.*

Baruch – *mae ysgrifennydd o Iddew (a ffrind i Jeremeia) yn cysuro'r alltudion ym Mabilon gyda gweddïau a phregeth.*

1 Macabeaid – *mae teulu arwrol y Macabeaid yn arwain yr Iddewon o ormes ymerodraeth Syria (175–135 cc) i annibyniaeth.*

2 Macabeaid – *fersiwn llai dibynadwy o'r un stori ag sydd yn 1 Macabeaid.*

Gweddi Manasse – *daw brenin dieflig Jwda at ei goed ar ôl cael ei gludo i Fabilon mewn cadwyni; dywedir mai hon oedd ei weddi i Dduw ym Mabilon.*

YSBRYDOLEDIG?

YDYN!

Ydy llyfrau'r Apocryffa yn ysgrythur ysbrydoledig? 'Ydyn', yn ôl yr eglwysi **Pabyddol** ac **Uniongred**, er eu bod yn galw'r llyfrau'n rhai 'deutero-canonig', sy'n golygu eu bod yn perthyn i ail restr o lyfrau canonig, sef 'awdurdodol'. Y bwriad yw eu **hisraddio** ychydig. Yn y Beiblau Pabyddol ac Uniongred, mae'r llyfrau wedi'u **gwasgaru** drwy'r Hen Destament.

Mae'r eglwysi **Protestannaidd** yn anghytuno, gan gredu nad yw'r llyfrau hyn yn rhan o'r ysgrythur ac na ddylid eu darllen yn yr eglwysi. Fodd bynnag, cytunir eu bod yn addas i Gristnogion eu darllen **ar eu liwt eu hunain**. Ym Meiblau'r Protestaniaid mae'r Apocryffa naill ai'n cael ei hepgor yn llwyr, neu'n ymddangos fel **casgliad** rhwng yr Hen Destament a'r Testament Newydd.

NAC YDYN!

Pwy erioed a ymddiriedodd yn yr Arglwydd a chael ei siomi?

Ecclestiasticus 2:10, ffefryn gan John Bunyan

Ac yn awr, bendithiwch Dduw'r cyfanfyd, sy'n cyflawni ei fawrion weithredoedd ym mhobman.

Ecclesiasticus 50:22

Mae Cristnogion yn cytuno bod llyfrau'r Apocryffa – o'u darllen yn ofalus – yn werthfawr am eu doethineb a'u dirnadaeth ysbrydol, ac fel dolen gyswllt rhwng stori'r Hen Destament a'r Testament Newydd.

Cyflwyniad i'r Testament Newydd

Tua diwedd Efengyl Marc (y gynharaf o'r Efengylau, sef hanesion am fywyd Iesu), mae 'na stori ryfedd ynghlwm â'r hanes am Iesu'n cael ei arestio yng nghanol nos.

Hyd yma, bu stori Marc yn canolbwyntio ar Iesu, wrth i'r milwyr ei gipio a Jwdas yn ei fradychu â chusan. Ond, yn sydyn, mae'r sbotolau'n disgyn ar ddyn ifanc sy'n sefyll yng nghefn y dyrfa, wedi'i wisgo mewn dim byd ond crys nos lliain. Un o ddilynwyr Iesu yw e; wedi codi o'i wely, efallai, a rhuthro i gyrraedd mewn pryd. Dyw e ddim hyd yn oed yn cael ei enwi. Mae'r milwyr yn ceisio'i arestio, ond mae'n llwyddo i ddianc trwy dynnu'i grys nos a ffoi yn gwbl noeth.

Y cwestiwn yw: pam y soniodd Marc am y foment eitha doniol hon wrth ddisgrifio golygfa llawn trasiedi ac ing? Un ddamcaniaeth yw mai Marc ei hun oedd y rhedwr noeth, a'i fod wedi defnyddio'r stori hon fel ffordd o'i gynnwys ei hun yn y ddrama – fel roedd y cyfarwyddwr a'r cynhyrchydd Alfred Hitchcock yn arfer ymddangos mewn rhan fechan ym munudau agoriadol ei ffilmiau.

Os yw'r ddamcaniaeth hon yn gywir, mae'r cipolwg o Marc yn ein hatgoffa bod 27 llyfr y Testament Newydd wedi cael eu hymchwilio, eu hysgrifennu a'u rhoi at ei gilydd gan bobl go iawn. Cawn ein hatgoffa hefyd eu bod yn byw mor agos at y stori fel eu bod hwy eu hunain yn aml yn ymddangos ynddi.

Sut y cafodd y Testament Newydd ei ysgrifennu? A beth sydd ynddo?

Yn ystod canrifoedd cynnar yr eglwys, doedd Cristnogion ddim yn troi eu cefnau ar ysgrythurau'r Hen Destament er mwyn cofleidio'r Testament Newydd. Yn hytrach, darllenent y ddau gyda'i gilydd, fel un stori ddi-dor o ddatguddiad Duw i'r hil ddynol.

Mae'n cwympo'n naturiol i bedair rhan, gan ddechrau gyda phedwar fersiwn gwahanol o hanes bywyd Iesu, a elwir yn Efengylau. Dyma'r adrannau:

- Iesu (Mathew hyd Ioan)
- Yr Eglwys (Actau)
- Llythyrau (Rhufeiniaid hyd Jwdas)
- Y Diwedd (Datguddiad)

Ysgrifennwyd y llyfrau i gyd mewn Groeg, a llythyrau yw'r ffurf fwyaf poblogaidd yn y Testament Newydd: mewn gwirionedd, llythyrau yw 21 o'r 27 llyfr. Straeon yw'r gweddill (yr Efengylau a'r Actau), ynghyd â llyfr o broffwydoliaethau (Datguddiad) sy'n gwbl wahanol i bob llyfr arall.

Hawdd fyddai credu mai'r pedair Efengyl oedd y llyfrau cyntaf yn y Testament Newydd i gael eu hysgrifennu, gan eu bod yn adrodd y stori oedd yn fan cychwyn i'r cyfan – genedigaeth, bywyd, marwolaeth ac atgyfodiad Iesu o Nasareth. Ac yna bod gweddill y llyfrau wedi dilyn yn eu tro. Ond nid felly roedd hi o gwbl.

Llythyrau'r eglwys gynnar yw'r rhan fwyaf o'r Testament Newydd; anfonwyd hwy at gymunedau'r genhedlaeth gyntaf o Gristnogion.

Dros y tudalennau nesaf, byddwn yn gwibio drwy ailgread o'r ffordd y cafodd y Testament Newydd ei ysgrifennu. Mae arbenigwyr ar hyd yr oesau wedi dadlau, ac yn dal i ddadlau, dros bwy ysgrifennodd beth, a phryd, felly un dehongliad yn unig yw'r hyn sy'n dilyn.

Yn y dechreuad: Iesu

Gadewch i ni gychwyn trwy ddweud rhywbeth braidd yn amlwg, ond gwerth ei nodi: wnaeth Iesu ddim ysgrifennu llyfr.

Nid oherwydd na allai ddarllen ac ysgrifennu – yn un o'r straeon amdano mae'n cyflwyno darlleniad yn ei synagog lleol un Sadwrn, a'r gynulleidfa wedyn yn canmol ei waith.

Cyn belled ag y gwyddom, ni adawodd Iesu unrhyw ddarn o waith ysgrifenedig ar ei ôl. Yn hytrach, canolbwyntiodd ar siarad a gweithredu. Soniodd am deyrnas Dduw gan ddefnyddio damhegion, diarhebion a dywediadau bachog oedd yn glynu yng nghof y bobl a'u clywodd. Roedd ei weithredoedd – megis iacháu'r cleifion, bwrw diafoliaid allan, a gwrthdaro â'i elynion crefyddol – hefyd yn ddramatig a chofiadwy.

Oherwydd hyn, ar ôl marwolaeth ac atgyfodiad Iesu, roedd llawer o bobl yn dal i gofio sut roedd e'n ymddwyn a siarad, ac roedd ganddyn nhw straeon i'w hadrodd amdano. Y straeon hyn – a adroddwyd i ddechrau gan rai oedd yn dyst i'r digwyddiadau, ac a ailadroddwyd droeon yn y cymunedau Cristnogol cynharaf – oedd yr elfennau gwreiddiol a ddefnyddiwyd i lunio'r Testament Newydd.

Tra bod y Testament Newydd wedi'i ysgrifennu yn yr iaith Roeg, siaradai Iesu Aramaeg, sef tafodiaith o'r iaith Hebrëig. Mae'r ffaith fod awduron y Testament Newydd wedi dewis Groeg yn golygu bod 99.9% o'r geiriau gwreiddiol a lefarodd Iesu mewn Aramaeg wedi'u colli am byth. Serch hynny, mae ambell air Aramaeg wedi llithro i mewn i Farc, y gyntaf o'r pedair efengyl. Efallai bod y Cristnogion cynharaf yn eu trysori oherwydd mai dyna'r union eiriau a lefarwyd gan Iesu pan oedd mewn argyfwng.

Am gyflwyniad i ddamhegion Iesu, gweler tudalen 190.

BLAS AR Y BEIBL

Gorchmynion a roddwyd gan Iesu oedd y ddwy enghraifft gyntaf, pan oedd ar fin cyflawni'r wyrth o iacháu ....

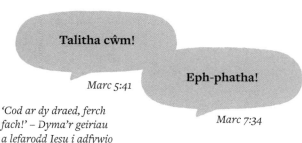

Talitha cŵm!

Marc 5:41

'Cod ar dy draed, ferch fach!' – Dyma'r geiriau a lefarodd Iesu i adfywio merch fach oedd wedi marw.

Eph-phatha!

Marc 7:34

'Agor!' – Hwn oedd y gorchymyn a roddodd Iesu i ddyn byddar, ar ôl rhoi ei fysedd yn ei glustiau.

Mae'r geiriau gwreiddiol eraill a lefarwyd gan Iesu i'w gweld yn hanes ei arestio, ei ddioddefaint a'i farwolaeth, gan roi cipolwg i ni ar ei gyflwr meddyliol yn ystod argyfwng olaf ei fywyd . . .

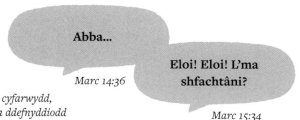

Abba...

Marc 14:36

'Dad!' – Y gair cyfarwydd, plentynnaidd, a ddefnyddiodd Iesu wrth weddïo ar Dduw yng Ngardd Gethsemane ychydig oriau cyn cael ei groeshoelio.

Eloi! Eloi! L'ma shfachtâni?

Marc 15:34

'Fy Nuw, fy Nuw, pam wyt ti wedi troi dy gefn arna i?' – Dyma'r geiriau llawn anobaith a waeddodd Iesu pan oedd ar fin marw ar y groes.

Bu Iesu farw rywbryd o gwmpas y flwyddyn 30 OC. Dros y ddau ddegawd nesaf, sef y 30au a'r 40au, bu'r cymunedau Cristnogol cynharaf ym Mhalesteina wrthi'n casglu dywediadau Iesu a hanesion am ei fywyd a'i farwolaeth. Derbyniwyd y rhain yn y lle cyntaf gan Marc, yna gan Mathew a Luc, ac yn olaf gan Ioan, wrth iddyn nhw lunio'r Efengylau.

Ond roedd hynny ddegawdau yn y dyfodol. Ymhell cyn i awduron yr Efengylau ddechrau ar eu gwaith, roedd rhywbeth annisgwyl yn digwydd.

Llythyrau Paul

Un diwrnod yn 50 OC, yn ninas Corinth, paratôdd rhyw ddyn ei gwilsyn, ei inc a'i femrwn, a dechrau ysgrifennu: 'Paul a Silfanus a Timotheus at eglwys y Thesaloniaid yn Nuw y Tad a'r Arglwydd Iesu Grist. Gras a thangnefedd i chwi.' Y rhain yw geiriau agoriadol yr hyn a gredir oedd llyfr cyntaf y Testament Newydd i gael ei ysgrifennu – Llythyr Cyntaf Paul at y Thesaloniaid.

Ar ôl Iesu ei hun, y ffigur pwysicaf nesaf yn natblygiad y Testament Newydd yw Paul, awdur 13 o'r llyfrau (er bod peth amheuaeth ai ef oedd awdur rhai ohonyn nhw). Ganed Paul, mae'n debyg, rywbryd yn ystod y cyfnod 10–15 OC, felly roedd rhyw 15 neu 20 mlynedd yn iau na Iesu.

Mae safle Paul yn y Testament Newydd yn un rhyfedd. Doedd e ddim yn un o'r 12 disgybl gwreiddiol; yn hytrach, gwnaeth ei orau glas i ddinistrio'r ffydd Gristnogol yn ei babandod. Ond, ar ôl cael tröedigaeth ddramatig, daeth yn arloeswr uchelgeisiol a dadleuol, gan fynd â'r newyddion da am Iesu i wledydd megis Twrci, Groeg, yr Eidal ac efallai hyd yn oed Sbaen. Sefydlodd eglwysi mewn mannau nad oedd dilynwyr gwreiddiol Iesu, o bosib, hyd yn oed wedi clywed amdanynt.

Dywediadau 'coll' Iesu

Ni chynhwyswyd pob un o ddywediadau Iesu yn y pedair Efengyl. Ond maen nhw wedi goroesi mewn rhannau eraill o'r Testament Newydd, mewn gweithiau Cristnogol cynnar, ac mewn ffynonellau Islamaidd. Dyma rai o'r dywediadau 'coll' hynny y gellid efallai eu priodoli i Iesu . . .

Mae rhoi yn llawer gwell na derbyn.

Dyfynnwyd gan Paul yn Actau 20:35

Edifarha, oblegid y mae'n well i ddyn ddod o hyd i gwpan o ddŵr yn yr oes sydd i ddod na'r holl gyfoeth yn y byd hwn.

Efengyl Apocryffaidd Goptig

Mae'r Tad nefol yn erfyn ar i'r pechadur edifarhau yn hytrach na chael ei gosbi.

Dyfynnwyd gan Justin Ferthyr

Torra goed, a byddaf i yno. Coda graig, a deui o hyd i mi yno.

Efengyl yn ôl Thomas

Gwell yw un cam yn nhŷ fy Nhad na holl gyfoeth y byd hwn.

Efengyl Apocryffaidd Goptig

Pwy bynnag sy'n agos ataf i sy'n agos at y tân. Pwy bynnag sy'n bell oddi wrthyf i sy'n bell oddi wrth y deyrnas.

Efengyl yn ôl Thomas

Pont yw'r byd: croesa drosti, ond paid ag adeiladu tai arni.

Arysgrif Bersaidd ar borth y Mosg Mawr yn Fatehpur Sikri, India

Wrth i Paul, yn ei ystafell yng Nghorinth, arddweud ei eiriau at y Cristnogion yn Thesalonica wrth ei glerc, roedd y Testament Newydd yn cael ei lunio o'r diwedd – 20 mlynedd ar ôl y croeshoeliad.

Gan mai Paul oedd y cyntaf i ddechrau ysgrifennu am y ffydd newydd, mae'n werth sylwi ar un neu ddau o bethau arloesol a osododd batrwm ar gyfer pawb arall a ddaeth ar ei ôl.

I ddechrau, Groeg oedd yr iaith a ddewisodd Paul. Nid Hebraeg (iaith y ffydd Iddewig a'r Hen Destament), nac Aramaeg (iaith Iesu ac iaith Palesteina), ond Groeg – iaith y cenedl-ddynion roedd e wedi teithio mor bell i'w cyrraedd.

Roedd nifer o awduron yn ysgrifennu mewn Groeg yng nghyfnod Paul. Groeg oedd iaith ryngwladol y dydd, a defnyddid hi ar hyd a lled yr ymerodraeth Rufeinig. Fersiwn mwy amrwd oedd 'Groeg gyffredin', fel y'i gelwid, na'r iaith glasurol a ddefnyddid gan athronwyr megis Plato a Socrates dros 300 mlynedd cyn cyfnod Paul. Ond roedd Groeg Paul yn wahanol hyd yn oed i'r iaith a ddefnyddid gan awduron oedd yn cydoesi ag e.

Arferai arbenigwyr bendroni dros hyn. Pam fod Groeg Paul yn wahanol? A oedd e, tybed, yn defnyddio rhyw dafodiaith arbennig?

Epistol oddi wrth yr Apostol yw e!

Cafwyd ateb i'r broblem pan ddechreuodd archaeolegwyr ddarganfod hen dipiau sbwriel yn yr Aifft, a'r rheiny'n llawn o bytiau ysgrifenedig a daflwyd allan o dai, siopau a swyddfeydd yn yr hen amser. Am y tro cyntaf, dangosai'r deunydd hwn y math o iaith roedd pobl yn ei defnyddio wrth ysgrifennu am bethau bob-dydd, anffurfiol: rhestrau siopa, cwynion wrth adeiladwyr, llythyrau adref, derbynebau, nodiadau gan blant ac ati. Pan gymharwyd y dogfennau hyn â llythyrau Paul a deunyddiau eraill yn y Testament Newydd, daeth yn amlwg eu bod yn defnyddio'r un math o ieithwedd.

Mae'n glir bellach fod Paul wedi dewis ysgrifennu nid mewn arddull goeth, lenyddol, fel y byddai awdur a chanddo enw da i'w amddiffyn yn ei wneud. Yn hytrach, dewisodd iaith amrwd, gyffredin, y stryd a'i gosod ar bapur. Dymunai gyfathrebu ei neges yn iaith y farchnad, yr arena a'r cartref, fel bod y ffydd newydd hon yn wir yn ffydd ar gyfer pawb a phob dydd.

Roedd Paul yn hoffi siarad yn blaen . . .

Am gyflwyniad i lythyrau'r Testament Newydd, gweler tudalen 216.

> Frodyr a chwiorydd annwyl, nid dawn dweud slic a rhyw areithiau clyfar gawsoch chi gen i pan oeddwn i'n cyhoeddi beth oedd cynllun Duw i chi...

1 Corinthiaid 2:1

Yn ail, dewisodd Paul ysgrifennu llythyrau. Nid ar ffurf damhegion, barddoniaeth nac athroniaeth astrus y dewisodd Paul fynegi ei athrawiaeth, fel y gwnaeth eraill o'i flaen. Yn hytrach, ysgrifennodd lythyrau – dewis diddorol, gan mai pethau hynod ymarferol yw llythyrau. Fel yn achos y rhan fwyaf o bobl, ysgrifennwyd llythyrau Paul yng nghanol bwrlwm a phrysurdeb bywyd go iawn, ac mewn ymateb i bobl a sefyllfaoedd penodol.

Lluniwyd rhai o'i lythyrau i ddatrys rhyw broblem arbennig (e.e. llythyr Paul at Philemon ynghylch caethwas ar ffo – gweler tudalen 243), tra bod eraill wedi'u llunio yng ngwres y foment.

Yr Eglwys yng Nghorinth
Stryd Sgandalau
CORINTH, Hen Roeg

Yr enghraifft fwyaf dramatig o lythyr a ysgrifennwyd 'yng ngwres y foment' yw 1 Corinthiaid, a anfonwyd at Gristnogion oedd mewn dyfroedd dyfnion dros broblemau'n ymwneud â bwyd, rhyw a chweryla. Gweler tudalen 222 am ragor o fanylion neu, gwell fyth, darllenwch y llythyr ei hun.

Er hynny, roedd cynnwys llythyrau Paul yn fwy o lawer na dim ond ymateb i broblemau. Ysgrifennodd destunau pwerus, telynegol, megis ei fyfyrdod ar gariad (1 Corinthiaid 13), a thudalennau o syniadau diwinyddol, megis ei ddamcaniaeth mai ymateb Duw i bechod yr hil ddynol yw marwolaeth Iesu (Rhufeiniaid 3–8).

Ysgrifennwyd llythyrau Paul yn y 50au a'r 60au cynnar OC. Fel gyda llyfrau proffwydi'r Hen Destament, gosodwyd nhw yn nhrefn eu hyd, gyda'r hiraf yn dod gyntaf, a llythyrau mwyaf personol Paul ar ddiwedd y casgliad. Felly, os am fwynhau gwaith Paul, darllenwch y llythyrau o chwith.

Marc, yr Efengyl gyntaf

Roedd y 60au OC, 30 mlynedd ar ôl y croeshoeliad, yn gyfnod cythryblus i'r ffydd Gristnogol ifanc. Yn haf 64 OC, cyneuwyd tân anferth yn Rhufain a losgodd am naw niwrnod, gan ddinistrio 10 o 14 ardal y ddinas.

Roedd y bobl oedd bellach yn ddigartref yn argyhoeddedig fod y tân wedi'i gynnau'n fwriadol gan rywun. Pan ddechreuodd y bys bwyntio at Nero – ymerawdwr amhoblogaidd a gwallgof – rhoddodd yntau yn ei dro y bai ar Gristnogion Rhufain, gan sbarduno'r don gyntaf erioed o erledigaeth yn eu herbyn.

Yn ddiweddarach, disgrifiodd yr hanesydd Rhufeinig Tacitus, a oedd yn fachgen ifanc ar y pryd, y creulondeb erchyll a ddioddefwyd gan y Cristnogion (gweler tudalen 156).

BLAS AR Y BEIBL

Y Testament Newydd amgen

Dyw llyfrau'r Testament Newydd ddim bob amser wedi'u gosod yn y drefn rydyn ni'n gyfarwydd â hi heddiw. Yng nghanrifoedd cynnar yr eglwys, trefnwyd y deunydd mewn pedair adran, a'i gynhyrchu fel pedair cyfrol ar wahân . . .

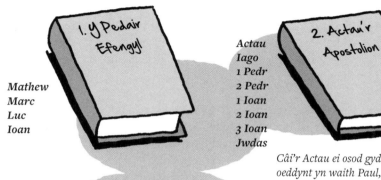

Mathew
Marc
Luc
Ioan

Actau
Iago
1 Pedr
2 Pedr
1 Ioan
2 Ioan
3 Ioan
Jwdas

Câi'r Actau ei osod gyda saith o lythyrau nad oeddynt yn waith Paul, i lunio llyfr ar ei ben ei hun. Mae rhai wedi dadlau bod y llythyrau wedi'u trefnu fel hyn oherwydd bod llythyrau Iago hyd Jwdas yn cynrychioli pregethu'r efengyl i'r Iddewon, tra bod llythyrau Paul yn cynrychioli pregethu'r efengyl i'r Cenedl-ddynion.

Rhufeiniaid
1 Corinthiaid
2 Corinthiaid
Galatiaid
Effesiaid
Philipiaid
Colosiaid
1 Thesaloniaid
2 Thesaloniaid
Hebreaid
1 Timotheus
2 Timotheus
Titus
Philemon

Cynhwyswyd Hebreaid ymhlith llythyrau Paul oherwydd bod yr eglwys gynnar yn credu (yn anghywir) mai Paul oedd yr awdur.

Datguddiad

Caent eu gwawdio a'u dirmygu wrth wynebu marwolaeth. Ar ôl cael eu gorchuddio â chrwyn anifeiliaid, rhwygwyd hwy gan gŵn a'u gadael i farw, neu caent eu hoelio ar groesbren, neu eu taflu ar y fflamau a'u llosgi i oleuo'r awyr ar ôl machlud haul. Cynigiodd Nero ei erddi ei hun fel lleoliad i gynnal y sioe ...
Tacitus

Dywedir fod erledigaeth y Rhufeiniaid yn 64–65 oc wedi hawlio bywydau Pedr a Paul, dau arweinydd y genhedlaeth gyntaf o Gristnogion. Yn ôl yr hanesion cynnar, cafodd Pedr ei groeshoelio, tra dienyddiwyd Paul â chleddyf.

Gosododd yr erledigaeth gynsail erchyll: o'r adeg honno ymlaen, os oedd yr awdurdodau Rhufeinig mewn dinasoedd ledled yr ymerodraeth yn awyddus i wneud esiampl o rywun, neu bod ciwed yn chwilio am rywun i'w feio, roedd y Cristnogion yn ysglyfaeth hawdd. Mae bygythiad a realaeth yr erledigaeth hon wedi dylanwadu ar lawer o lyfrau mwy diweddar y Testament Newydd.

Am gyflwyniad i'r Efengylau, gweler tudalen 170.

Cafwyd ergyd ddifrifol arall yn 70 oc, pan lwyddodd yr ymerawdwr Rhufeinig Titus i sathru ar wrthryfel Iddewig yn erbyn llywodraeth Rufain trwy godi gwarchae ar Jerwsalem a dinistrio'r deml a adeiladwyd gan Herod ac a fynychwyd gan Iesu. Pan adawodd Titus, roedd Jerwsalem yn adfeilion.

Rywbryd yn ystod y bum mlynedd rhwng y ddau ddigwyddiad yma – y tân yn Rhufain a chwymp Jerwsalem – yr ysgrifennwyd Efengyl Marc, ym marn nifer o arbenigwyr. Roedd hon yn foment o bwys, gan mai Marc oedd y person cyntaf i gofnodi hanes bywyd Iesu. Cyn hyn, yr unig waith ysgrifenedig oedd ym meddiant y Cristnogion oedd llythyrau Paul ac eraill.

Heblaw am y digwyddiad pur ddoniol ym mhennod 14 o'i Efengyl, mae rhai arbenigwyr o'r farn fod Marc hefyd yn ymddangos yn yr Actau, dan yr enw Ioan Marc (Actau 12:12). Cadwai ei fam dŷ yn Jerwsalem lle byddai'r Cristnogion cyntaf yn cwrdd i weddïo, ac mae'n bosibl mai hon oedd yr oruwch-ystafell lle bu Iesu a'i ddisgyblion yn bwyta'r Swper Olaf. Yn ddiweddarach, daeth Marc yn gynorthwy-ydd uchel ei barch, a chydymaith i Pedr, ac efallai mai dyna sut y dysgodd ddigon am Iesu i'w alluogi i ysgrifennu ei Efengyl.

Diweddglo Efengyl Marc yw un o ddirgelion mawr y Testament Newydd. Mae fel petai'r stori wedi cael ei thorri'n fyr, gyda'r gwragedd yn sefyll y tu allan i fedd gwag Iesu. Y geiriau olaf yw, 'yr oedd ofn arnynt'. Cred rhai arbenigwyr fod y dudalen neu ddwy olaf o Efengyl Marc wedi mynd ar goll, ond mae eraill o'r farn mai dyma sut roedd Marc wedi bwriadu dod â'r testun i ben.

Mae'n debyg mai rhywbeth yn debyg i hyn oedd y sefyllfa ar y pryd: tra bod Paul yn teithio o gwmpas yr ymerodraeth Rufeinig yn sefydlu ac yn ymweld â chymunedau o Genedl-ddynion Cristnogol, roedd Pedr – a Marc wrth ei ochr – yn gwneud yr un math o beth gyda chymunedau o Iddewon Cristnogol. Yn y diwedd, roedd Pedr yn pregethu yn Rhufain, gan adrodd hanesion am Iesu a'r hyn roedd wedi'i ddweud a'i wneud. Roedd Marc yno hefyd, fel ei gyfieithydd, gan efallai cyfieithu'r pregethau i'r Lladin. Wrth i Marc wrando dro ar ôl tro ar straeon Pedr, byddai'n eu cofnodi. A dyna sut y dechreuwyd ysgrifennu'r Efengyl gyntaf.

Mae rhai arbenigwyr o'r farn na ddechreuodd Marc ysgrifennu ei Efengyl nes bod Pedr wedi marw. Mae hynny oherwydd bod Efengyl Marc yn cynnwys manylion ynghylch Pedr allai fod wedi achosi embaras iddo petai wedi'i chyhoeddi tra oedd Pedr yn dal yn fyw, e.e. y modd roedd Pedr wedi gwadu ei fod yn adnabod Iesu, er mwyn achub ei groen ei hun ar ôl i Iesu gael ei arestio.

Efengyl Marc yw'r fyrraf o'r pedair, a'r un sy'n gyforiog o ddigwyddiadau. Geiriau'r adnod gyntaf un yw: 'Dechrau Efengyl Iesu Grist, Mab Duw'. Does dim gwastraffu geiriau yma, ac mae'n symud ymlaen ar ei union i gyflwyno Ioan Fedyddiwr yn y frawddeg nesaf. Does ganddo ddim diddordeb mewn hanesion hirfaith am enedigaeth Iesu, fel sydd yn Mathew a Luc. Yn hytrach, mae'n rhuthro yn ei flaen, ac erbyn adnod 16 mae Iesu eisoes yn galw'i ddisgyblion cyntaf.

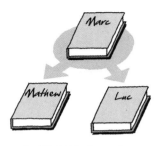

Defnyddiodd Mathew a Luc beth o ddeunydd Marc wrth ysgrifennu eu hefengylau hwy, gan ychwanegu deunydd oedd yn unigryw iddyn nhw eu hunain.

Mae Marc yn portreadu Iesu fel gŵr pwerus ac egnïol, a ddaeth i'r byd i ymosod ar, a gorchfygu, grymoedd drygioni. Yn Efengyl Marc mae gan Iesu nodweddion dynol cryf – efallai oherwydd ein bod yn ei weld drwy lygaid Pedr.

Mae'r straeon am Iesu'n ffwrdd-â-hi, yn uniongyrchol, yn lliwgar ac yn effeithiol. Ynddyn nhw mae Iesu'n cyflawni gwyrthiau mewn dull corfforol iawn: rhoi ei fysedd yng nghlustiau dyn byddar, a phoeri yn y mwd i greu past i'w roi ar lygaid dyn dall. Mae un o'i wyrthiau'n methu ar y cynnig cyntaf, felly mae'n rhoi ail gynnig arni. Dyw'r math yma o beth byth yn digwydd yn Efengylau mwy soffistigedig Mathew a Luc!

Fel yr Efengyl gynharaf, mae Marc yn trin Iesu mewn dull uniongyrchol iawn. Ar brydiau mae'n hynod agos ato. Dyma oedd profiad Anthony Bloom, llawfeddyg o anffyddiwr oedd yn gweithio gyda'r gwrthryfelwyr Ffrengig yn ystod yr Ail Ryfel Byd, ac a ddaeth yn ddiweddarach yn bennaeth Eglwys Uniongred Rwsia ym Mhrydain. Ei brofiad o ddarllen Marc oedd y sbardun a'i gosododd ar y llwybr i ffydd . . .

Ar ôl cyfrif penodau'r pedair Efengyl i wneud yn siŵr 'mod i'n darllen y fyrraf . . . dechreuais ddarllen Efengyl Marc. Cyn i mi gyrraedd y drydedd bennod, deuthum yn ymwybodol o ryw bresenoldeb ar ochr arall y ddesg. Ac mae'r sicrwydd mai Crist oedd yn sefyll yno gyda mi wedi para ynof hyd heddiw.
Anthony Bloom

Mathew, Luc a'r Actau

Y cyfnod mwyaf cynhyrchiol o ran ysgrifennu'r Testament Newydd oedd 70au, 80au a 90au y ganrif gyntaf Oed Crist, ac mae'n debygol mai Mathew a Luc oedd yn arwain y gwaith. Er bod y ddau'n defnyddio Efengyl Marc fel un o'r prif ffynonellau ar gyfer eu gwaith, roedd ganddynt hefyd ddogfennau eraill i weithio ohonynt, ac roedden nhw'n targedu cynulleidfaoedd gwahanol: ysgrifennai Mathew ar gyfer Cristnogion Iddewig oedd yn byw ym Mhalesteina, tra bod Luc yn targedu'r Cenedl-ddynion. Yr hyn sy'n unigryw am Efengyl Mathew yw ei bod yn cyflwyno Iesu fel cyflawniad o'r Hen Destament.

Er enghraifft, ystyriwch y stori am Iesu'n marchogaeth i Jerwsalem ar gefn asyn, ychydig ddyddiau cyn ei farwolaeth. Tra bod Luc yn adrodd y stori'n syml, mae Mathew'n dangos sut y gwireddir geiriau'r proffwyd Sechareia – a ysgrifennwyd gannoedd o flynyddoedd yn gynharach – trwy'r digwyddiad hwn. Mae Mathew'n ychwanegu'r geiriau hyn at y stori . . .

> **Digwyddodd hyn er mwyn i beth ddwedodd Duw drwy ei broffwyd ddod yn wir: "Dwed wrth bobl Seion, 'Edrych! Mae dy frenin yn dod! Mae'n addfwyn ac yn marchogaeth ar asen; ie, ar ebol asyn.' "**

Mathew 21:4–5

Mae Mathew'n defnyddio'r un dull dro ar ôl tro – gan ddewis adnodau o broffwydoliaethau'r Hen Destament a'u hychwanegu at ddigwyddiadau ym mywyd Iesu – ac yn gwneud hynny mewn ffyrdd sydd, weithiau, yn ymddangos yn od i ni heddiw. Gallwch synhwyro'i gyffro wrth iddo glywed adlais pwerus o'r Hen Destament yn yr hyn roedd Iesu'n ei ddweud a'i wneud. Lladd plant Bethlehem, Iesu'n tyfu i fyny yn Nasareth, Iesu'n dysgu trwy ddamhegion – ym meddwl Mathew, rhagwelwyd y manylion hyn ganrifoedd yn gynharach, ac roedden nhw'n dilysu cenhadaeth Iesu. Gweler tudalen 172 am y modd mae Mathew'n cysylltu proffwydoliaethau unigol â bywyd Iesu.

Y tri gŵr doeth . . . dim ond yn Efengyl Mathew maen nhw'n ymddangos.

Yr ail ddull mae Mathew'n ei ddefnyddio i gysylltu â'r Hen Destament yw trwy gastio Iesu fel Ail Foses – ond gan wneud Iesu'n fwy ac yn well na

Am gyflwyniad i Mathew, gweler tudalen 172.

Moses. Yn union fel yr aeth Moses i gopa Mynydd Sinai i dderbyn y Deg Gorchymyn gan Dduw, felly hefyd mae Mathew (penodau 5–7) yn disgrifio Iesu'n dringo bryn yng Ngalilea ac yn cyflwyno'r Bregeth ar y Mynydd. Ynddi, mae'n cymryd Cyfraith Moses ac yn ei gwrth-ddweud, gan roi rhywbeth gwell yn ei lle . . .

> Dych chi wedi clywed fod hyn yn cael ei ddweud, 'Llygad am lygad, a dant am ddant.' Ond dw i'n dweud wrthoch chi: Peidiwch ceisio talu'n ôl. Os ydy rhywun yn rhoi clatsien i ti ar dy foch dde, cynnig y foch arall iddo.

Mathew 5:38–39

Mae Iesu'n trin Cyfraith Moses mewn ffordd newydd gan ei newid, ei hymestyn, ei dyfnhau a'i chwblhau. Fe ddaeth er mwyn creu cytundeb newydd, testament newydd, rhwng Duw a'r bobl. Dyma sut mae Mathew yn cymeradwyo bywyd a dysgeidiaeth Iesu i'w ddarllenwyr Iddewig. Ac i ni, mae'r llyfr fel glud sy'n dal yr Hen Destament a'r Testament Newydd wrth ei gilydd yn gadarn, gan ddangos bod yr un Duw ar waith yn y ddau.

Yn y cyfamser, roedd Luc yn gweithio ar lyfr gwahanol iawn ar gyfer cynulleidfa cwbl wahanol. Mae ei lyfr mewn dwy ran (Luc a'r Actau) ac yn ymestyn dros chwarter y Testament Newydd, gan wneud Luc yr awdur Cristnogol mwyaf cynhyrchiol yn ei gyfnod. Byddai Luc a'r Actau wedi gorchuddio sgrôl 64 troedfedd (20 metr) o hyd – tipyn o waith darllen, hyd yn oed yn y dyddiau hynny!

Pwy, felly, oedd yr awdur cynhyrchiol hwn? Roedd Luc yn enw cyffredin iawn yn y byd Rhufeinig, ond byth oddi ar ddyddiau cynharaf yr eglwys credir mai'r person y cyfeiriwn ni ato oedd neb llai na'r meddyg Luc, a deithiodd gyda Paul ar rai o'i deithiau o gwmpas ardal Môr y Canoldir.

Mae'n debyg mai Efengyl Luc yw'r fwyaf poblogaidd o'r pedair heddiw, a hynny oherwydd bod ei bortread o Iesu'n un mor gynnes ac agos-atoch. Mae Luc yn tynnu sylw at y cariad a'r trugaredd a deimlai Iesu tuag at bobl gyffredin. Dangosai sut roedd Iesu'n mynd yn groes i safonau cymdeithasol ei gyfnod, gan dreulio amser gyda'r tlodion neu rai a eithriwyd o gymdeithas. Dywedodd y byddai'n haws i gamel fynd trwy grai nodwydd nag i ddyn cyfoethog gael mynediad i deyrnas Dduw.

Am ragor ar Efengyl Luc, gweler tudalen 186.

Dyna pam fod Luc yn cofnodi digwyddiadau lle roedd Iesu'n iacháu (neu, yn syml, yn derbyn) pobl ddifreintiedig, neu'n adrodd dameg amdanyn nhw. Dyna i chi ddameg y Samariad Trugarog, ynghylch pobl a gaseid yn nyddiau Iesu oherwydd eu hil. Neu ddameg y Pharisead a'r dyn treth, ynghylch carfan arall o bobl a gâi eu casáu, sef y casglwyr trethi: rhyfedd fel mae rhai pethau'n aros yn ddigyfnewid ar draws y canrifoedd! Neu'r stori am Iesu'n estyn ei law i gyffwrdd ag un o'r gwahanglwyfion.

Mae Luc hefyd yn tynnu sylw at agwedd Iesu tuag at ferched. Bryd hynny, roedd y bwlch rhwng dynion a merched yn anhygoel o lydan. Doedd merched ddim yn cael dysgu darllen – roedden nhw'n rhy 'israddol'. Doedd ganddyn nhw ddim hawl i dystio mewn llys, oherwydd eu bod yn cael eu hystyried yn gwbl anwadal. Ond mae Luc yn dangos bod Iesu'n trin merched yn gwbl wahanol. Yn y stori am Mair a Martha, mae Martha'n cymryd saib o'r gwaith tŷ i ddweud y drefn wrth Iesu. Mae hi'n gofyn pam mae e'n fodlon i Mair eistedd gyda'r dynion i wrando arno'n siarad, yn hytrach na rhoi help llaw iddi hi. Dyma ateb Iesu:

> "Martha annwyl," meddai'r Arglwydd wrthi, "rwyt ti'n poeni ac yn cynhyrfu am y pethau yna i gyd, ond dim ond un peth sydd wir yn bwysig. Mae Mair wedi dewis y peth hwnnw, a fydd neb yn gallu ei gymryd oddi arni hi."

Luc 10:41–42

Peth pwysig arall mae Luc yn ei wneud yw cysylltu bywyd Iesu â chenhadaeth ei ddilynwyr cyntaf. Mae sgrôl 64 troedfedd Luc yn cychwyn yn Jerwsalem, gyda rhieni Ioan Fedyddiwr, ac yn gorffen yn Rhufain gyda Paul yn aros i fynd ar brawf am ei fywyd o flaen yr ymerawdwr. Mae hyn yn werthfawr oherwydd fod Luc-Actau'n pontio rhwng dau fyd cwbl wahanol – byd yr Efengylau a byd llythyrau'r Testament Newydd.

Mae'r Efengylau'n llawn o fanylion Iddewig: damhegion, synagogau, Phariseaid, ffigys, trefi pysgota, gwinllannoedd, priodasau mewn pentrefi, a Môr Galilea. Yn ei hanfod, byd cefn gwlad yw byd Iesu. Ond, yn llythyrau Paul, cawn gipolwg ar fyd cwbl wahanol. Mae'r llythyrau'n llawn o fanylion Rhufeinig: rhedeg y ras, ennill y goron, gwrthod addoli delwau, ufuddhau i'r ymerawdwr, gwisgo 'arfwisg Duw'. Byd trefol, felly, yw byd Paul.

Y cerrig camu sy'n cysylltu bywyd gwledig, Iddewig, yr Efengylau, a byd trefol, Rhufeinig, y llythyrau yw Luc-Actau, sy'n ein cario ni o'r naill i'r llall trwy eu cynnwys mewn un stori ddi-dor.

Yn anffodus, gwahanwyd Luc ac Actau yn yr 2il ganrif OC, pan gafodd rhywun y syniad o osod Efengyl Ioan rhwng y ddau. Ond mae'n werth eu darllen fel un llyfr, yn union fel y bwriadodd Dr Luc i ni ei wneud.

Rhan olaf y Testament Newydd

Er na ŵyr neb sut yn union y digwyddodd hynny, rywbryd rhwng 70au a 90au y ganrif gyntaf OC dechreuodd llythyrau Paul at eglwysi unigol o gwmpas Môr y Canoldir gasglu at ei gilydd, fel nentydd bychan yn llifo i mewn i lyn mawr. Cred rhai arbenigwyr mai cyhoeddi llyfr Luc, yr Actau, oedd y sbardun: am y tro cyntaf, roedd pobl yn ymwybodol o waith arloesol Paul. Daeth yntau'n arwr ysbrydol ac yn dipyn o seléb, ac roedd pawb yn awchu am gael darllen ei waith.

Mae'n debyg fod llythyrau Paul wedi cael eu copïo a'u pasio o gwmpas yr eglwysi lleol byth ers iddo eu hysgrifennu. A dweud y gwir, roedd Paul yn awyddus i weld yr eglwysi'n cyfnewid llythyrau . . .

> **Ar ôl i'r llythyr yma gael ei ddarllen i chi, anfonwch e ymlaen i Laodicea i'w ddarllen i'r gynulleidfa yno. A gwnewch yn siŵr eich bod chi'n darllen y llythyr anfonais i yno.**

Colosiaid 4:16

Ond erbyn hyn roedd ei lythyrau'n cael eu copïo ar raddfa fawr, ac mae'n debygol fod casgliadau ohonyn nhw ar gael yng Nghorinth, Effesus, Rhufain a chanolfannau trefol eraill y ffydd newydd. Erbyn dechrau'r 90au, roedd awduron eraill yn dechrau dyfynnu gwaith Paul, fel petai ei lythyrau'n gyfarwydd i lawer ac ar gael i'w darllen. Mae llythyr 2 Pedr yn sicr yn ymwybodol o fodolaeth casgliad o'i lythyrau . . .

> Mae'n sôn am y pethau hyn i gyd yn ei lythyrau eraill hefyd...

2 Pedr 3:16

Yn y cyfamser, wrth i'r ganrif dynnu at ei therfyn, mae'n debygol fod y llyfrau a osodwyd maes o law yng nghefn y Testament Newydd yn cael eu hysgrifennu: Iago, Jwdas, tri llythyr Ioan a llyfr y Datguddiad.

Datguddiad yw un o'r llyfrau mwyaf bisâr yn y Beibl cyfan. Mae rhannau ohono'n swnio fel petai'r awdur dan ddylanwad cyffuriau cryf, gyda'i weledigaethau o greaduriad â sawl pen, pobl yn trochi eu mentyll mewn gwaed, neu'n cael eu taflu i lyn o dân – ac mae rhai hyd yn oed o'r farn mai cynnyrch meddwl afiach yw'r cyfan. Ond roedd yr afiechyd y dioddefai Ioan ohono'n deillio o'r cyfnod erchyll roedd yn byw ynddo.

Dwi'n rhoi lan ... dwi jest ddim yn deall eschatoleg!

Paid â phoeni. Dyw e ddim yn ddiwedd y byd!

Roedd Ioan mewn cyfyng-gyngor – roedd yn daer eisiau gwybod pam fod y byd mewn cyflwr mor enbyd, a Duw fel petai'n gwneud dim i atal y drygioni. Dan yr Ymerawdwr Domitian (81–96 OC, oedd yn anghyffredin am iddo'i gyhoeddi ei hun yn dduw *cyn* iddo farw) wynebai Cristnogion erledigaeth ffyrnig. Tra bod rhai eraill o awduron y Testament Newydd yn galw ar y Cristnogion i sefyll yn gadarn, roedd Ioan yn mynnu ateb i'w gwestiynau: ble roedd Duw, a beth oedd e'n ei wneud ynghylch yr holl ddioddefaint?

Pan fo pobl dan bwysau annioddefol, mae pethau rhyfedd yn digwydd. Yn llyfr Datguddiad, rhwygir y llenni ar agor a gall Ioan weld beth sy'n digwydd yng nghefn y llwyfan, yn y nefoedd. Mae'n gweld angylion yn rhuthro o gwmpas wrth wneud eu gwaith, yn clywed lleisiau a chaneuon y nefoedd, ac yn gweld y brwydrau ffyrnig rhwng grymoedd daioni a drygioni. Caiff holl amwysedd bywyd dynol ei 'sgubo i ffwrdd wrth i Ioan weld beth sy'n digwydd y tu ôl i'r llenni. Erbyn diwedd ei lyfr, daw i ddeall y caiff drygioni ei ddifa'n llwyr, a bydd bwriadau Duw'n ennill y dydd.

Yn anffodus, mae rhai pobl yn gweld llyfr Datguddiad fel petai'n god dirgel yn aros i gael ei ddatrys, neu'n amserlen fanwl ar gyfer diwedd y byd. Ond os gellir anwybyddu'r manylion a chanolbwyntio, yn hytrach, ar y darlun cyflawn yn y llyfr hwn, mae ei ddelweddau o ddinistr byd-eang a'r addewid o deyrnas Duw yn y dyfodol yn themâu sy'n parhau i lefaru'n bwerus heddiw.

Mae gan lyfr Datguddiad gast lliwgar, yn cynnwys Putain Babilon, y Bwystfil, Satan, a phedwar marchog yr Apocalyps (gweler y llun uchod).

Yn y cyfnod pan oedd apartheid yn rhemp yn Ne Affrica, arferai Desmond Tutu, Archesgob Cape Town, annog pobl yn eu brwydr yn erbyn anghyfiawnder trwy eu cyfeirio at lyfr Datguddiad . . .

Peidiwch â rhoi'r ffidil yn y to! Peidiwch â digalonni! Rwyf wedi darllen diwedd y llyfr! Ni sy'n ennill!
Desmond Tutu

Efengyl Ioan

Pryd y cwblhawyd y Testament Newydd? Pryd yr ysgrifennodd yr awdur olaf ei eiriau terfynol? Ar un adeg, credid fod Efengyl Ioan wedi'i gwblhau tua'r flwyddyn 200 – cyn i damaid bach o bapurfrwyn ddod i'r golwg yn yr Aifft yn cynnwys geiriau o Ioan pennod 18, a hwnnw'n dyddio o tua'r flwyddyn 125. Bellach, mae arbenigwyr o'r farn bod Efengyl Ioan wedi'i gwblhau rywbryd rhwng 80 a 100, gydag ail lythyr Pedr wedi'i ysgrifennu mor ddiweddar ag 130.

Y farn draddodiadol yw fod yr Efengyl wedi'i hysgrifennu gan Ioan, un o ddisgyblion Iesu. Byddai'n rhaid i Ioan fod wedi byw'n hen iawn i allu ysgrifennu ei Efengyl ryw 60 mlynedd ar ôl y croeshoeliad, ond yn ôl y chwedl cyrhaeddodd ei 80au, ac roedd yn ddigon sionc i neidio allan o faddon cyhoeddus pan laniodd rhyw heretic drwgenwog yn ei ymyl!

Mae Efengyl Ioan yn wahanol iawn i rai Mathew, Marc a Luc, sy'n cael eu hadnabod fel yr Efengylau 'synoptig'. Ystyr hynny yw 'un llygad', ac mae'n wir fod y tri llyfr hyn yn rhannu'r un ffordd o edrych ar Iesu ac adrodd ei stori. Mae Efengyl Ioan, ar y llaw arall, yn unigryw.

I ddechrau, mae'n hepgor pob un o ddamhegion enwog Iesu, ac yn cynnwys dim ond saith o'r amryw wyrthiau a gyflawnodd. Yn eu lle, mae'n dangos Iesu'n cynnal sgyrsiau hirfaith gyda phobl nad ydyn nhw hyd yn oed yn ymddangos yn Mathew, Marc na Luc – pobl megis Nicodemus ('Y mae'n rhaid eich geni chwi o'r newydd,' meddai Iesu wrtho), neu'r wraig o Samaria mae Iesu'n cwrdd â hi wrth y ffynnon. Mae Ioan hefyd yn cynnwys talpiau mawr o ddysgeidiaeth Iesu sy'n wahanol i unrhyw beth a welir yn yr Efengylau synoptig.

Er y penbleth ynghylch pam mae Ioan mor wahanol i Mathew, Marc a Luc, mae Cristnogion ar hyd yr oesau wedi gwerthfawrogi a thrysori ei Efengyl. Ioan yn unig sy'n dweud am Iesu, 'A daeth y Gair yn gnawd' (Ioan 1:14) a 'carodd Duw y byd gymaint nes iddo roi ei unig Fab' (Ioan 3:16). Cariad, bywyd a goleuni yw'r themâu mawr yn Ioan, ac mae Iesu hefyd yn siarad yn agored am 'y Tad' a'i berthynas ag ef.

O holl awduron y Testament Newydd, Ioan a Paul oedd y ddau a osododd yr agenda am y modd y câi Iesu ei ddeall am y 2,000 o flynyddoedd nesaf. Mae ein dealltwriaeth o Iesu fel Duw yn byw bywyd dynol ar y ddaear, a'r un sy'n ein gwaredu rhag cosb am bechod, yn dod gan Ioan a Paul. Roedd cyfraniad Ioan i hyn yn rhywbeth a gâi ei ddeall yn gynnar iawn . . .

Nid oes neb wedi meiddio rhoi i ni ddatguddiad mor bur o'r duwdod ag a wnaeth Ioan. Rhaid i ni fentro dweud bod yr Efengylau'n wireddiad o'r Beibl cyfan, a bod Efengyl Ioan yn wireddiad o'r Efengylau.
Origen, o'r 3edd ganrif

Gyda chwblhau Efengyl Ioan, roedd gan yr eglwys bedwar cofnod o fywyd Iesu i ddewis ohonyn nhw wrth lunio'i hanes 'swyddogol'. Ond yn hytrach na chynnal cystadleuaeth i ddewis ei hoff Efengyl, penderfynodd yr eglwys gadw'r pedair – a dyna pam mae'r Testament Newydd bellach yn cynnwys Efengylau Mathew, Marc, Luc ac Ioan.

Wrth gwrs, mae manteision ynghlwm â chael mwy nag un Efengyl, gan fod pob awdur yn cynnwys straeon a dywediadau gwahanol i'r lleill. Ond mae 'na anfanteision hefyd, oherwydd cyn gynted ag y caniateir mwy nag un fersiwn o fywyd Iesu, caiff pobl gyfle i sylwi ar yr anghysonderau rhyngddyn nhw – gan godi'r cwestiwn 'Pa mor gywir yw ein gwybodaeth o Iesu beth bynnag?' Dros y canrifoedd, mae gwahanol elynion Cristnogaeth wedi cael boddhad mawr o dynnu sylw at y 'gwendid' hwn yn yr ysgrythurau Cristnogol.

Teimlid yr anesmwythyd ynghylch cael tair Efengyl yn ormod mor fuan â'r 2il ganrif OC pan gyhoeddwyd llyfr o'r enw *Y Diatessaron*, oedd yn cyfuno'r pedair Efengyl i ffurfio un hanes taclus. Am ganrifoedd lawer, disodlwyd y pedair Efengyl gan y llyfr hwn mewn rhai eglwysi. Yn fwy diweddar, mae pobl wedi ceisio creu cytgord rhwng yr Efengylau. Ond y ffaith yw fod Mathew, Marc a Luc yn aml yn canu heb gydgordio, tra bod Ioan . . . wel . . . mae e'n canu alaw cwbl wahanol i bawb arall.

Byth ers yr 2il ganrif OC, mae'r pedair Efengyl wedi eu cyfleu gan bedwar symbol gwahanol: dyn (Mathew), llew (Marc), ychen (Luc) ac eryr (Ioan). Cymerwyd y rhain o weledigaeth Eseciel yn Eseciel 1:10.

Soniodd Irenaeus – Esgob Lyons ar ddiwedd yr 2il ganrif – am y posibilrwydd mai dim ond un efengyl, neu neges o newyddion da, oedd yna, mewn pedair ffurf wahanol. Yn ôl Irenaeus, yn union fel y ceir pedwar pwynt ar gwmpawd, a phedwar gwynt, a phedwar creadur yn llyfr Datguddiad (Datguddiad 4:7, sy'n adleisio Eseciel 1:10), yna rhaid cael pedair Efengyl – dim mwy a dim llai.

Dyma, gyda llaw, oedd tarddiad y symbolau ar gyfer y pedwar efengylwr (gweler tudalen 167, ar y dde). Ar ôl dyddiau Irenaeus, defnyddiwyd y pedwar creadur byw a geir yn Datguddiad 4:7 i gyfeirio at y pedair Efengyl: y llew ar gyfer Marc, yr ychen ar gyfer Luc, y dyn ar gyfer Mathew a'r eryr ar gyfer Ioan.

Yn y bôn, rhoddodd Irenaeus ddiwedd ar y dadlau yn yr eglwys ynghylch y cwestiwn 'sawl Efengyl?'. Byth ers hynny, bu'r rhan fwyaf o'r arweinwyr eglwysig yn ddigon bodlon sôn am wahanol agweddau'r pedair Efengyl.

Os yw'n well gennych gael eich ffydd mewn pecyn taclus, cyson, gyda Duw'n ddi-ddadl yn bennaeth ar y cyfan, yna bydd cael pedair Efengyl sydd weithiau'n anghytuno â'i gilydd yn debygol o deimlo braidd yn anniben ac anghysurus. Ond os ydych chi'n hapus gyda ffydd sydd wedi treulio o gwmpas yr ymylon, gyda'n dynoliaeth flêr ac amherffaith ni yn y golwg, ac sy'n cynnwys cwestiynau heb atebion iddynt, yna byddwch yn debygol o fwynhau'r pedwar llun gwahanol a beintiwyd gan awduron yr Efengylau.

Er gwaethaf y pedwar fersiwn o hanes ei fywyd, mae Iesu'n parhau i fod yn anniffiniadwy ac yn amhosibl ei gaethiwo ar dudalen. Ef yw Gair Byw Duw.

IESU

Llwyddodd y **pedwar llyfr bach yma** i newid y byd. Maen nhw'n adrodd stori **saer coed** o bentref di-nod yng ngogledd Israel a ddaeth yn **athro, yn iachäwr ac yn un a gyflawnodd wyrthiau**. Rhoddwyd ef i farwolaeth gan yr awdurdodau pan deimlwyd fod ei neges yn rhy ddadleuol. Mae'r pedwar llyfr yn adrodd hanes **Iesu**.

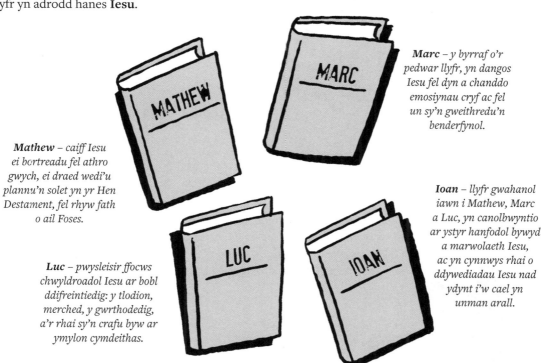

Marc – y byrraf o'r pedwar llyfr, yn dangos Iesu fel dyn a chanddo emosiynau cryf ac fel un sy'n gweithredu'n benderfynol.

Mathew – caiff Iesu ei bortreadu fel athro gwych, ei draed wedi'u plannu'n solet yn yr Hen Destament, fel rhyw fath o ail Foses.

Ioan – llyfr gwahanol iawn i Mathew, Marc a Luc, yn canolbwyntio ar ystyr hanfodol bywyd a marwolaeth Iesu, ac yn cynnwys rhai o ddywediadau Iesu nad ydynt i'w cael yn unman arall.

Luc – pwysleisir ffocws chwyldroadol Iesu ar bobl ddifreintiedig: y tlodion, merched, y gwrthodedig, a'r rhai sy'n crafu byw ar ymylon cymdeithas.

CYFLWYNIAD

Mae'r adran hon o'r Beibl yn canolbwyntio ar **berson unigol**. Mae'n cofnodi hanes **genedigaeth, bywyd, marwolaeth** ac **atgyfodiad** Iesu, a ddechreuodd ei fywyd fel dyn cyffredin mewn tref gyffredin, ond a ddaeth ymhen amser yn **athro ysbrydoledig a dadleuol**. Mae'r llyfrau yn yr adran hon yn holi'r cwestiwn . . .

> Pwy oedd Iesu?

Down yn ôl at y cwestiwn hwn yn nes ymlaen . . .

Adroddir hanes Iesu yn llyfrau **Mathew, Marc, Luc** ac **Ioan** – y pedair Efengyl. 'Newyddion da' yw ystyr y gair Efengyl, a dyna sut mae'r llyfrau hyn yn eu disgrifio'u hunain. Mae pob un ohonyn nhw'n gofnod o fywyd Iesu.

Aeth cryn amser heibio cyn bod y Cristnogion cyntaf wedi casglu'r hanesion am Iesu a **chofnodi'r cyfan yn ysgrifenedig**. Cyn hynny, byddai'n rhaid i bobl fynd i wrando ar rywun fel Pedr yn siarad am yr hyn a wnaeth ac a ddywedodd Iesu.

Yn ôl traddodiad, Marc oedd yn gyfrifol am gofnodi hanesion Pedr am Iesu, a'u cynnwys yn ei Efengyl. Gweler tudalen 179.

UCHAF-BWYNTIAU

Am gyflwyniad byr i gynnwys yr Efengylau, cymerwch gipolwg ar y straeon hyn o fywyd Iesu . . .

1 Iesu'n cyflawni gwyrth
Marc 4:37–41

2 Iesu'n adrodd dameg
Luc 15:11–32

3 Iesu'n iacháu dyn dall
Luc 18:35–43

4 Iesu'n bwydo'r newynog
Mathew 14:15–21

5 Iesu'n dysgu pobl
Mathew 6:24–34

6 Iesu'n dangos trugaredd
Ioan 8:2–11

Mae tair o'r Efengylau'n **wahanol iawn** i'r bedwaredd . . .

EFENGYLAU SYNOPTIG

Mae llyfrau Mathew, Marc a Luc i gyd yn perthyn i'r un teulu. Maen nhw'n debyg o ran y **straeon** a gynhwysir ynddynt, a'r modd yr **adroddir** y straeon hynny, ac fel arfer maen nhw'n cytuno o ran **trefn y digwyddiadau**.

Yn yr Efengylau hyn, mae **Iesu'n ofalus** wrth sôn am bwy yw e.

EFENGYL IOAN

Mae Efengyl Ioan fel petai'n perthyn i deulu gwahanol. Mae'n cynnwys **straeon gwahanol** i'r rhai a adroddir gan Mathew, Marc a Luc. Yma, dyw Iesu ddim yn siarad mewn damhegion, ond yn hytrach yn traddodi **areithiau hir** ac yn **siarad yn agored** amdano'i hun fel Mab Duw.

Oherwydd hyn, dywed arbenigwyr mai **dehongliad** o fywyd Iesu yw Efengyl Ioan, ac nid adroddiad gair-am-air o'i hanes.

Pryd yr ysgrifennwyd nhw?

Mae'n debyg mai Efengyl Marc oedd y **gyntaf**, rywbryd cyn y flwyddyn 70 OC, rhyw 40 mlynedd wedi marw Iesu.

Credir mai Efengyl Ioan oedd yr olaf. Daw'r tamaid hynaf o unrhyw Efengyl a ddarganfuwyd erioed (o Ioan, gweler isod) o tua 125 OC, felly rhaid bod Ioan wedi cwblhau'r gwaith cyn hynny.

Mewn Hebraeg yr ysgrifennwyd y rhan fwyaf o'r Hen Destament, ond Groeg oedd iaith y Testament Newydd.

Mathew

Gan mai Efengyl Mathew yw'r **llyfr cyntaf** yn y Testament Newydd, hi yw'r agosaf (o ran tudalennau) i'r **Hen Destament**. Mae hynny'n briodol oherwydd bod Mathew – yn fwy felly na Marc, Luc ac Ioan – yn dangos mai Iesu sy'n **cyflawni** gobaith yr Hen Destament am **Feseia** (gweler tudalen 181).

Ysgrifennodd Mathew ei Efengyl yn rhannol i ddangos i'w ddarllenwyr Iddewig bod ffydd yn Iesu'n beth cwbl naturiol, gan fod bywyd ac athrawiaeth Iesu'n deillio o **wreiddiau Iddewig dwfn**.

Sut aeth e o'i chwmpas hi, felly?

I ddechrau, mae Mathew'n aml yn dyfynnu rhannau o **broffwydi a salmau'r** Hen Destament, gan nodi sut mae bywyd ac athrawiaeth Iesu'n eu **ffitio fel maneg**.

Dyma un enghraifft nodweddiadol sy'n dod ar ôl i Iesu iacháu cleifion . . .

'. . . Felly roedd beth ddwedodd Duw drwy'r proffwyd Eseia yn dod yn wir: "Cymerodd ein gwendidau arno'i hun, a chario ein hafiechydon i ffwrdd."' Mathew 8:17

MATHEW 1:23
A GELWIR EF IMMANUEL . . .
'Y MAE DUW GYDA NI'

MATHEW 4:15–16
IESU'N PREGETHU YNG NGALILEA

MATHEW 13:35
PAM FOD IESU'N DEFNYDDIO DAMHEGION

MATHEW 2:18
LLADD PLANT BETHLEHEM

MATHEW 21:5
IESU'N CYRRAEDD JERWSALEM AR GEFN ASYN

MATHEW 12: 18–20
IESU FEL GWAS I DDUW

MATHEW 2:23
CAIFF IESU EI FAGU YN NASARETH

MATHEW 27:9–10
SUT Y GWARIWYD 'ARIAN GWAED' JWDAS

Ar y chwith, rhestrir rhai enghreifftiau eraill. Neges Mathew yw fod Duw Israel yn fyw ac yn weithredol ym mywyd Iesu. Mae Iesu'n adleisio ac yn cyflawni'r Hen Destament.

2 Yn ail, mae Mathew fel petai'n castio Iesu i chwarae rhan **Moses**, rhoddwr cyfreithiau'r Hen Destament, fel petai Iesu'n rhyw fath o **ail Foses**. Mae Mathew'n gweld Iesu'n cael yr un effaith syfrdanol ag a gafodd Moses ar bobl Dduw yn y gorffennol.

Daw Iesu â'r 'ddeddf newydd' – ffordd o fyw sy'n cyflawni ac yn dyfnhau Cyfraith Moses . . .

> Clywsoch fel y dywedwyd, 'Câr dy gymydog, a chasâ dy elyn.' Ond rwyf fi'n dweud wrthych: carwch eich gelynion, a gweddïwch dros y rhai sy'n eich erlid.

Mathew 5:43–44

Mae Mathew'n creu portread trawiadol o Iesu fel yr **athro mawr**, yn dweud yn rymus wrth y bobl beth yw **gwir ystyr** Cyfraith yr Hen Destament.

MATHEW: YR HEN FFEFRYN

Yng **nghyfnod cynnar** yr eglwys, Efengyl Mathew oedd y **ffefryn** gan bawb. Er bod Ioan a Luc yn boblogaidd iawn erbyn hyn, Mathew oedd ar y brig bryd hynny. Mae'n debyg mai dyna pam y gosodwyd ef ar **ddechrau'r pedair Efengyl**.

Dyma pam . . .

Casglodd Mathew doreth o waith Iesu fel athro, a'i drefnu yn ôl themâu oedd yn hawdd eu dilyn: teyrnas Dduw, bod yn ddisgybl, ac ati.

Mae Mathew'n cynnwys bron y cyfan o athrawiaeth Iesu sydd i'w gweld yn Marc a Luc . . . felly mae'n ddarllen di-dor.

Mae'r Efengyl yn cynnwys digonedd o ddeunydd ymarferol ar gyfer Cristnogion ac eglwysi unigol, gyda chyfarwyddiadau ar sut y dylai Cristnogion ymddwyn. Wrth gymryd cip ar y Bregeth ar y Mynydd (Mathew 5–7), fe welwch fod poblogrwydd Efengyl Mathew yn gwbl haeddiannol.

Er gwaethaf ei themâu Iddewig, mae Mathew yn pwysleisio cenhadaeth fyd-eang yr eglwys ac yn annog pobl i ledaenu'r ffydd . . .

> Felly ewch i wneud pobl o bob gwlad yn ddisgyblion i mi . . .

Iesu, yn Mathew 28:19

173

Y DEUDDEG

Fel nifer o **rabïaid Iddewig**, casglodd Iesu grŵp o ryw **70 o ddisgyblion** o'i amgylch. Ond cyfeirir at y disgyblion oedd agosaf ato fel **Y Deuddeg**; treuliodd y rhain lawer o amser yn **teithio** gydag Iesu ac yn gwrando arno'n addysgu. Dyma nhw:

Simon Pedr – ef, ynghyd ag Iago ac Ioan, oedd agosaf at Iesu. Er bod ei ffydd yn gryf, gallai fod yn fyrbwyll a phenboeth; gweler tudalen 210.

Jwdas Iscariot – bradychodd Iesu i'w elynion, cyn cyflawni hunanladdiad; gweler tudalen 202.

Andreas – brawd Pedr; pysgotwyr oedd y ddau.

Ioan – ef oedd yr agosaf o'r cyfan at Iesu. Am ragor ar Iago ac Ioan, gweler tudalen 180.

Iago (**mab Alffeus**) – wyddon ni ddim byd amdano.

Bartholomeus – gelwid ef hefyd yn Nathanael.

DiSGYBL

Gallwch ddarllen yr hanes enwog ynghylch sut y **galwodd** Iesu y **disgyblion cyntaf** (Simon ac Andreas, ynghyd ag Iago ac Ioan) yn Marc 1:14–20. Galwodd Iesu nhw am reswm arbennig . . .

66 ... roedd am eu hanfon allan i gyhoeddi'r newyddion da, a rhoi awdurdod iddyn nhw i fwrw cythreuliaid allan o bobl.99
Marc 3:14–15

Thomas – roedd yn enwog am ofyn cwestiynau lletchwith am yr atgyfodiad.

Iago – brawd Ioan; pysgotwyr oedd y ddau.

Philip – hanai o Galilea; gofynnai lawer o gwestiynau ynghylch pwy oedd Iesu.

Mathew – casglwr trethi a adawodd ei swydd dda i ddilyn Iesu; gelwid ef hefyd yn Lefi.

Jwdas (**mab Iago**) – gelwid ef hefyd yn Thadeus.

Seimon (**y Selot**) – cyn iddo gwrdd ag Iesu, mae'n debyg ei fod yn perthyn i grŵp o wrthsafwyr oedd yn ymladd y Rhufeiniaid.

Gydag ymddiheuriadau i Leonardo

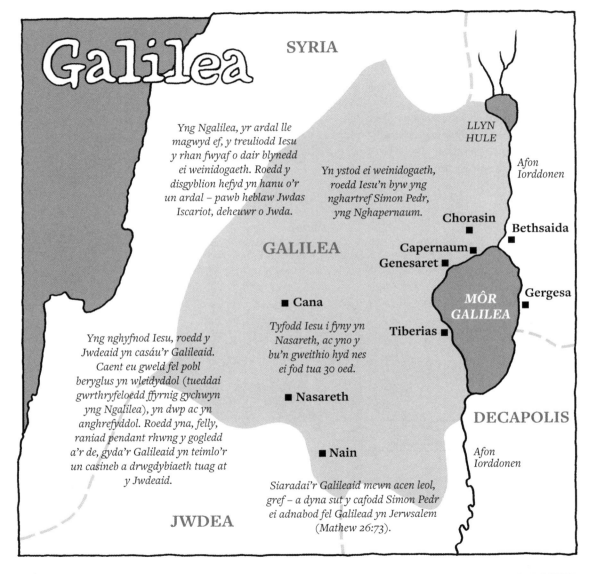

Galilea

SYRIA

Yng Ngalilea, yr ardal lle magwyd ef, y treuliodd Iesu y rhan fwyaf o dair blynedd ei weinidogaeth. Roedd y disgyblion hefyd yn hanu o'r un ardal – pawb heblaw Jwdas Iscariot, deheuwr o Jwda.

Yn ystod ei weinidogaeth, roedd Iesu'n byw yng nghartref Simon Pedr, yng Nghapernaum.

LLYN HULE

Afon Iorddonen

GALILEA

Chorasin ■

Bethsaida ■

Capernaum ■
Genesaret ■

Gergesa ■

■ Cana

MÔR GALILEA

Tyfodd Iesu i fyny yn Nasareth, ac yno y bu'n gweithio hyd nes ei fod tua 30 oed.

Tiberias ■

Yng nghyfnod Iesu, roedd y Jwdeaid yn casáu'r Galileaid. Caent eu gweld fel pobl beryglus yn wleidyddol (tueddai gwrthryfeloedd ffyrnig gychwyn yng Ngalilea), yn dwp ac yn anghrefyddol. Roedd yna, felly, raniad pendant rhwng y gogledd a'r de, gyda'r Galileaid yn teimlo'r un casineb a drwgdybiaeth tuag at y Jwdeaid.

■ Nasareth

DECAPOLIS

Afon Iorddonen

■ Nain

JWDEA

Siaradai'r Galileaid mewn acen leol, gref – a dyna sut y cafodd Simon Pedr ei adnabod fel Galilead yn Jerwsalem (Mathew 26:73).

IOAN FEDYDDIWR

Ioan Fedyddiwr – Presbyteriad, ie?

Twpsyn!

Hon oedd neges sylfaenol Ioan –
'Rhowch y gorau i bechu!
Trowch yn ôl at Dduw!'

EDIFARHEWCH!

Mae Ioan Fedyddiwr yn ymddangos ar **ddechrau'r stori** am weinidogaeth dair-blynedd Iesu. **Proffwyd tanllyd** oedd e, a chymeriad pwysig ym mywyd Iesu. Mae **rhaglun** ohono yn yr Hen Destament, hyd yn oed. Dywed llyfr Malachi (tudalen 138), a ysgrifennwyd ryw 400 mlynedd cyn dyfodiad Iesu, y byddai proffwyd tebyg i Elias yn ymddangos **cyn y Meseia** ei hun i baratoi'r ffordd ar ei gyfer . . .

'Edrychwch, dw i'n anfon y proffwyd Elias atoch chi'

Cafodd Ioan ei adnabod gan **Iesu** fel y proffwyd hwn (Mathew 11:14). Dywedodd hefyd mai Ioan oedd **y mwyaf** o holl broffwydi Israel (Luc 7:18–35).

Roedd Ioan yn byw yn yr anialwch ar ddeiet o **locustiaid** a **mêl gwyllt** (Marc 1:4–6)

Bedyddiai bobl yn **afon Iorddonen** fel arwydd o faddeuant am eu pechodau, ac ef hefyd a fedyddiodd **Iesu** (Mathew 3:13–17)

Yn ddiweddarach, roedd Ioan yn **amau** ai Iesu'n wir oedd Mab Duw (Luc 7:18–23)

Pan wrthryfelodd Ioan yn erbyn **Herod Antipas**, cafodd ei daflu i'r carchar a'i ladd (Mathew 14:1–12)

MARC

Y byrraf o'r pedwar hanes am fywyd Iesu . . .

a'r mwyaf gafaelgar . . .

Mae'n debyg fod Marc wedi ysgrifennu ei hanes ef cyn Mathew, Luc ac Ioan – hwn, felly, yw'r cyntaf . . .

Dyw Marc ddim yn trafferthu adrodd hanes genedigaeth Iesu; yn hytrach, mae'n neidio'n syth i mewn gyda hanes ei fedydd, a galw'r disgyblion . . .

Mae gan Marc ddiddordeb mewn dangos ochr ddynol ac ochr dduwiol Iesu i ni.

Dyna'r penawdau – nawr darllenwch ymlaen . . .

Mae Marc **ar frys** i ddweud ei stori. Mae ei lyfr yn llawn cyffro, a phopeth yn digwydd mor gyflym nes bron baglu ar draws ei gilydd. Mae Marc yn portreadu Iesu'n symud yn **gyflym a phenderfynol** o un digwyddiad i'r llall.

er enghraifft...

Yn sydyn roedd y dyn yn gweld... **Yn sydyn** dyma nhw'n edrych o'u cwmpas... **Yna'n sydyn** dyma ryw ddyn oedd yn y synagog yn rhoi sgrech uchel... Ac **yn sydyn** stopiodd y gwynt chwythu ac roedd pobman yn hollol dawel.

PWY OEDD YR AWDUR?

Mae tystiolaeth gref i awgrymu mai'r awdur oedd **Ioan Marc**, un o ddilynwyr Iesu a ddaeth yn **gynorthwy-ydd i Pedr** pan oedd e yn Rhufain.

Os yw hynny'n gywir, yna mae Efengyl Marc yn debygol o fod yn llawn straeon a adroddwyd wrth Marc gan **Pedr** ei hun – neu rai a glywodd Marc ei hun trwy wrando ar **Pedr yn pregethu.**

Mae hynny'n debygol iawn, gan fod llawer o'r straeon yn Efengyl Marc yn swnio fel adroddiadau llygad-dyst – yn llawn manylion lliwgar, difyr.

Hefyd, os mai hanesion Pedr yw'r rhain, byddech yn disgwyl iddyn nhw fod yn debyg i Pedr ei hun – yn eitha diflewyn-ar-dafod – a dyna'n union yw Efengyl Marc.

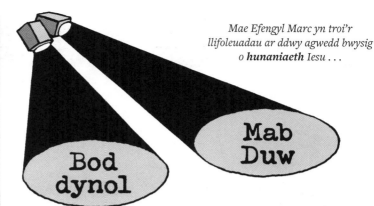

*Mae Efengyl Marc yn troi'r llifoleuadau ar ddwy agwedd bwysig o **hunaniaeth** Iesu . . .*

Bod dynol

Mab Duw

Mae Marc yn dangos yr Iesu dynol i ni. Iesu sydd mor flinedig fel ei fod yn **cysgu'n drwm** drwy storm ar y môr (Marc 4:35–41). Iesu'n **colli'i limpyn** gyda'i ddisgyblion am eu bod yn rhy dwp i ddeall beth roedd e'n ceisio'i ddysgu iddyn nhw (Marc 8:14–21). Iesu'n teimlo'n **unig a thrallodus** yn union cyn iddo gael ei arestio, yn gobeithio am gwmni'r disgyblion, ond yn gweld eu bod yn cysgu (Marc 14:32–42).

Mae fel petai Marc yn dweud wrth ei ddarllenwyr . . .

Mae Marc hefyd yn dangos Iesu i ni fel Mab Duw. Llyfr o'r Dwyrain yw Marc, ac mewn llyfrau felly defnyddiai awduron **y dechrau, y canol a'r diwedd** fel mannau allweddol i blannu cliwiau ynghylch ystyr y llyfr cyfan. Yn y mannau hyn yn Efengyl Marc, cyhoeddir yn eglur mai Iesu yw **Mab Duw.**

Mae hyn yn digwydd ar adeg ei **fedydd** (Marc 1:11), ei **weddnewidiad** (Marc 9:7) a'i **groeshoeliad** (Marc 15:39).

Edrychwch! Yr Iesu hwn oedd Mab Duw. Dilynwch ef!

IAGO AC IOAN

Dau braidd yn drydanol oedden nhw, ie?

Dau frawd oedd Iago ac Ioan, yn cynnal eu **busnes pysgota** teuluol – nes i Iesu gwrdd â nhw a'u galw i fod yn ddisgyblion iddo. Llysenw Iesu arnyn nhw oedd **Meibion y Daran**.

Mae dau ddigwyddiad yn dangos **natur danllyd** Iago ac Ioan. Yn Marc 10:35–45 maen nhw'n holi Iesu am y **mannau gorau** yn ei deyrnas. Ac yn Luc 9:51–56 maen nhw'n awyddus i alw am **dân o'r nefoedd** i ddinistrio pentref lle nad oedd croeso i Iesu. Ie, dau go ymfflamychol oedden nhw!

Y TRI

Er gwaethaf eu natur fyrbwyll (neu efallai oherwydd hynny), **Iago** ac **Ioan**, ynghyd â **Pedr**, oedd y tri agosaf at Iesu. Ar dri **achlysur pwysig**, mae'r grŵp hwn o dri disgybl yn chwarae rhan allweddol . . .

- **Marc 5:35–43** – Iesu'n codi merch Jairus o farw'n fyw
- **Marc 9:2–9** – Gweddnewidiad Iesu
- **Marc 14:32–42** – Iesu'n gweddïo cyn ei farwolaeth

IAGO

O'r tri disgybl a enwyd, Iago oedd y **trydydd o ran ei agosrwydd** at Iesu. Fe wyddom lawer llai amdano ef nag am Ioan a Pedr.

Yn Actau 12:2, **lladdwyd** 'Iago, brawd Ioan, **â'r cleddyf**' gan y Brenin Herod Agripa I. Digwyddodd hyn ryw 14 mlynedd ar ôl marwolaeth Iesu.

IOAN

Ioan oedd yr **agosaf o'r cyfan** at Iesu. Caiff ei adnabod fel yr un y cyfeiriwyd ato yn Efengyl Ioan fel 'yr un yr oedd Iesu'n ei garu'. Ioan a Pedr oedd arweinyddion **eglwys Jerwsalem** (gweler Actau 3–4), a'r farn draddodiadol oedd mai ef oedd awdur **Efengyl Ioan, llythyrau Ioan** a llyfr y **Datguddiad**.

MESEIA

Gair Hebrëig yw 'meseia', a'r fersiwn Groeg yw 'Crist'. Ystyr y ddau air yw 'person a eneiniwyd gan Dduw'. Yn yr Hen Destament, câi brenhinoedd eu heneinio ag olew i ddangos eu bod yn meddu ar bŵer Duw.

Dyma sut roedd yr **Hen Destament** yn gweld y meseia . . .

Dafydd oedd y brenin mwyaf i deyrnasu dros Israel, ond dilynwyd ef gan linach o frenhinoedd **gwan neu ddrygionus** a arweiniodd y deyrnas i ddistryw. Felly dechreuodd yr Iddewon obeithio am fath o **arch-frenin**, y meseia, a anfonid gan Dduw ar ddiwedd amser i'w **hachub** rhag eu gelynion a **theyrnasu'n gyfiawn** drostynt am byth bythoedd. Daeth hyn yn symbol pwerus o obaith y byddai popeth, rhyw ddydd, yn troi allan yn iawn.

> **Eseia 9:2–7**
> Tywysog heddychlon

> **Eseia 11:1–9**
> Teyrnasiad y meseia

> **Eseciel 37:24–25**
> . . . a bydd fy ngwas Dafydd yn dywysog iddynt am byth

> **Salm 2**
> Melltith y cenhedloedd

Hyd at ddyddiau Iesu, câi Israel ei llywodraethu'n llym gan y **Groegwyr** i ddechrau, ac yna gan y **Rhufeiniaid**. Bellach, gwelai'r Iddewon y meseia oedd ar fin dod fel **brenin-ryfelwr** fyddai'n dinistrio gormeswyr militaraidd Israel.

Dyna pam roedd Iesu'n **ofalus iawn** yn ystod ei fywyd ynghylch caniatáu i eraill ei alw'n 'feseia'. Ond datganai ei ddilynwyr ei fod yn **ddisgynnydd i Dafydd** (gweler Mathew 1:1) ac mai ef oedd gwir feseia Israel. Dyna pam y cyfeirir ato hyd heddiw fel Iesu **Grist**.

> Dyna beth wnaiff e i'r Groegwyr!

GWYRTHIAU

Os agorwch Mathew, Marc neu Luc ar bron unrhyw dudalen, byddwch yn sicr o weld hanes un o **wyrthiau** Iesu. Rhoddodd eu golwg yn ôl i bobl ddall, troi dŵr yn win, tawelu storm a gwella afiechydon.

Oherwydd nad oes modd tynnu gwyrthiau Iesu allan o'r Efengylau heb eu **rhwygo'n ddarnau**! Mae rhyw **draean** o Efengyl Marc yn ymdrin â gwyrthiau a gyflawnwyd gan Iesu. Roedd y rhain yn **ganolog** i'w fywyd.

> Ond a oes <u>raid</u> i ni gredu yng ngwyrthiau Iesu? Pam na allwn ni anghofio amdanyn nhw a chanolbwyntio ar ei waith gwych fel athro?

> Ond yn nyddiau Iesu roedd llawer o bobl yn honni eu bod yn cyflawni gwyrthiau. Doedd hynny'n ddim byd arbennig!

Mae hynny'n wir – ond roedd gwyrthiau Iesu'n **wahanol iawn**. Doedd e ddim yn defnyddio geiriau na gweithredoedd 'hud'. Ei gymhelliad ef dros gyflawni'r gwyrthiau oedd naill ai ei **gariad** at bobl, neu er mwyn eu **tywys at Dduw**. Nid rhyw ddiddanwr ceiniog-a-dimai oedd e, yn denu tyrfa er mwyn dangos ei driciau trawiadol. Yn hytrach, roedd yn aml yn siarsio pobl i **gadw'n dawel** ynghylch yr hyn welson nhw (gweler Marc 5:43).

Pam, felly, roedd Iesu'n cyflawni gwyrthiau?

Yn y tair Efengyl gyntaf, cyfeirir at **wyrth** fel **gweithred o bŵer**. Daethai Iesu i wynebu'r pwerau dieflig oedd wedi niweidio creadigaeth Duw. Amlygid y niwed hwn mewn **afiechydon**, pobl wedi'u meddiannu gan **bwerau goruwchnaturiol**, ac yn y diwedd gan **farwolaeth** ei hun. Gweithredoedd grymus i iacháu'r niwed oedd gwyrthiau Iesu – **teyrnas Dduw'n** mynd i'r afael â theyrnas drygioni.

Mae **Efengyl Ioan** yn wahanol. Dim ond saith o wyrthiau Iesu a gofnodir ynddi. Yn wahanol i'r tri arall, y gair mae Ioan yn ei ddefnyddio yw **arwyddion**. Yma, dangosir nid yn unig fod grym teyrnas Dduw wedi cyrraedd, ond hefyd fod y **brenin ei hun** wedi dod – ym mherson Iesu. Mae'r gwyrthiau'n cyfeirio at Iesu fel arwyddion i helpu pobl gredu ynddo ef fel **Mab Duw**.

Unrhyw enghreifftiau?

Dyma rai: bwydodd Iesu 5,000 o bobl, a dweud yn ddiweddarach, **Myfi yw bara'r bywyd**. Cyn iddo iacháu dyn dall, dywedodd **Myfi yw goleuni'r byd**. A chyn iddo godi Lasarus o farw'n fyw, dywedodd **Myfi yw'r atgyfodiad a'r bywyd**. Mae pob un o'r arwyddion hyn yn datgelu rhywbeth am bwy oedd Iesu.

Ble i ddod o hyd iddyn nhw:

IACHÁU
Bartimeus Ddall
Marc 10:46–52
Gwas y Canwriad
Luc 7:1–10
Dyn mud a byddar
Marc 7:31–37

BWRW ALLAN GYTHREULIAID
Y dyn o Gadara
Marc 5:1–15

CODI'R MEIRW
Lasarus
Ioan 11:1–44
Merch Jairus
Marc 5:22–24, 35–43

PŴER DROS NATUR
Cerdded ar y dŵr
Ioan 6:19–21
Bwydo'r 5,000
Marc 6:35–44

YR ATGYFODIAD
Y wyrth fwyaf
Mathew 28, Marc 16,
Luc 24, Ioan 20

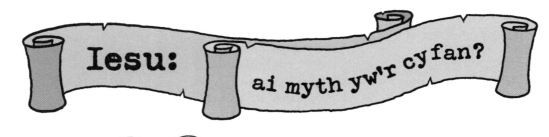

Iesu: ai myth yw'r cyfan?

Sut rydyn ni'n gwybod am Iesu? Sut allwn ni ymddiried yn yr hyn rydyn ni'n ei ddarllen amdano? Ydyn ni'n gwybod i sicrwydd ei fod wedi bodoli o gwbl?

Ein prif ffynhonnell o wybodaeth ynghylch bywyd Iesu yw cynnwys y **Testament Newydd** ei hun. Y testun hwn sy'n rhoi'r cyfle gorau i ni ddeall Iesu, gan fod llawer ohono, mae'n debyg, wedi'i ysgrifennu gan bobl oedd yn **llygad-dystion** i Iesu a'r eglwys fore.

Ond ysgrifennwyd y Testament Newydd ryw **2,000** o flynyddoedd yn ôl. Sut allwn ni fod yn sicr ei fod wedi'i drosglwyddo'n **fanwl gywir**? Mewn gwirionedd, mae tystiolaeth pur dda dros hyn . . .

Cynhyrchwyd y copi cyflawn cyntaf, sy'n dal mewn bodolaeth heddiw, rhyw 300 mlynedd ar ôl y 'llofnodion', sef testun gwreiddiol y Testament Newydd.

Y Testament Newydd hynaf

Awduron y llofnodion

Mewn cymhariaeth, cynhyrchwyd y copi cyflawn cyntaf o lyfr enwog Jwliws Cesar am Ryfel Gâl ryw 900 mlynedd ar ôl y llofnodion. Mae hyn yn bwysig, oherwydd po hiraf y bwlch, y mwyaf tebygol yw'r testun o gynnwys gwallau copïo.

Copi hynaf 'Rhyfel Gâl'

Mae llawer o lyfrau enwog y cyfnod Rhufeinig wedi diflannu'n llwyr, heb adael yr un llawysgrif. Ond mae miloedd o lawysgrifau o destun y Testament Newydd yn dal mewn bodolaeth. Mae gennym, felly, siawns dda o wybod beth yn union a ysgrifennwyd gan yr awduron gwreiddiol.

A beth am weithiau heblaw'r Testament Newydd?

Adroddir am **fywyd a chroeshoeliad** Iesu mewn nifer o weithiau heblaw'r Testament Newydd . . .

Josephus

Arweinydd yng Ngalilea oedd Josephus, yn ystod y gwrthryfel yn erbyn Rhufain yn fuan wedi cyfnod Iesu. Yn ddiweddarach, newidiodd ochr a symud i fyw i Rufain. Ysgrifennodd y geiriau isod tua'r flwyddyn 90 OC . . .

Tua'r adeg hon yr oedd Iesu'n byw – dyn doeth, athro'r rhai a ymhyfrydai mewn derbyn y gwirionedd. Apeliai at lawer o Iddewon a Groegwyr. Ef oedd yr un a elwid 'Crist'. Ar gyhuddiad rhai o'n harweinwyr, condemniodd Pilat ef i farw ar y groes, ond ni phallodd cariad y rhai a'i carodd o'r cychwyn cyntaf tuag ato. Mae'r genedl o Gristnogion a enwyd ar ei ôl yn dal i oroesi hyd y dydd hwn.

Tacitus

Ysgrifennodd Tacitus, hanesydd Rhufeinig, yn 115–17 OC am yr erledigaeth a ddioddefodd y Cristnogion yn Rhufain yn 64 OC dan yr Ymerawdwr Nero. Yn y darn cecrus hwn, esboniodd pwy oedd y Cristnogion . . .

Mae'r gair Cristion yn tarddu o'r enw Crist, a ddienyddiwyd adeg teyrnasiad Tiberius gan y rhaglaw Pontius Pilat; torrodd yr ofergoeliaeth wenwynig – a dawelwyd am ychydig amser – allan eto o'r newydd, gan ledaenu nid yn unig yn Jwdea, ffynhonnell y drygioni, ond hyd yn oed drwy Rufain ei hun, tarddle popeth ffiaidd a'r man lle caiff ei ddathlu.

Ac yn olaf . . . geiriau a ysgrifennwyd gan **Mara bar Serapion** o garchar yn Syria yn yr 2[il] neu'r 3[edd] ganrif . . .

Pa fantais a enillwyd gan yr Iddewon trwy ddienyddio eu brenin doeth?

Mae tystiolaeth y Testament Newydd a gweithiau awduron eraill yn dangos mai **barn leiafrifol** oedd gwadu bodolaeth Iesu.

LUC

Luc yw'r unig un o'r bedair Efengyl ac iddi **ddilyniant**. Mae llyfr yr Actau'n cario 'mlaen o'r fan lle mae Luc yn gorffen, a rhyngddynt maen nhw'n cynrychioli **25**% o'r Testament Newydd.

Mae Luc yn gosod hanes Iesu ar **lwyfan byd-eang**, gan ddechrau (Luc 1) yn y Deml yn **Jerwsalem** a gorffen (Actau 28) mewn tŷ rhent yn **Rhufain**. Mae Luc yn unigryw yn y modd mae'n dangos y cysylltiad rhwng bywyd Iesu a **thwf yr eglwys fore** – stori o lwyddiant yw hi, wrth i'r efengyl ymledu i galon yr ymerodraeth Rufeinig.

Yn ei Efengyl, ac yn yr Actau, mae Luc yn datblygu nifer o themâu pwysig. Un i gadw llygad arni yw gwaith yr Ysbryd ym mywyd Iesu ac yn yr eglwys. Er enghraifft, mae Iesu'n cychwyn ei weinidogaeth trwy ddweud . . .

> Mae Ysbryd yr Arglwydd arna i, oherwydd mae wedi fy eneinio i i gyhoeddi newyddion da i bobl dlawd.
>
> *Luc 4:18*

Mae'r thema hon i'w gweld hefyd ar Ddydd y Pentecost, Actau 2.

> Pwy oedd awdur Luc a'r Actau?

Credai'r **eglwys fore** mai Luc – meddyg a gyd-deithiai gyda **Paul** – oedd yr awdur.

Ei fwriad (gweler Luc 1:1–4) oedd ysgrifennu cofnod o fywyd Iesu oedd yn **hanesyddol gywir** ac yn gwneud synnwyr i rai nad oedden nhw'n **Iddewon**.

Roedd Luc yn feistr ar iaith Groeg, ac mae tri o'i emynau'n cael eu hadrodd a'u canu yn yr eglwys hyd heddiw – **Emyn Mawl Mair, Cân Sachareias a Chân Simeon** (Luc 1 a 2).

Un arall o brif themâu Luc yw'r modd y **chwalodd** Iesu flaenoriaethau cymdeithasol ei gyfnod – a bron pob cyfnod arall, o ran hynny. Roedd ei agwedd tuag at y grwpiau cymdeithasol a gâi eu **dirmygu a'u gorthrymu** yn gwbl chwyldroadol. Isod, cyfeirir at dri o'r grwpiau hyn – y **tlodion**, y **gwrthodedig** a **menywod**. Dim ond Luc sy'n adrodd yr hanesion hyn – dydyn nhw ddim i'w cael yn Mathew, Marc nac Ioan.

Shh! Peidiwch â gadael i'r gweision eich clywed!

Y Tlodion

Fel proffwydi'r Hen Destament, dywedodd Iesu fod Duw ar **ochr y tlodion**, a bod ganddo broblem gyda phobl gyfoethog. Mae dameg yr **Ynfytyn Cyfoethog** (Luc 12:16–21) a'r **Dyn Cyfoethog a Lasarus** (Luc 16:19–31) yn tanlinellu peryglon cyfoeth. Mae Sacheus, a ddisgrifir yn Luc 19 fel casglwr trethi cyfoethog a dyn llwgr, yn **derbyn iachawdwriaeth** dim ond wedi iddo roi hanner ei eiddo i'r tlodion, ac ad-dalu â llog yr holl bobl roedd wedi eu twyllo.

Y Gwrthodedig

Roedd Iesu'n **ddrwgenwog** am gymysgu gyda phobl a ystyrid yn anfoesol ac yn **droseddwyr**. Atebai ei feirniaid trwy ddweud mai'r rhain oedd y bobl oedd ei angen fwyaf. Mae tair enghraifft yn Luc o agwedd Iesu tuag at bobl wrthodedig ei ddydd . . .

- **Casglwyr trethi** (a gâi eu casáu am fod yn farus): Luc 18:9–14
- **Samariaid** (grŵp ethnig a gâi eu ffieiddio): Luc 10:30–37
- **Gwahanglwyfion** (caent eu hofni, a'u herlid o'u cymuned): Luc 17:11–19

Peidiwch â siarad â menyw yn y stryd – ddim hyd yn oed eich gwraig eich hun!

Cyngor crefyddol a roddid yn nyddiau Iesu.

Menywod

Yng nghyfnod Iesu, roedd dynion yn ystyried bod merched yn **israddol**. Ni chaent gyflwyno tystiolaeth mewn llys barn, a chredid mai gwastraff amser oedd rhoi addysg iddynt. Ond roedd Iesu'n trin merched yn **wahanol**, ac yn eu dysgu ochr yn ochr â'r dynion (Luc 10:38–42). Mae Luc, yn anad neb arall, yn dangos **trugaredd** Iesu tuag at ferched (gweler Luc 7:36–50).

MAIR

MAM IESU

Gellir dadlau mai Mair yw'r **fenyw enwocaf a fu erioed**, ac mae lluniau a delwau ohoni mewn miliynau o gartrefi ledled y byd. Er hynny, ychydig iawn o sylw a roddir i Mair yn y Beibl. Ac eithrio'r hanesion am eni Iesu, dim ond unwaith neu ddwy y sonnir amdani, a **dwy linell** yn unig a briodolir iddi. O'i chymharu â Paul, Pedr ac eraill – a oedd hefyd yn **allweddol bwysig** – mae Mair fwy neu lai'n anweledig.

Fel bron pob menyw arall yn y Beibl, felly?

Roedd Mair wedi'i dyweddïo â Joseff pan ymwelodd yr Archangel Gabriel â hi. Yn ôl yr arbenigwyr, byddai hi rhwng 13 ac 18 oed (oedran priodi bryd hynny). Daeth yr angel â newyddion cythryblus iddi . . .

Rwyt ti'n mynd i fod yn feichiog, a byddi di'n cael mab. Iesu ydy'r enw rwyt i'w roi iddo.

Luc 1:31

Roedd ffydd Mair mor gryf fel bod modd iddi dderbyn y newyddion hwn yn wylaidd – er y byddai, fel merch ifanc feichiog, yn dwyn gwarth arni'i hun. Gweler Luc 1:46–55 am ei hymateb.

DIGWYDDIADAU ALLWEDDOL

- **Gabriel** yn ymweld â Mair (Luc 1:26–56)
- **Genedigaeth** Iesu (Mathew 1:18–25)
- Mair yn cyflwyno Iesu yn y **Deml** (Luc 2:22–40)
- **Plentyndod** Iesu (Luc 2:41–52)
- Mair yng **Nghana Galilea** (Ioan 2:1–12)
- Mair yn y **croeshoeliad** (Ioan 19:25–27)
- Mair yn yr **eglwys fore** (Actau 1:14)

TEULU Iesu

Magwyd Iesu yn nhref fechan Nasareth, yng Ngalilea, a gweithiai fel saer coed (Marc 6:3). Dechreuodd ar ei weinidogaeth pan oedd tua 30 mlwydd oed (Luc 3:23).

Dywed Mathew a Luc wrthym fod Mair yn wyryf pan feichiogodd – gan gefnogi'r gred allweddol mai Mair oedd ei fam, a Duw oedd ei dad; roedd Iesu'n Dduw ac yn ddyn.

Yn ôl y traddodiad cynnar, roedd Joseff yn hen ŵr pan briododd â Mair – oherwydd, mae'n debyg, fod yr eglwys gynnar yn awyddus i roi'r argraff bod Mair yn wyryf ar hyd ei hoes.

Mae'r Efengylau'n dweud wrthym bod gan Iesu bedwar brawd: Iago, Joseff, Jwdas a Simon (Marc 6:3). Mae'r Eglwys Gatholig yn cytuno â Sant Jerome mai cefndryd Iesu oedd y rhain, a bod Mair wedi parhau'n wyryf.

Ar y dechrau, roedd teulu Iesu'n gwrthwynebu ei weinidogaeth (Marc 3:21), ond yn ddiweddarach roedden nhw ymhlith y Cristnogion cyntaf (Actau 2:14). Daeth Iago, brawd Iesu, yn arweinydd ar eglwys Jerwsalem, ac mae'n bosib mai ef oedd awdur llythyr Iago (gweler tudalen 246).

Roedd gan Iesu hefyd o leiaf dair chwaer, ond wyddon ni ddim beth oedd eu henwau (Mathew 13:56).

DAMHEGION

Yn ôl Mathew, Marc a Luc, doedd Iesu ddim yn diflasu pobl â **phregethau hir**. Yn hytrach, roedd yn aml yn addysgu'r cynulleidfaoedd drwy adrodd straeon byr, bachog o'r enw **damhegion**.

Mae sawl ystyr i'r gair 'dameg' – llun, pos, alegori, neu stori ac iddi **ystyr cudd**. Nid Iesu oedd yr unig un i ddefnyddio damhegion wrth addysgu; roedd rhai **rabïaid** yn y cyfnod hefyd yn gwneud defnydd ohonyn nhw, ac mae enghreifftiau i'w gweld yn yr **Hen Destament**. Er hynny, doedd neb tebyg i Iesu am adrodd damhegion; roedd e'n enwog am **siarad mewn darluniau**.

Fe ddwedaf yr un am y crwyn gwin yn ffrwydro . . .

O, ie!

Sut ymateb oedd e'n ei gael?

Pan glywodd y prif offeiriaid a'r Phariseaid straeon Iesu, roedden nhw'n gwybod yn iawn ei fod yn sôn amdanyn nhw.

Mathew 21:45

Roedd yr ymateb **braidd yn gymysg**. Ei fwriad gyda llawer o'r damhegion oedd cyfathrebu â phobl gyffredin, ac roedden nhw'n eu **deall** ar unwaith. Byddai cynulleidfaoedd mawr yn eu clywed a'u mwynhau. Roedd hyd yn oed ei elynion yn deall ei neges . . .

Ond, ar adegau eraill, roedd y pethau a ddywedai Iesu mewn iaith llawn darluniau'n **drysu** hyd yn oed ei ddilynwyr selocaf. Er enghraifft, gweler Mathew 15:15–16 . . .

Eglura'r ddameg hon inni.

Pedr

A ydych chwithau'n **dal** mor ddiddeall?

Iesu

Seiliwyd damhegion Iesu ar **fywyd gwledig**, gyda'r cymeriadau'n cynnwys gweision fferm, pysgotwyr, adeiladwyr a bugeiliaid, ac yn sôn am ddigwyddiadau bob dydd megis trwsio dillad, talu gweithwyr a cholli arian. Does yr un o ddamhegion Iesu'n sôn am **fywyd dinesig**.

Mae tipyn o sôn am anifeiliaid yn y damhegion, gyda thair yn rhoi lle amlwg i ddefaid: y ddafad golledig, y defaid a'r geifr, a dysgeidiaeth Iesu am 'Myfi yw'r bugail da'.

Ble mae'r ddameg?

Gallwch ddarllen rhai o'r damhegion **mwyaf cyfarwydd** drosoch eich hun, yn Mathew, Marc a Luc . . .

	Mathew	Marc	Luc
Y tywod neu'r graig?	7:24–27		6:47–49
Yr heuwr	13:3–8	4:3–8	8:5–8
Yr efrau ymysg yr ŷd	13:24–30		
Y ddafad golledig	18:12–13		15:4–6
Y gwas anfaddeugar	18:23–34		
Y gweithwyr yn y winllan	20:1–16		
Y winllan a'r tenantiaid	21:33–41	12:1–9	20:9–16
Y wledd briodas	22:2–14		14:16–24
Y deg geneth	25:1–13		
Y codau o arian	25:14–30		19:11–27
Y defaid a'r geifr	25:31–46		
Y Samariad trugarog			10:30–37
Ffrind am hanner nos			11:5–8
Yr ynfytyn cyfoethog			12:16–21
Y mab colledig			15:11–32
Y dyn cyfoethog a Lasarus			16:19–31
Y weddw a'r barnwr			18:2–5
Y Pharisead a'r casglwr trethi			18:10–14

PLEIDIAU A

Yn nyddiau Iesu, roedd nifer fawr o bleidiau a grwpiau **gwleidyddol** a **chrefyddol** yn gweithredu ym Mhalesteina, ac mae llawer ohonyn nhw'n chwarae rhan yn yr Efengylau.

Realiti bywyd oedd bod Palesteina'n cael ei llywodraethu gan **gyfraith filwrol** Rhufain, gan fod Jwdea'n un o daleithiau **ymerodraeth Rufain**. Er bod rhai pleidiau'n **cydweithredu** â'r Rhufeiniaid yng ngweinyddiaeth y dalaith, roedd eraill yn **gwrthwynebu'n chwyrn**.

Bron o'r cychwyn cyntaf, roedd Iesu'n **gwrthdaro** â'r grwpiau crefyddol. Rhyngddo ef a'r **Phariseaid** roedd y gwrthdaro mwyaf, ond byddai hefyd yn aml yn tynnu'n groes gyda'r **Ysgrifenyddion** ac weithiau gyda'r **Sadwceaid**.

Ar y tudalennau hyn ceir manylion am bum prif garfan y cyfnod hwnnw.

Ysgrifenyddion – *eu gwaith oedd diogelu a dysgu cyfraith Moses, a gweithredu fel barnwyr. Oherwydd eu ffocws ar fanion y gyfraith, byddent yn aml yn gwrthdaro ag Iesu wrth iddo ef eu cyhuddo o golli gwir ysbryd y cyfan.*

Phariseaid – *grŵp lleiafrifol oedd yn apelio'n fawr at y dosbarth gweithiol, gan fod llawer o'r Phariseaid eu hunain yn grefftwyr. Eu nod oedd helpu pobl i gymhwyso Cyfraith Duw i bob rhan o'u bywydau. Roedden nhw'n gwrthwynebu gwrthryfela yn erbyn llywodraeth Rhufain. Gweler tudalen 194 am ragor o fanylion.*

GRWPIAU

Sadwceaid

Selotiaid

Selotiaid – *roedden nhw'n wrthwynebus iawn i lywodraeth Rhufain, ac yn defnyddio trais. Er nad oedd gan y Selotiaid blaid swyddogol yn nyddiau Iesu, roedd sawl grŵp o wrthwynebwyr. Mae'n debygol fod Seimon y Selot, un o ddisgyblion Iesu, yn un ohonyn nhw.*

Sadwceaid – *uchelwyr, tirfeddianwyr ac arweinwyr gwleidyddol yn nyddiau Iesu. Nhw oedd yn rheoli'r Sanhedrin (y cyngor Iddewig a roddodd Iesu ar brawf) ac roedd llawer ohonynt yn offeiriaid. Oherwydd eu bod yn gwrthod credu mewn bywyd ar ôl marwolaeth, byddai anghydfod yn codi'n aml rhyngddyn nhw ac Iesu.*

Eseniaid

Eseniaid – *grŵp oedd yn byw fel mynaich ger y Môr Marw ar ôl encilio o gymdeithas Iddewig am eu bod yn ei hystyried yn llygredig. Er na sonnir amdanyn nhw yn y Testament Newydd, cred rhai arbenigwyr fod Ioan Fedyddiwr wedi cael ei fagu'n Eseniad. Bellach maen nhw'n adnabyddus am gynhyrchu Sgroliau'r Môr Marw, a ddarganfuwyd yn 1947.*

PHARISEAID

Nhw oedd y 'bobl ddrwg', felly?

Yn ôl yr Efengylau, y Phariseaid oedd y grŵp crefyddol roedd **Iesu'n gwrthdaro** â nhw amlaf. Mae hyn yn awgrymu mai nhw oedd y 'bobl ddrwg' ond, mewn gwirionedd, roedd llawer o **rinweddau** gan y Phariseaid – yn cynnwys y ffaith mai awydd dwfn i wasanaethu a **phlesio Duw** oedd eu cymhelliad.

Dilynai'r Phariseaid ôl troed **Esra** yn yr Hen Destament. Pwysleisiai Esra (gweler tudalen 96) bwysigrwydd **ufuddhau i gyfraith Duw**, ac roedd y Phariseaid wedi gweithio hyn allan yn fanwl, gan geisio cymhwyso'r gyfraith i bob rhan o'u bywydau. Eu nod oedd adnewyddu ffydd Israel, ac i gyflawni hyn datblygodd y Phariseaid system o reolau i helpu pobl i gadw'r gyfraith. Yr enw ar y rheolau hyn oedd 'clawdd', a'i bwrpas oedd rhwystro pobl rhag mynd benben â'r gyfraith yn ddamweiniol, a'i thorri.

5,000 O BETHAU SY'N GWYLLTIO DUW

Er enghraifft, lluniodd y Phariseaid 39 o reolau 'peidiwch â gwneud hyn' ar gyfer cadw'r Saboth (diwrnod gorffwys yr Iddewon), yn cynnwys y canlynol . . .

Ar y Saboth, peidiwch ag ailosod braich neu goes wedi'i thorri.

Ar y Saboth, peidiwch â chario unrhyw lwyth.

Ar y Saboth, peidiwch â thorri'ch ewinedd.

Hmm . . . swnio braidd yn eithafol. Ai dyna pam roedd Iesu'n anghytuno gymaint â nhw?

Wel, roedd yna sawl **fflachbwynt**. Dyma dri ohonyn nhw . . .

Y Saboth

Roedd Iesu'n **iacháu** pobl, ac ni rwystrodd ei ddisgyblion rhag tynnu **tywysennau ŷd ar y Saboth** (Marc 2:23–28) – dau beth oedd mynd y tu hwnt i'r math o feddylfryd 'peidiwch â thorri'ch ewinedd' ynghylch dydd o orffwys yr Iddewon. Meddai Iesu, 'Y Saboth **a wnaethpwyd er mwyn dyn**, ac nid dyn er mwyn y Saboth' (Marc 2:27).

Rhagrithwyr!

At y Phariseaid yr anelwyd y geiriau mwyaf **atgas a chreulon** i Iesu eu hynganu erioed. Gallwch ddarllen yr hanes yn Mathew 23, lle mae'n eu cyhuddo o **ragrith**. Y perygl gydag unrhyw grŵp gor-ysbrydol fel y Phariseaid yw eu bod yn rhy falch ohonyn nhw'u hunain ac yn ddirmygus o bobl eraill – ac nid Iesu oedd yr unig un i **ddychanu** eu rhagrith. Nododd un dychanwr Iddewig fod yna sawl math o Phariseaid, yn cynnwys y math sy'n arddangos ei weithredoedd da ar ei **ysgwydd**; y math **cleisiog** sy'n cerdded i mewn i wal yn hytrach nag edrych ar fenyw ar y stryd, a'r math sy'n **cerdded yn ben isel** i osgoi cael ei demtio.

Iesu a phechaduriaid

Roedd y Phariseaid hefyd yn ffieiddio at y ffaith bod Iesu'n cyd-fwyta â **chasglwyr trethi** a phobl roedden nhw'n eu hystyried yn 'bechaduriaid'. Mewn **pobl** roedd diddordeb Iesu, a'r peth pwysicaf i'r Phariseaid oedd **cadw'r rheolau**.

Ai dyna pam y trefnon nhw i'w ladd?

Fel mae'n digwydd, ni chwaraeodd y Phariseaid unrhyw ran yn y cynllwyn i arestio Iesu a'i roi ar brawf. Does dim sôn amdanynt yn yr hanes am ei ddioddefaint a'i farwolaeth – sy'n awgrymu mai'r awdurdodau yn Jerwsalem oedd wedi trefnu'r cyfan.

Ioan

Cyn gynted ag yr agorwch Efengyl Ioan, fe welwch ar unwaith ei bod yn **wahanol iawn** i Mathew, Marc a Luc . . .

Does dim hanner cymaint o wyrthiau!

Does dim sôn am fwrw allan gythreuliaid.

Mae Iesu'n cyflwyno pregethau hir yn hytrach na dywediadau byr, bachog.

I ble mae holl ddamhegion Iesu wedi mynd?

Mae Iesu'n siarad llawer mwy amdano'i hun!

Mae Iesu yn Jerwsalem y rhan fwyaf o'r amser, yn hytrach nag yng Ngalilea.

Does prin ddim sôn am deyrnas Dduw.

Rhaid bod pwy bynnag luniodd Efengyl Ioan yn defnyddio **ffynonellau gwahanol** i'r rhai a ddefnyddiwyd gan awduron y tair Efengyl arall. Ond a yw'r ffynonellau hyn yn **well** neu'n **waeth**?

Arferai pobl feddwl bod ffynonellau Ioan – ac, felly, ei bortread o Iesu – yn waeth na'r rhai a ddefnyddiwyd gan Mathew, Marc a Luc. Ond dengys ymchwil ddiweddar fod y manylion yn Efengyl Ioan yn **hanesyddol gywir**. Mae'n ymddangos, felly, bod Efengyl Ioan yn gwneud defnydd o stôr o hanesion ac athrawiaeth sy'n **wahanol** i'r tair Efengyl arall, heb fod yn well nac yn waeth.

YR IESU AMGEN GAN IOAN

Mae Ioan yn arbennig o werthfawr gan ei fod yn rhoi darlun annibynnol ac amgen i ni o Iesu.

Yn Efengyl Ioan, mae Iesu'n datgan yn agored **pwy yw e**. Mae Ioan yn cynnwys **saith o ymadroddion** Iesu sy'n dechrau â'r geiriau **Myfi yw** . . . Maen nhw'n rhoi i ni sawl cipolwg gwahanol ar hunaniaeth Iesu, ac yn ein helpu i lunio portread ohono. Dyma'r ymadroddion . . .

> **Myfi yw bara'r bywyd. Ni bydd eisiau bwyd byth ar y sawl sy'n dod ataf fi, ac ni bydd syched byth ar y sawl sy'n credu ynof fi.**
>
> *Ioan 6:35*

> **Myfi yw goleuni'r byd. Ni bydd neb sy'n fy nghanlyn i byth yn rhodio yn y tywyllwch, ond bydd ganddo oleuni'r bywyd.**
>
> *Ioan 8:12*

> **Myfi yw drws y defaid.**
>
> *Ioan 10:7*

> **Myfi yw'r bugail da. Y mae'r bugail da yn rhoi ei einioes dros y defaid.**
>
> *Ioan 10:11*

> **Myfi yw'r atgyfodiad a'r bywyd. Pwy bynnag sy'n credu ynof fi, er iddo farw, fe fydd byw; a phob un sy'n byw ac yn credu ynof fi, ni bydd marw byth.**
>
> *Ioan 11:25–26*

> **Myfi yw'r ffordd a'r gwirionedd a'r bywyd.**
>
> *Ioan 14:6*

> **Myfi yw'r wir winwydden, a'm Tad yw'r gwinllannwr.**
>
> *Ioan 15:1*

Hmm. 'Myfi yw.' Ble clywais i hynna o'r blaen?

Yn yr Hen Destament, dyna sut mae Duw'n siarad amdano'i hun. Yn Exodus 3:14, mae Duw'n dweud wrth Moses, 'YDWYF YR HYN YDWYF. Dywed hyn wrth bobl Israel: "YDWYF sydd wedi fy anfon atoch".'

Y TAD

Ein Tad, yr hwn wyt yn y nefoedd . . .

Mae Iesu'n sôn am Dduw fel **tad** yn y tair Efengyl arall, ond yn Efengyl Ioan y ceir yr athrawiaeth lawnaf o'r cyfan am ei berthynas â **Duw y Tad**.

Dywed iddo gael ei **anfon** gan y Tad, mai ef yw'r unig **ffordd** at y Tad, ac hefyd (a'r mwyaf syfrdanol o'r cyfan i'w wrandawyr), dywedodd . . .

Dwi a'r Tad yn un.

Ioan 10:30

Mae Iesu'n gwneud honiad go fawr yma.

Yn ddiweddarach, roedd y rhannau hyn o Efengyl Ioan yn **hollbwysig** i'r eglwys wrth iddi ffurfio cred yn Nuw fel **trindod** y Tad, y Mab a'r Ysbryd Glân.

Y TEULU HEROD

Drwy gydol cyfnod y Testament Newydd, llywodraethodd **llinach yr Herodiaid** dros Balesteina fel rhan o'r ymerodraeth Rufeinig. Roedd y teulu'n debyg i'r **maffia** – yn llawn amheuon, cynllwynio, brad a thrais – a chafwyd sawl achos o **ryngbriodi** rhwng ewythredd, a hyd yn oed hen-ewythredd, a'u nithoedd. Mae dau Herod yn chwarae rhan allweddol yn yr **Efengylau** . . .

Mae achres teulu'r Herodiaid gyferbyn yn dangos rhan fechan o'r teulu mawr, cymhleth a chwerylgar hwnnw.

Herod Fawr

Roedd Herod Fawr yn uchelgeisiol, yn awdurdodol ac yn **hynod amheus** o bawb a phopeth – lladdodd un o'i wragedd a nifer o'i blant pan gredai eu bod yn cynllwynio yn ei erbyn. Mae ei amheuon pan ymwelodd y **gwŷr doeth** ag e adeg geni Iesu yn cadarnhau'r hyn a wyddom amdano.

Trefnodd Herod i ailgodi Teml Jerwsalem ac adeiladu palasau moethus iddo'i hun – mae'r un ym Masada'n cynnwys ei bwll nofio enwog.

Herod Antipas

Mae Herod Antipas, un o feibion ieuengaf Herod Fawr, yn ymddangos ddwywaith yn y Testament Newydd: adeg **marwolaeth Ioan Fedyddiwr** a **marwolaeth Iesu**.

Trefnodd Herod fod Ioan Fedyddiwr yn cael ei arestio pan ddechreuodd bregethu yn erbyn priodas Herod â **Herodias** (a fu'n briod â'i frawd). Gorchmynnodd i Ioan gael ei ddienyddio ar ei ben blwydd, ar ôl i ferch ei wraig berfformio **dawns ddramatig** – gweler Marc 6:14–29.

Mae Herod hefyd yn rhan o hanes **prawf Iesu** (Luc 23:6–12), pan anfonwyd Iesu gan **Pilat** at Herod i'w holi. Roedd Herod wrth ei fodd, ac yn awyddus i weld gwyrth neu ddwy, ond gwrthododd Iesu ddweud gair. Anfonodd Herod ef yn ôl at Pilat wedi'i **wisgo fel brenin**.

y llwynog

Disgrifiad Iesu o Herod yn Luc 13:32

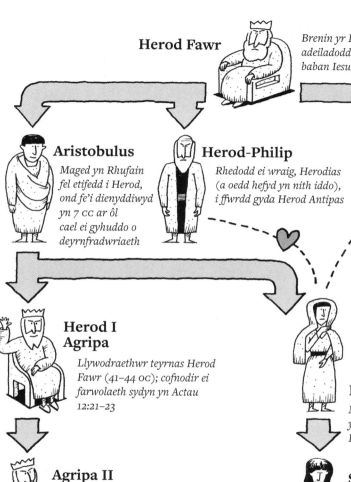

Herod Fawr

Brenin yr Iddewon (40–4 cc); adeiladodd y Deml, a cheisio lladd y baban Iesu

Aristobulus

Maged yn Rhufain fel etifedd i Herod, ond fe'i dienyddiwyd yn 7 cc ar ôl cael ei gyhuddo o deyrnfradwriaeth

Herod-Philip

Rhedodd ei wraig, Herodias (a oedd hefyd yn nith iddo), i ffwrdd gyda Herod Antipas

Herod Antipas

Llywodraethwr Galilea a Pherea hyd 39 oc; trefnodd i ddienyddio Ioan Fedyddiwr am iddo gondemnio'i briodas â Herodias, a bu'n holi Iesu ar y noson cyn y croeshoeliad

Herod I Agripa

Llywodraethwr teyrnas Herod Fawr (41–44 oc); cofnodir ei farwolaeth sydyn yn Actau 12:21–23

Herodias

Mam Salome (Herod-Philip oedd y tad); roedd hi'n dal dig yn erbyn Ioan Fedyddiwr

Agripa II

Llywodraethwr y tiriogaethau i'r gogledd-ddwyrain o Balesteina hyd 100 oc; wrth holi Paul, dywedodd yn gellweirus, 'Mewn byr amser yr wyt am fy mherswadio i fod yn Gristion!' (Actau 26:28)

Salome

Dawnsiodd mor hudolus o flaen Herod Antipas ar ei ben blwydd nes iddo addo hanner ei deyrnas iddi . . . ond dywedodd ei mam wrthi am ofyn yn hytrach am ben Ioan Fedyddiwr

Y Diafol

Dyw **Satan** (h.y. y Diafol) ddim yn ymddangos yn aml yn yr Hen Destament, gan ei gyfyngu'i hun i ambell ymddangosiad enigmatig ym mhenodau 1 a 2 o lyfr Job (gweler tudalen 102). Yno, mae Satan yn aelod o lys brenhinol Duw, ac yn gweithredu fel ei **erlynydd arbennig.** Ei ymddangosiad ef sy'n gosod yr agenda ar gyfer y llyfr wrth iddo geisio trefnu **cwymp Job**, gŵr da a edmygid gan Dduw ei hun.

Mae pethau'n dechrau digwydd yn syth ar ôl i Iesu gael ei **fedyddio**, pan gaiff ei **demtio** gan y Diafol yn yr anialwch (gweler Luc 4:1–13). Yma, mae'r Diafol yn ymddangos fel grym **gwirioneddol filain**, sy'n benderfynol o ddinistrio cenhadaeth Iesu.

> Pryd mae pethau'n ... ym ... poethi, 'te?

Mae Iesu (ynghyd â Paul a Pedr, yn eu llythyrau) yn sôn am y Diafol nid yn unig fel rhywun sy'n temtio unigolion, ond fel **gelyn cosmig** Duw a **ffynhonnell drygioni** yn y byd. Torrwyd ei rym gan farwolaeth Iesu, a chaiff ei **ddinistrio'n** derfynol ar ddiwedd amser.

> Y mae eich gwrthwynebydd, y diafol, yn prowla o gwmpas fel llew yn rhuo, gan chwilio am rywun i'w lyncu.

1 Pedr 5:8

RHOI ENW DRWG I'R DIAFOL

Yr enwau mwyaf cyffredin ar y Diafol yw . . .

Beelsebub – enw sarhaus a ddefnyddiwyd gan Iesu, sy'n golygu 'Arglwydd y domen dail' (Mathew 12:27–28).

Diafol – o'r gair Groeg *diabolos*, sef 'diawledig' neu 'cythreulig'.

Yr Un Drwg – defnyddir y gair yn aml yn y Testament Newydd yn lle 'Diafol' (e.e. Effesiaid 6:16).

Satan – yr ystyr llythrennol yw 'y cyhuddwr'. Defnyddir y gair i danlinellu rôl Satan fel 'yr un sy'n twyllo'r holl fyd' (Datguddiad 12:9).

MARW AC ATGYFODI

Tua diwedd y pedair Efengyl, cofnodir y dienyddiad enwocaf mewn hanes.

Bradychwyd Iesu gan Jwdas, un o'i ddisgyblion. Fe'i rhoddwyd **ar brawf** gan y sefydliad crefyddol, ei **ddedfrydu** gan Pontius Pilat, y rhaglaw lleol, a'i **groeshoelio** gan filwyr Rhufeinig.

Darllenwch yr adroddiadau am y croeshoeliad yn Mathew 27, Marc 15, Luc 23 ac Ioan 19.

Rhoddwyd Iesu i farwolaeth ar ddydd **Gwener**. Yn gynnar ar y **bore Sul**, darganfuwyd fod ei fedd yn wag. Mae'r pedair Efengyl yn adrodd hanesion gwahanol ynghylch atgyfodiad Iesu . . .

MATHEW

■ *Mae Iesu'n ymddangos i **Mair Magdalen** y tu allan i'r bedd (Mathew 28:1–10)*

■ *Mae Iesu'n ymddangos i'r **11 disgybl** sy'n weddill yng Ngalilea (Mathew 28:16–20)*

MARC

■ *Mae **Mair Magdalen** a gwragedd eraill yn gweld bod bedd Iesu'n wag, a dywed angel wrthyn nhw fod Iesu wedi atgyfodi (Marc 16:1–8)*

LUC

■ *Mae **Mair Magdalen** a gwragedd eraill yn darganfod y bedd gwag, ac yn gweld dau angel sy'n dweud bod Iesu'n fyw (Luc 24:1–12)*

■ *Mae **dau ddisgybl** yn gweld yr Iesu atgyfodedig wrth iddyn nhw gerdded i bentref **Emaus** (Luc 24:13–35)*

■ *Mae Iesu'n ymddangos i'r **11 disgybl** yn Jerwsalem (Luc 24:36–49)*

IOAN

■ *Mae **Mair Magdalen** yn darganfod y bedd gwag; mae hi'n rhedeg i ddweud wrth Simon Pedr a disgybl arall, ond dy'n nhw ddim yn gweld unrhyw beth (Ioan 20:1–10)*

■ *Mae Iesu'n ymddangos i **Mair Magdalen** (Ioan 20:11–18)*

■ *Mae Iesu'n ymddangos i **Thomas**, sy'n gwrthod credu (Ioan 20:24–29)*

■ *Mae Iesu'n ymddangos i **saith disgybl** ar lan môr Galilea (Ioan 21:1–24)*

Jwdas

Y BRAD

Yr hyn wnaeth Jwdas yn nyddiau olaf bywyd Iesu . . .

■ *Roedd yn ddig am fod Iesu wedi cael ei eneinio ym Methania (Ioan 12:1–8)*

■ *Cytunodd gyda'r archoffeiriaid ar bris am fradychu Iesu (Mathew 26:14–16)*

■ *Gadawodd y Swper Olaf yn gynnar (Ioan 13:18–30)*

■ *Bradychodd Iesu â chusan (Mathew 26:47–50)*

■ *Ceisiodd ddychwelyd yr arian, yna lladdodd ei hun (Mathew 27:3–10)*

...mae hwnnw wedi'n gadael ni, ac wedi mynd lle mae'n haeddu.

Dyna oedd barn derfynol y Cristnogion cyntaf am Jwdas (Actau 1:25)

Un o'r **troeon mwyaf annisgwyl** yn hanes Iesu yw iddo gael ei fradychu a'i roi yn nwylo'i elynion gan **ffrind** iddo – a'r ffrind hwnnw wedi defnyddio'r symbol o **gariad**, sef **cusan**, i wneud hynny. Roedd Jwdas Iscariot yn un o'r 12 disgybl, ac wedi bod gyda Iesu o'r cychwyn gyntaf. **Beth yn y byd wnaeth iddo ymddwyn yn y fath fodd**? Dyma rai o'r damcaniaethau . . .

Arian

Mae'r Efengylau'n awgrymu mai **arian** oedd y cymhelliad. Jwdas oedd yn gofalu am god arian y disgyblion, a dywedid ei fod yn arfer dwyn ohono (Ioan 12:6). Derbyniodd **30 darn arian** am roi gwybodaeth am Iesu i'r awdurdodau.

Ofn

Damcaniaeth arall oedd fod ar Jwdas **ofn** beth wnâi'r awdurdodau i'r disgyblion petai Iesu'n cael ei arestio. Dyna pam y penderfynodd werthu Iesu iddyn nhw.

Gwleidyddiaeth

Dywed rhai fod Jwdas wedi gweld Iesu fel **meseia gwleidyddol** o'r cychwyn cyntaf (gweler tudalen 181). Pan wrthododd Iesu y rôl honno, creodd Jwdas **argyfwng** i orfodi Iesu i ddatgan ei ochr. Cyflawnodd Jwdas hunanladdiad pan aeth popeth o chwith.

Drygioni

Un o'r esboniadau hynaf yw mai'r **Diafol** oedd yn annog Jwdas: 'Ac aeth Satan i mewn i Jwdas' (Luc 22:3; Ioan 13:27).

Pilat

Pontius Pilat oedd **Rhaglaw Jwdea** (talaith Rufeinig) yn 26–36 OC. Talaith dreisgar ac anodd ei rheoli oedd Jwdea, a chan mai dyn treisgar ac anodd oedd Pilat ei hun, roedd y cyfnod hwn yn un **cythryblus iawn**. Enillodd enw drwg iddo'i hun am ansensitifrwydd a llygredigaeth, ac am droi'r boblogaeth yn ei erbyn. Cwynai **Philo**, hanesydd Iddewig o'r ganrif gyntaf, am . . .

Carcharor enwocaf Pilat na roddwyd ar brawf oedd Iesu; dygwyd ef o'i flaen ar gyhuddiad ffals, sef **annog gwrthryfel** yn erbyn ymerawdwr Rhufain. Mae'r pedair Efengyl yn portreadu Pilat fel **cymeriad gwan** gafodd ei **gymell gan eraill** i ddedfrydu Iesu i farwolaeth.

Manteisiai ei wrthwynebwyr ar un o brif wendidau Pilat, sef fod arno ofn i **adroddiadau gwael** gyrraedd clustiau'r ymerawdwr. Mae hyn yn esbonio pam yr ildiodd ar ôl i'r dyrfa weiddi . . .

66 ... ei lygredigaeth, ei drais, ei ymosodiadau, ei ymddygiad sarhaus, ei arfer cyson o ddienyddio carcharorion heb eu rhoi ar brawf, a'i ffyrnigrwydd milain, diddiwedd ... 99

Os gollyngi di'r dyn yna'n rhydd, ti ddim yn gyfaill i Cesar!

Ioan 19:12

Aeth Pilat ati i ddial ar yr arweinwyr oedd wedi galw am i Iesu gael ei ddienyddio: hoeliodd arwydd ar groes Iesu, gan ddatgan mai ef oedd 'Brenin yr Iddewon'. Ychydig flynyddoedd yn ddiweddarach, galwyd Pilat yn ôl i Rufain wedi iddo gyflawni cyflafan, ac alltudiwyd ef i Ffrainc.

UCHAFBWYNTIAU'R EFENGYLAU

Ydych chi'n chwilio am rai o **ddigwyddiadau mwyaf dramatig** yr Efengylau? Os felly, dyma rai ohonyn nhw . . .

☐ *Storm ar y môr (Marc 4:37–41)*

☐ *Dyn a feddiannwyd gan gythreuliaid ymhlith y beddau (Marc 5:1–15)*

☐ *Iesu'n cerdded ar ddŵr, tra bod Pedr yn suddo (Mathew 14:22–33)*

☐ *Iesu'n cael ei herio i gondemnio gwraig i farwolaeth (Ioan 8:2–11)*

☐ *Pedr yn gwadu ei fod yn adnabod Iesu (Luc 22:54–62)*

☐ *Croeshoelio Iesu (Luc 23:32–49)*

☐ *Mair yn credu mai'r garddwr oedd Iesu (Ioan 20:11–18)*

Cylch achub, unrhyw un?

^{YR} EGLWYS

Ar ôl i **Mathew, Marc** ac **Ioan** gwblhau eu hefengylau nhw, roedd Luc yn dal wrthi'n brysur yn cynhyrchu llyfr o'r enw **Actau'r Apostolion**. Diolch i'w waith e, gallwn barhau i ddilyn yr hanes, o Iesu a'r disgyblion hyd at yr eglwys fore, ac o Galilea a Jerwsalem i **Rufain**.

Actau – yn adrodd sut yr aeth y newyddion da am Iesu ar led o'r famwlad a theithio ar hyd a lled y byd.

ACTAU

Sut mae mynd o **hyn** . . .  . . . i **hyn**?

Mae'r modd y symudwyd ymlaen o fywyd a dysgeidiaeth Iesu i'r **eglwys** fel y mae hi heddiw yn stori hir (a digon digalon yn aml). Mae llyfr yr Actau'n darparu **dolen gyntaf** hollbwysig, gan gysylltu Iesu â'r **Cristnogion cyntaf** a'r **eglwysi cynnar**.

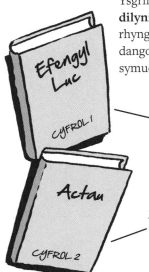

Ysgrifennwyd yr Actau fel **dilyniant** i Efengyl Luc, a rhyngddynt maen nhw'n dangos y trawsnewid a fu wrth symud o **Iesu** i'r **eglwys** . . .

Yn Luc, mae Iesu'n ymestyn allan at wahanol bobl o'i gwmpas, yn cynnwys y tlodion a'r rhai ar gyrion cymdeithas, gan ddatgan dyfodiad teyrnas Dduw.

Yn yr Actau, mae dilynwyr Iesu'n ymestyn allan at y byd o'u cwmpas – nid dim ond y byd Iddewig, ond byd mawr yr ymerodraeth Rufeinig.

Iesu ei hun sy'n darparu'r ddolen rhwng ei **genhadaeth ef** a **chenhadaeth yr eglwys**. Ar ddiwedd Luc (Luc 24:48) mae'n dweud wrth y disgyblion . . .

> **Chi ydy'r llygad-dystion...**

. . . ac ar ddechrau'r Actau (Actau 1:8) mae'n ymestyn y syniad hwn ymhellach trwy ddweud . . .

> **...bydd yr Ysbryd Glân yn disgyn arnoch chi, ac yn rhoi nerth i chi ddweud amdana i wrth bawb – yn Jerwsalem a Jwdea, yn Samaria, a drwy'r byd i gyd.**

Ond dyw'r eglwys ddim yn dod i fodolaeth yn unig oherwydd fod **Iesu'n sôn** amdani – mae hynny'n digwydd pan fo'r **Ysbryd Glân** yn disgyn ar y credinwyr cyntaf. Yn union fel roedd Iesu'n byw ei fywyd yng ngrym yr Ysbryd (yn Luc), felly hefyd mae'r eglwys yn **byw yn yr Ysbryd**, gan barhau â chenhadaeth Iesu yn y byd (yn yr Actau). Wrth ddarllen **Luc a'r Actau** gyda'i gilydd, daw'r cysylltiadau'n glir.

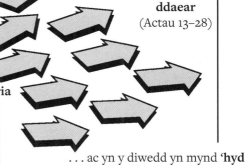

Roedd dyfodiad yr Ysbryd yn bwysig, felly?

Oedd – mae'n un o'r **prif drobwyntiau** yn yr Actau, yn nodi **genedigaeth** yr eglwys.

Mae disgyniad yr Ysbryd yn **newid popeth**; mae fel petai'r credinwyr cyntaf wedi derbyn y ffrwydrad o **egni** oedd ei angen arnyn nhw i weithredu yn ôl dymuniad Iesu.

Maen nhw'n dechrau lledaenu'r newyddion da yn **Jerwsalem** . . .

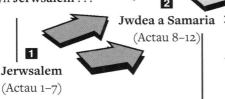

3 Hyd eithaf y ddaear (Actau 13–28)

2 Jwdea a Samaria (Actau 8–12)

1 Jerwsalem (Actau 1–7)

. . . ac yna, wrth wynebu **erledigaeth** yn Jerwsalem, maen nhw'n gwasgaru, gan fynd â'r newyddion da i **Jwdea** a **Samaria** . . .

. . . ac yn y diwedd yn mynd '**hyd eithaf y ddaear**', wrth i **Paul** deithio'n eang a sefydlu eglwysi yn yr ardaloedd sydd heddiw'n rhan o Dwrci a Groeg. Erbyn diwedd yr Actau, mae'r hyn a gychwynnodd fel sect fechan Iddewig yng Ngalilea bellach yn rhyngwladol, ac yn cynnwys **Iddewon a rhai nad ydynt yn Iddewon** ledled y byd Rhufeinig.

Y RHUFEINIAID

I drigolion y byd Canoldirol yn y ganrif gyntaf OC, roedd llywodraeth Rufain yn un o **ffeithiau sylfaenol bywyd**. O'r gogledd i'r de, ymestynnai o Fur Hadrian ar y ffin â'r **Alban** hyd at dywod anialwch y **Sahara**. O'r gorllewin i'r dwyrain, ymestynnai o arfordir cefnfor Iwerydd yn **Sbaen** i lannau'r **Môr Coch**.

Ar ei hanterth, roedd yr ymerodraeth yn cynnwys dros **100 miliwn** o drigolion, a châi ei phlismona gan fyddin broffesiynol o bron i hanner miliwn o filwyr. Ym mhob talaith o'r ymerodraeth, gweithiai'r awdurdodau Rhufeinig ochr yn ochr â llywodraethwyr lleol i gynnal y **drefn gyhoeddus**, gweinyddu **cyfiawnder**, a chodi **trethi**. Oherwydd bod yr ymerodraeth yn darparu trefn a sefydlogrwydd mewn ardal mor eang, roedd busnes yn llewyrchus iawn.

Goresgyn Jwdea

Yng nghyfnod y Testament Newydd, talaith ymerodraeth Rufain oedd **Jwdea**, dan ofal **byddin oresgynnol**, a chanddi filwyr ac amddiffynfeydd Rhufeinig ledled y wlad. Roedd hyn yn plesio rhai carfanau o'r gymdeithas Iddewig, megis y **Sadwceaid**, a oedd yn cydweithio gyda'r Rhufeiniaid ac yn tyfu'n **gyfoethog**. Ond roedd eraill, megis y **Selotiaid**, yn casáu'r Rhufeiniaid ac yn wrthwynebus iddynt.

Beth, felly, oedd barn y Cristnogion cyntaf am yr ymerodraeth Rufeinig?

Wel, roedden nhw'n ei gweld mewn **dwy ffordd** (gweler y dudalen nesaf) . . .

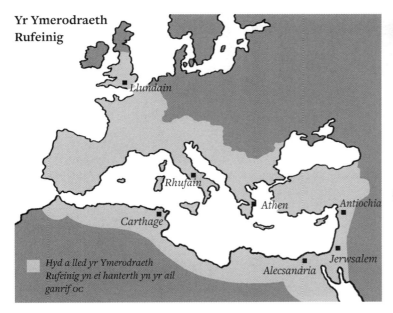

Yr Ymerodraeth Rufeinig

Llundain

Rhufain

Athen

Antiochia

Carthage

Alecsandria

Jerwsalem

Hyd a lled yr Ymerodraeth Rufeinig yn ei hanterth yn yr ail ganrif OC

Ar y llaw arall, roedd Cristnogion byth a hefyd **mewn trafferthion** gyda'r ymerodraeth. Roedd eu gelynion yn eu cyhuddo o **frad** yn erbyn yr ymerawdwr . . .

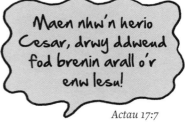

Maen nhw'n herio Cesar, drwy ddweud fod brenin arall o'r enw Iesu!

Actau 17:7

Ymateb y Cristnogion oedd dweud y gallent **addoli** Iesu *ac* **ufuddhau** i'r ymerawdwr.

Ond aeth pethau'n sgrech pan orchmynnwyd hwy i addoli'r **ymerawdwr** yn hytrach nag Iesu. Digwyddodd hyn yn nheyrnasiad **Domitian** (o 81 OC). O ganlyniad, bu raid i Gristnogion di-rif wynebu erledigaeth a marwolaeth.

Mae llyfr y **Datguddiad**, a ysgrifennwyd yn ystod y cyfnod o erledigaeth, yn nodweddu ymerodraeth Rufain fel un **ddrygionus**. Dywed y byddai Rhufain, yn union fel Babilon yn yr Hen Destament, yn cael ei **barnu** a'i **dinistrio** gan Dduw.

Da

Mewn sawl ffordd, roedd yr ymerodraeth Rufeinig yn helpu yn y gwaith o ledaenu newyddion da Cristnogaeth ar hyd a lled y byd, oherwydd . . .

- **Ffyrdd Rhufeinig** – yn cyflymu dulliau o deithio
- **Groeg** – yr iaith a ddefnyddid ledled yr ymerodraeth
- **Pax Romana** – yr 'heddwch Rhufeinig' a olygai fod bywyd yn sefydlog ac yn ddiogel

Roedd yna **agwedd gyfeillgar** ymhlith y Cristnogion tuag at yr ymerodraeth.

Byddai Paul hyd yn oed yn defnyddio delweddau Rhufeinig, megis arfwisg milwr, wrth ddysgu: 'Gwisgwch amdanoch holl arfogaeth Duw' (Effesiaid 6:11).

PEDR

Rhyw fath o bysgotwr oedd e, yntê?

Simon Pedr yw un o gymeriadau mwyaf lliwgar y Testament Newydd. **Pysgotwyr** ar Fôr Galilea oedd e a'i frawd **Andreas**. Roedd yn briod, ac yn siarad ag acen ogleddol gref (Mathew 26:73); er ei fod yn ddyn o natur gynnes, gallai hefyd fod yn siarp a mympwyol. Galwyd ef gan Iesu i fod yn un o'r **12 disgybl**, a buan iawn y daeth yn un o'i ffrindiau agosaf. Llysenw Iesu arno oedd **'y graig'** (o'r gair Groeg *petros*).

Gallai **ffydd Pedr** – fel ei natur – **godi** i'r entrychion a **suddo** i'r dyfnderoedd (o fewn un prynhawn, yn ôl y sôn). Mae'r dyfyniadau hyn gan Iesu'n dweud y cyfan ...

Mae'r delweddau cynharaf o Pedr yn ei ddangos â gwallt gwyn cyrliog a barf.

Rwyt ti wedi dy fendithio'n fawr, Simon fab Jona

Pan gyfaddefodd Pedr mai Iesu oedd Mab Duw (Mathew 16:17)

Dos o'm golwg i Satan! Rwyt ti'n rhwystr i mi

Geiriau Iesu wrth Pedr, ar ôl i Pedr geisio'i berswadio yn erbyn mynd i Jerwsalem i farw (Mathew 16:23)

Gallai'r **berthynas** rhwng Iesu a Pedr fod braidd yn stormus, ac roedd yn aml yn tynnu sylw. Gwyddom fwy am y berthynas hon nag am y berthynas rhwng Iesu ac **unrhyw un arall** o'i ddisgyblion.

Gan Pedr y mae rhai o **eiliadau mawr** y Testament Newydd . . .

Hanner ffordd drwy'i weinidogaeth, gofynnodd Iesu i'r disgyblion, '**Pwy** meddwch chwi ydwyf fi?' Atebodd Pedr, 'Ti yw'r **Meseia**, Mab y Duw byw' (Mathew 16:13–20). Am iddo ddangos y fath ffydd, penodwyd ef gan Iesu'n **arweinydd** yr eglwys, a gwireddwyd hyn yn llyfr yr Actau.

Ar ôl i Iesu gael ei arestio, roedd Pedr yn ofni am ei fywyd, a **gwadodd dair gwaith** ei fod yn adnabod Iesu (Marc 14:66–72). Yn ddiweddarach, rhoddodd Iesu brawf ar ei deyrngarwch dair gwaith (Ioan 21:15–19) a maddeuwyd iddo.

Ar Ddydd y **Pentecost**, pan ddisgynnodd yr Ysbryd ar y credinwyr cyntaf, **pregethodd** Pedr i'r dyrfa oedd wedi ymgasglu i weld beth oedd yn digwydd (Actau 2:14–41). Daeth llawer iawn ohonyn nhw'n Gristnogion.

Un o broblemau mwyaf yr eglwys fore yn ei blynyddoedd cyntaf oedd p'un ai a oedd hi ar gyfer **Iddewon yn unig**, neu a ellid hefyd cynnwys y **Cenedl-ddynion** (sef rhai nad oeddent yn Iddewon). Ynghanol y ddadl ffyrnig a gododd yn sgil hyn, cafodd Pedr weledigaeth ryfedd, lle gollyngwyd casgliad o anifeiliaid o'r nefoedd ar gynfas fawr (Actau 10:9–16); newidiodd y weledigaeth hon ei gred mai ar gyfer Iddewon yn unig y bwriadwyd yr eglwys.

Pedr a Paul

Mae'r Testament Newydd yn dangos y **gwrthdaro** a oedd yn rhan o'r berthynas rhwng Pedr a Paul. Mae Paul yn cyhuddo Pedr o fod yn **anghyson** yn ei ymdriniaeth o broblem yr Iddewon/Cenedl-ddynion, a dywed ei fod wedi mynd wyneb yn wyneb â Pedr ar y mater (Galatiaid 2:9–14).

Yn ôl y traddodiad, llofruddiwyd Pedr a Paul yn ystod yr **erledigaeth** fileinig a ddioddefodd y Cristnogion dan law yr ymerawdwr **Nero** tua 64 oc. Torrwyd pen Paul i ffwrdd, a **chroeshoeliwyd** Pedr ben i waered.

Yr Ymerawdwr Nero

PAUL

Paul (a adwaenid hefyd fel yr Apostol Paul) yw'r person **mwyaf egnïol** yn y Testament Newydd. Mewn gyrfa o 30 mlynedd, **teithiodd** ar hyd a lled yr ymerodraeth Rufeinig, gan **bregethu**'r newyddion da, **sefydlu** eglwysi, **dioddef** erledigaeth a charchar, a **dadlau** ag athronwyr . . . ac yn ei amser hamdden, **ysgrifennodd lawer iawn o'r llythyrau** sy'n llenwi cyfran helaeth o'r Testament Newydd.

Yn ôl llyfr a ysgrifennwyd yn yr ail ganrif OC, roedd Paul yn 'ddyn bychan o gorffolaeth, gyda phen moel a choesau crwca; roedd ganddo gorff da, ei aeliau'n cyffwrdd â'i gilydd, a thrwyn cam; ar adegau edrychai fel dyn, a bryd arall roedd ganddo wyneb fel angel.'

> *Ond doedd Paul ddim yn un o'r 12 disgybl gwreiddiol. Sut daeth e i mewn i'r stori?*

Portread o Paul o'r cyfnod cynharaf.

Ym mhenodau cyntaf llyfr yr Actau, roedd **Saul** (a rhoi iddo ei enw cyn-Gristnogol) yn **wrthwynebydd ffyrnig** i'r Cristnogion cynharaf.

Pharisead oedd e, a rhoddwyd awdurdod iddo gan y sefydliad crefyddol yn Jerwsalem i chwilio am Gristnogion a'u harestio; pleidleisiodd hefyd dros roi rhai ohonyn nhw i farwolaeth (adroddir ei hanes yn Actau 26:9–11). Roedd ei erledigaeth o Gristnogion yn **obsesiynol**. Ond newidiodd y cyfan yn Actau 9, pan gafodd Paul brofiad unigryw ar y **ffordd i Ddamascus**.

Tra oedd Paul ar y ffordd i **Ddamascus** ar un arall eto fyth o'i deithiau i erlid Cristnogion, a'u difa, fe gafodd – yn ei eiriau ei hun – **weledigaeth nefolaidd** o'r Iesu atgyfodedig. Yn y weledigaeth, lle cafodd ei daflu i'r ddaear a'i ddallu, gofynnodd **Iesu** gwestiwn syml iddo . . .

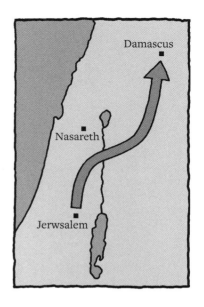

Newidiwyd Saul am byth gan y profiad hwn. Cafodd ei **fedyddio**, ac yn union wedyn dechreuodd **bregethu** yn synagogau Damascus, gan ddatgan mai Iesu oedd Mab Duw. Effeithiodd y digwyddiad ar Paul mewn **tair ffordd** . . .

Saul? Saul? Pam wyt ti'n fy erlid i?

Actau 9:4

Roedd yn gwbl argyhoeddedig ei fod wedi **cwrdd â Iesu**, a oedd wedi atgyfodi o farw'n fyw. Yn union fel roedd Iesu wedi ymddangos i Pedr, Ioan a'r gweddill, felly hefyd roedd wedi ymddangos i Paul.

Yn yr un modd ag yr oedd profiad Paul yn debyg i brofiad y disgyblion, hawliodd hefyd yr un statws â nhw: roedd yntau'n apostol, er ei fod yn hwyr yn cyrraedd y parti (darllenwch ei eiriau yn 1 Corinthiaid 15:3–11).

Dywedodd Paul mai **apostol i'r cenedl-ddynion** (rhai nad oeddent yn Iddewon) oedd ei alwad; cyflawnodd yr alwad honno mewn modd rhyfeddol trwy ei deithiau i'r gwledydd a elwir bellach yn Groeg a Thwrci.

Mae Paul wastad wedi bod yn gymeriad **dadleuol**. **Syndod a drwgdybiaeth** oedd yr ymateb cychwynnol i'w dröedigaeth, a daeth yn dipyn o **seléb** ymhlith y Cristnogion cyntaf . . .

Mae'r dyn oedd yn ein herlid ni wedi dod i gredu! Mae'n cyhoeddi'r newyddion da roedd e'n ceisio ei ddinistrio o'r blaen!

Galatiaid 1:23

LLYTHYRAU

Yn yr adran hon o'r Beibl, cawn gyfle i fusnesu yn **llythyrau**'r eglwys fore . . . 21 ohonyn nhw, rhai'n **bersonol** a rhai wedi'u bwriadu i fod yn **gyhoeddus**. Ysgrifennwyd y rhan fwyaf gan **Paul neu ei ddilynwyr**, a dangosir nhw ar y dde.

Mae **Hebreaid** yn cymharu Iesu â chrefydd yr Hen Destament

Mae **Iago'n** sôn am fyw bywyd ymarferol, Cristnogol

Mae **1 Pedr** yn annog Cristnogion sy'n cael eu herlid

Mae **2 Pedr** yn rhybuddio yn erbyn athrawon gau

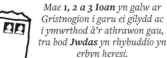

Mae **1, 2 a 3 Ioan** yn galw ar Gristnogion i garu ei gilydd ac i ymwrthod â'r athrawon gau, tra bod **Jwdas** yn rhybuddio yn erbyn heresi.

Mae **Rhufeiniaid** yn esbonio gwaith Iesu'n cynnig iachawdwriaeth rhag pechod.

Ysgrifennwyd **1 a 2 Corinthiaid** at eglwys gynhennus

Mae **Philipiaid** yn gweld Iesu fel gwas, a **Colosiaid** yn pwysleisio'i dduwioldeb

Mae **Galatiaid** yn ymdrin â ffydd, cyfraith a rhyddid, ac **Effesiaid** yn cyflwyno darlun mawr o gynllun Duw

Mae **1 a 2 Timotheus** yn rhoi cyngor i Timotheus, prentis Paul

Mae **1 a 2 Thesaloniaid** yn cyflwyno syniadau lliwgar am yr ail ddyfodiad

Mae **Titus** yn trafod sut i redeg yr eglwys, a **Philemon** yn ymdrin â phroblem caethwas ar ffo

CYFLWYNIAD

Mae llythyrau'r eglwys fore, 21 ohonyn nhw, yn cyfrif am fwy na **thraean** o gynnwys y Testament Newydd. Ysgrifennwyd hwy at unigolion a grwpiau o bobl yn y **blynyddoedd cynnar** yn dilyn marwolaeth Iesu. Mae rhai'n faith ac yn gymhleth, ac eraill yn fyr ac uniongyrchol. Mewn gwirionedd, gellid ysgrifennu un ohonyn nhw ar **gerdyn post** (gan ddefnyddio ysgrifen fân iawn!).

Beth oedd y rheswm dros eu sgrifennu?

Ysgrifennwyd y rhan fwyaf i gynnig atebion i rai o'r **problemau dyrys** a wynebai'r eglwysi ifanc. Maen nhw'n llawn manylion am bobl a sefyllfaoedd go iawn – ac yn dal yn berthnasol i ni heddiw.

Ysgrifennwyd hwy gan bobl oedd yn symud o le i le, a dyna pam eu bod yn aml yn **ddi-lol** ac **ymarferol**. Lluniwyd hwy am nifer o resymau, er enghraifft:

- gwrthwynebu **syniadau cyfeiliornus** (Galatiaid, Colosiaid)
- mynd i'r afael ag **argyfyngau** yn yr eglwysi (1 a 2 Corinthiaid)
- esbonio **dysgeidiaeth** bwysig (Rhufeiniaid, Hebreaid)
- annog Cristnogion oedd **dan bwysau** (1 Pedr)
- gwneud **apêl bersonol** (Philemon, 3 Ioan)

1 AF

Y llythyrau oedd y rhannau cyntaf o'r Testament Newydd i gael eu hysgrifennu. Tybir mai 1 Thesaloniaid, a luniwyd gan Paul at eglwys yng ngogledd Groeg, oedd y cynharaf un.

Ysgrifennwyd ef tua 50 OC, rhyw 20 mlynedd ar ôl croeshoelio Iesu. Roedd hyn tua 20 mlynedd cyn Marc, y gyntaf o'r pedair Efengyl.

Hmm . . . mae'n debyg taw rhyw fachan o'r enw Paul ysgrifennodd y rhan fwyaf o'r rhain . . .

Ar ôl Iesu ei hun, Paul yw **ffigur mwyaf allweddol** y Testament Newydd. Doedd e ddim yn un o'r 12 disgybl; mewn gwirionedd, ar un adeg fe wnaeth ei orau glas i **ddinistrio**'r ffydd Gristnogol – dechrau anffodus, felly! Ond cafodd **dröedigaeth ddramatig** (gweler tudalen 213) a gwneud enw iddo'i hun fel **apostol y Cenedl-ddynion**, gan deithio ledled byd Canoldirol ei gyfnod.

Am restr o lythyrau heb gysylltiad â Paul, ewch i golofn chwith tudalen 215 . . .

Y FFORDD YMA

Arloeswr uchelgeisiol oedd Paul. Trwy ei deithiau (i'r tiroedd sydd bellach yn cynnwys Twrci, Groeg, Yr Eidal a Sbaen), llwyddodd i sefydlu eglwysi mewn mannau lle na fyddai dilynwyr eraill Iesu erioed wedi'u dychmygu. Roedd y **13 llythyr** sy'n dwyn ei enw yn cynnig achubiaeth i'r eglwysi cynnar hynny oedd yn brwydro i dyfu mewn byd gelyniaethus. Maen nhw'n rhannu'n **bedwar categori** . . .

POST CYNTAF

1 + 2 THESALONIAID

Llythyrau at un o'r eglwysi cyntaf i Paul ei sefydlu

PRIF BOST

RHUFEINIAID 1 + 2 CORINTHIAID GALATIAID

Deunydd trwm, aeddfed Paul yn llawn o themâu pwysig

POST CARCHAR

EFFESIAID PHILIPIAID COLOSIAID PHILEMON

Anfonwyd y rhain o'r carchar – yn Rhufain, mae'n debyg

POST OLAF

1 + 2 TIMOTHEUS TITUS

Mae'r llythyrau olaf hyn yn adrodd profiadau Paul ar ddiwedd ei fywyd

RHUFEINIAID

Rhufeiniaid yw un o **brif lyfrau'r** Beibl, a'r hiraf o holl lythyrau Paul. Ynddo mae'n mynd at galon y ffydd Gristnogol, gan esbonio **pam y bu Iesu farw**, a beth yw ystyr ei farwolaeth a'i atgyfodiad.

Ysgrifennwyd y llythyr tua **55 OC**, pan oedd Paul yn aros yng **Nghorinth**. Bu'n awyddus ers tro i ymweld â Christnogion Rhufain, a phan ysgrifennodd y llythyr hwn roedd yn obeithiol y byddai, o'r diwedd, yn gallu teithio yno i'w gweld.

Pam yr ysgrifennodd Paul y llythyr?

Felly..?

Ysgrifennodd Paul i'w **gyflwyno**'i hun a'i neges. Yr hyn a gynhyrchodd oedd **datganiad** cynhwysfawr a manwl o'r **efengyl** fel roedd e'n ei phregethu – rhywbeth na wnaeth mewn unrhyw lythyr arall. Mae Rhufeiniaid, felly, yn fath o **lawlyfr** ynghylch iachawdwriaeth a'r bywyd Cristnogol, ac yn destun hanfodol i'w ddarllen.

Dyw Rhufeiniaid ddim yn destun hawdd ei ddarllen. Mae Paul yn mynd i'r afael â themâu mawr, ac yn datblygu ei **ddadleuon cymhleth** dros sawl pennod, gan gyfeirio'n aml at yr **Hen Destament**. Dyma'n fras drywydd ei feddwl yn hanner cyntaf pwysig y llythyr . . .

Dros dair pennod ddeifiol (Rhufeiniaid 1:18 hyd at 3:20), mae Paul yn ymosod ar **fethiannau a drygioni**'r hil ddynol sydd, yn ei eiriau ef, 'yn gyforiog o bob math o anghyfiawnder a drygioni a thrachwant ac anfadwaith'. Daw Paul i'r casgliad fod pawb yn **bechaduriaid**, ac yn y sefyllfa ofnadwy o fod dan **farn gyfiawn Duw**.

Yn erbyn y gefnlen dywyll hon, mae Paul yn dechrau cyhoeddi ei efengyl (Rhufeiniaid 3:21 hyd ddiwedd Rhufeiniaid 5). Dywed fod **marwolaeth Iesu** wedi newid popeth. Er ein bod yn haeddu derbyn barn Duw am ein pechodau, mae Iesu'n ei **derbyn yn ein lle** trwy farw ar y groes. Pan roddwn ein ffydd ynddo ef, cawn **ein gwneud yn gyfiawn** o flaen Duw. 'Oherwydd y mae Crist eisoes, yn yr amser priodol, a ninnau'n ddiymadferth, wedi marw dros yr annuwiol,' meddai Paul.

Mae cael maddeuant Duw yn ein rhyddhau ni ar gyfer **ffordd newydd o fyw** (Rhufeiniaid 6–8). 'Felly, yr ydych chwithau i'ch cyfrif eich hunain fel rhai sy'n farw i bechod, ond sy'n fyw i Dduw, yng Nghrist Iesu,' meddai Paul. Er ein bod yn dal i orfod gweithio'n galed i wrthod pechod, mae'r **Ysbryd** yn byw o'n mewn, gan roi'r grym i ni orchfygu pechod a byw fel meibion a merched i Dduw.

Yn ail hanner Rhufeiniaid, mae Paul yn ymdrin â phroblem Israel (Rhufeiniaid 9–11) ac yn trafod problemau ymarferol.

PAUL

Y TEITHIWR

Ni allai Paul fod wedi dewis **amser gwell**, yn yr hen fyd, i fynd ar ei deithiau hir a niferus. Roedd nifer o ffactorau'n gwneud teithio yn y byd Rhufeinig yn gymharol hawdd. I ddechrau, roedd yr ymerodraeth gyfan mewn cyfnod o **heddwch**. Roedd **ffiniau**'n hawdd eu croesi. Doedd dim **môr-ladron** yn hwylio'r moroedd. Ac roedd y **ffyrdd Rhufeinig** yn syth, yn gyflym, ac yn arwain fwy neu lai i bobman.

Sut brofiad oedd teithio bryd hynny?

Pan oedd Paul a'i gyd-deithwyr **ar y ffordd**, âi pob math o drafnidiaeth heibio iddyn nhw – cerbydau rhyfel yn cario'r post ymerodrol, coetsys yn cario teithwyr, a cherbydau cain yn cario'r cyfoethogion. Mae'n debyg mai **ar droed** neu ar gefn **asyn** y byddai Paul yn teithio, gan anelu at gwblhau rhyw 20 milltir (32 km) bob dydd.

Gallai teithio fod yn brofiad anghyffforddus iawn. Anaml y byddai Paul yn cwyno, ond dyma oedd ganddo i'w ddweud ar un achlysur . . .

> Yn ystod yr holl deithio dw i wedi bod mewn peryg gan afonydd, gan ladron... a mynd heb fwyd yn aml; dw i wedi dioddef o oerfel ac wedi bod heb ddillad.
>
> *2 Corinthiaid 11:26–27*

Ble roedden nhw'n cysgu'r nos?

Gwneuthurwr pebyll oedd Paul wrth ei grefft (Actau 18:3), felly mae'n bosib ei fod yn ymuno â'r nifer fawr o bobl oedd yn gwersylla dros nos ar ochr y ffordd.

Roedd Paul hefyd yn teithio ar y **môr**, a hynny fel arfer rhwng Mehefin a Medi pan oedd hwylio'n fwy diogel. Hanes **ei longddryll**iad yn Actau 27, ar fordaith ym mis Hydref, yw un o'r adroddiadau mwyaf cyffrous sydd gennym am ddigwyddiad o'r fath yn yr hen fyd.

PWY YSGRIFENNODD BETH?

Mae'n gwbl **bosibl** – a hyd yn oed yn **debygol** – fod nifer o lythyrau'r Testament Newydd yn waith rhywun heblaw'r awduron a enwir. Er enghraifft, mae llawer o arbenigwyr o'r farn mai **pobl eraill** a ysgrifennodd rai o lythyrau **Paul**, gan fod yr arddull a'r iaith a ddefnyddir yn wahanol iawn i'r rhai sy'n amlwg wedi eu hysgrifennu ganddo ef.

Mae'r un broblem yn codi gyda llyfrau eraill yn y Beibl. Ysgrifennwyd **Eseia** (tudalen 114) gan fwy nag un awdur, ac mae nifer o arbenigwyr o'r farn fod **Sechareia** (tudalen 137) wedi cael ei ysgrifennu dros gyfnod o bron i 200 mlynedd.

Pwy sgrifennodd yr holl lythyrau 'na?

O diar! Trueni dy fod wedi gofyn hynna!

Os nad Paul neu Pedr oedd awduron rhai o lythyrau'r Testament Newydd, mae'n bosibl mai rhai o'u **dilynwyr** oedd yn gyfrifol, a'u bod yn **dwyn i gof** yr hyn roedd eu harweinwyr wedi'i **ddysgu** iddyn nhw flynyddoedd yn gynharach. Neu efallai eu bod yn defnyddio darnau o **lythyrau dilys** heb eu cyhoeddi.

Ond hyd yn oed os mai dyna sut y cawson nhw eu hysgrifennu, os oeddent wedi'u hystumio i ymddangos fel llythyrau dilys yr apostolion, gellir eu cyhuddo o ryw lefel o **dwyll neu ffugio**. Dyna pam mae'r arbenigwyr beiblaidd mwy ceidwadol mor gryf eu hamddiffyniad o **awduraeth ddilys** y llythyrau dadleuol.

Ond, yn aml iawn, mae'r llythyrau'n agor gydag adnod yn dweud eu bod oddi wrth Paul neu Pedr. Dydy hynny ddim yn broblem?

I weld pa rai o'r llythyrau a allai fod wedi cael eu hysgrifennu dan enw arall, edrychwch ar y cyflwyniad i'r llythyrau unigol.

Yr Eglwys, Effesus

Creta

1 CORINTHIAID

Llythyr yw 1 Cornithiaid a ysgrifennwyd gan Paul at yr eglwys **fwyaf cythryblus** yng nghyfnod y Testament Newydd. Câi'r eglwys ei rhwygo gan **ddadleuon ffyrnig**, **anfoesoldeb** a **charfanau cwerylgar**. Roedd y sefyllfa bron allan o reolaeth, a bwriad Paul wrth anfon pedwar o lythyrau atynt oedd ceisio tawelu'r dyfroedd.

GROEG

Athen

Corinth

Tua diwedd 50 neu ddechrau 51 OC, **glaniodd Paul yng Nghorinth** – y Cristion cyntaf erioed, mae'n debyg, i ymweld â'r ddinas. Arhosodd am **18 mis**, a sefydlu eglwys yno. Mae Actau 18:1–17 yn rhoi adroddiad manwl o'r ymweliad.

> Ond pam yr arhosodd e mor hir?

Oherwydd mai Corinth oedd un o **brif ddinasoedd** yr ymerodraeth Rufeinig. Gan fod y prif lwybrau masnach o'r dwyrain i'r gorllewin yn mynd drwyddi, roedd y ddinas bob amser yn **llawn o bobl** yn teithio o le i le. Roedd hefyd yn fan naturiol i bobl fusnes flinedig aros am ychydig i ymlacio – ac o ganlyniad roedd Corinth yn ddrwgenwog am ei **safonau moesol llac**. Cymerodd Paul ei amser i sefydlu eglwys yno, er mwyn sicrhau ei fod yn ei diogelu rhag **pwysau a themtasiynau**'r ddinas. Ond gwnaeth hynny hefyd am ei fod yn gwybod y gallai dinas fasnachol fawr fel Corinth fod yn lleoliad strategol ar gyfer **lledaenu'r** neges Gristnogol.

Yn anffodus, er gwaethaf paratoadau gofalus Paul, **buan iawn** y datblygodd yr eglwys ifanc **broblemau difrifol**, ac anfonodd Paul lythyr atyn nhw (cyn cyfnod 1 Corinthiaid). Dyw'r llythyr hwn ddim yn bodoli bellach, ond gan iddo gael ei ysgrifennu cyn 1 Corinthiaid, fe'i galwn yn **0 Corinthiaid**. Mae Paul yn crybwyll y **llythyr coll** hwn yn 1 Corinthiaid . . .

Dw i wedi dweud wrthoch chi yn y llythyr ysgrifennais i o'r blaen i beidio cael dim i'w wneud gyda phobl sy'n anfoesol yn rhywiol.

1 Corinthiaid 5:9

Ar ôl i Paul anfon 0 Corinthiaid, digwyddodd **dau beth** . . .

1 Aeth nifer fechan o bobl o Gorinth i **Effesus**, lle roedd Paul yn aros (gweler 1 Corinthiaid 1:11). Roedd ganddyn nhw **newyddion drwg** am yr eglwys . . .

- Roedd **grwpiau cynhennus** yn datblygu
- Roedd dyn wedi priodi ei **lysfam** weddw
- Roedd Cristnogion yn mynd â'i gilydd **i'r llys**
- Roedd eu cyfarfodydd wedi troi'n **wleddoedd meddw**, tra bod Cristnogion tlotach yn llwgu

2 Bron yr un pryd yn union, cyrhaeddodd **llythyr** oddi wrth y Corinthiaid (gweler 1 Corinthiaid 7:1). Roedd y llythyr (nad yw wedi goroesi) yn **llawn o gwestiynau** ac yn gofyn i Paul am gyngor . . .

POST MÔR
Yr 'Apostol' Paul
Ger Neuadd Tyranus
EFFESUS

1. Sut dylai Cristnogion ddelio â **phriodas, rhyw** ac **ysgariad**?
2. A ddylid **bwyta cig** a ddefnyddiwyd mewn addoliad paganaidd?
3. Sut dylai **merched wisgo**? Ac a ddylid caniatáu iddyn nhw fod yn **arweinwyr** yn yr eglwys?
4. Beth am **roddion** gan yr Ysbryd Glân?
5. Beth yw ystyr yr **atgyfodiad**? Does bosib y caiff y meirwon eu codi o farw'n fyw?

TUD. NESAF →

Tybed allech chi ddweud yn union beth sy yn 1 Corinthiaid?

O'r gore . . . dyma beth wnaeth Paul. Ysgrifennodd **ail lythyr** atyn nhw – yr un rydyn ni'n ei alw'n 1 Corinthiaid.

Agorodd Paul ei lythyr (**penodau 1–6**) â'r adroddiad a dderbyniodd gan y criw bychan ddaeth i'w weld yn Effesus. Defnyddiodd iaith gref, yn cynnwys **gwawd** a **choegni**, i dynnu sylw at y perygl ofnadwy roedden nhw ynddo.

er enghraifft

Dyma chi eisoes wedi cael eich gwala; eisoes wedi dod yn gyfoethog; wedi etifeddu eich teyrnas, a hynny hebom ni!

1 Corinthiaid 4:8

Yna, o ddechrau **pennod 7**, mae Paul yn ceisio ateb y cwestiynau oedd yn y llythyr a anfonodd y Corinthiaid ato, gan ddelio â **phriodas, bwyd wedi'i aberthu i eilunod, rhoddion ysbrydol, swper yr Arglwydd**, a materion eraill.

Mae 1 Corinthiaid, a ysgrifennwyd yng ngwres sefyllfa anodd, yn amhrisiadwy o ran y ddysgeidiaeth mae'n ei chyflwyno. Mae'n **adnabyddus** am dair rhan enwog:

■ Pennod 11 (cyfarwyddiadau ar gyfer **swper yr Arglwydd**)
■ Pennod 13 (ar bwysigrwydd **cariad**)
■ Pennod 15 (ar yr **atgyfodiad**)

A beth oedd canlyniad hyn oll?

Doedd y Corinthiaid ddim yn ddiolchgar o gwbl i Paul am ei lythyr, a phur swta oedd eu hymateb iddo. Darllenwch ymlaen i barhau'r hanes . . .

2 CORINTHIAID

Ail lythyr Paul at y Cristnogion yng Nghorinth, Groeg, yw'r **bennod olaf** mewn stori hir. I ddechrau o'r dechrau, trowch yn ôl i dudalen 222 a chychwyn o **1 Corinthiaid**.

Beth ddigwyddodd nesaf, felly?

Derbyniad gwael iawn gafodd 1 Corinthiaid pan gyrhaeddodd Corinth. Felly, penderfynodd Paul dalu **ymweliad brys** – gan hwylio 300 milltir ar draws y Môr Egeaidd. Roedd wedi gobeithio datrys y problemau trwy siarad â'r Corinthiaid **wyneb yn wyneb**, ond roedd yr awyrgylch yn annifyr a methiant llwyr fu'r ymweliad. Roedd y cweryla a'r rhaniadau yn yr eglwys **cyn waethed ag erioed**.

Felly, ysgrifennodd Paul lythyr **arall** – ond nid oes unrhyw gopïau wedi goroesi. Ysgrifennwyd hwn rhwng 1 a 2 Corinthiaid, felly gallwn ei alw'n **1-a-hanner Corinthiaid**. Gelwir hwn yn aml yn 'llythyr llym' Paul (gweler 2 Corinthiaid 2:4), a gobaith yr awdur oedd y byddai ei eiriau diflewyn-ar-dafod yn dod â'r Corinthiaid at eu coed. **Titus**, un o weision ffyddlon Paul, gafodd y dasg o fynd â'r llythyr tyngedfennol hwn i Gorinth.

BRYS MAWR!
Y Cristnogion
22 Sgwâr Affroditi
CORINTH

Y diweddglo...

Roedd Paul ar bigau drain wrth aros am ymateb y Cornithiaid i'w lythyr . . . ac o'r diwedd, ar ôl iddo anfon tri llythyr, derbyniodd y **newyddion da** y bu'n gobeithio amdano. Roedden nhw wedi cymryd sylw o gynnwys ei lythyr llym ac wedi newid eu harferion (darllenwch yr hanes yn 2 Corinthiaid 7:5–16).

Y llythyr rydyn ni'n ei alw'n 2 Corinthiaid yw **ymateb gorfoleddus** Paul i'r newyddion. Hwn yw un o'i lythyrau mwyaf **personol**, ac mae'n datgelu llawer am ei deimladau wrth iddo brofi amheuaeth a siom, ac – yn y diwedd – llwyddiant ysgubol yn ei ymwneud â Christnogion Corinth.

PAUL

YN CYRRAEDD EWROP

Parhaodd ail daith Paul (a'r bwysicaf) i sefydlu eglwysi am **dair blynedd**, rhwng tua 49–52 oc. Teithiodd Paul gyda **Silas**, ac ymunodd **Timotheus** a **Luc** â nhw'n ddiweddarach.

Y bwriad oedd **ailymweld â'r eglwysi** a sefydlwyd gan Paul flwyddyn ynghynt, yn nhalaith Rufeinig **Galatia** (gogledd Twrci heddiw), ond daeth eu taith i ben yn **Nhroas**, tref fwyaf gorllewinol Asia Leiaf. Yno, un noson, cafodd Paul **weledigaeth** o Roegwr yn ymbil arno . . .

> Tyrd draw i Facedonia i'n helpu ni!
>
> Actau 16:9

. . . a dyna sut y cyrhaeddodd y ffydd Gristnogol **Ewrop** am y tro cyntaf.

Dilynwch y paragraffau wedi'u rhifo ar y map i ddilyn taith Paul a'i ffrindiau drwy Dwrci a Groeg.

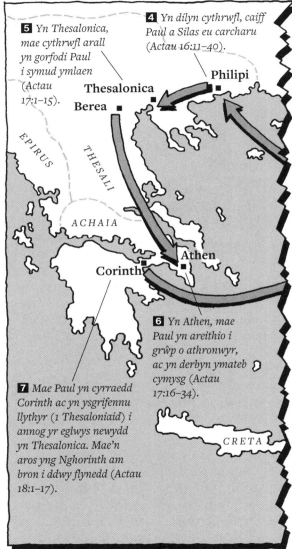

5 Yn Thesalonica, mae cythrwfl arall yn gorfodi Paul i symud ymlaen (Actau 17:1–15).

4 Yn dilyn cythrwfl, caiff Paul a Silas eu carcharu (Actau 16:11–40).

Philipi

Thesalonica

Berea

EPIRUS

THESALI

ACHAIA

Athen

Corinth

6 Yn Athen, mae Paul yn areithio i grŵp o athronwyr, ac yn derbyn ymateb cymysg (Actau 17:16–34).

7 Mae Paul yn cyrraedd Corinth ac yn ysgrifennu llythyr (1 Thesaloniaid) i annog yr eglwys newydd yn Thesalonica. Mae'n aros yng Nghorinth am bron i ddwy flynedd (Actau 18:1–17).

CRETA

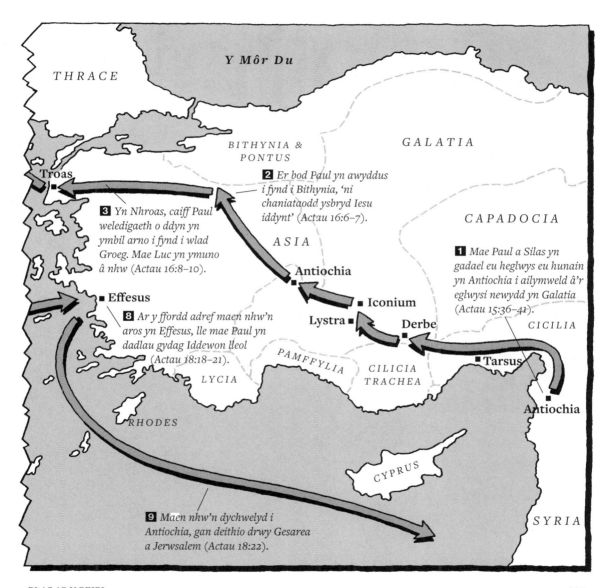

Y Môr Du

THRACE

BITHYNIA & PONTUS

GALATIA

Troas

2 *Er bod Paul yn awyddus i fynd i Bithynia, 'ni chaniataodd ysbryd Iesu iddynt' (Actau 16:6–7).*

3 *Yn Nhroas, caiff Paul weledigaeth o ddyn yn ymbil arno i fynd i wlad Groeg. Mae Luc yn ymuno â nhw (Actau 16:8–10).*

ASIA

CAPADOCIA

1 *Mae Paul a Silas yn gadael eu heglwys eu hunain yn Antiochia i ailymweld â'r eglwysi newydd yn Galatia (Actau 15:36–41).*

Antiochia

Effesus

8 *Ar y ffordd adref maen nhw'n aros yn Effesus, lle mae Paul yn dadlau gydag Iddewon lleol (Actau 18:18–21).*

Iconium

Lystra

Derbe

CICILIA

PAMFFYLIA

LYCIA

CILICIA TRACHEA

Tarsus

Antiochia

RHODES

CYPRUS

9 *Maen nhw'n dychwelyd i Antiochia, gan deithio drwy Gesarea a Jerwsalem (Actau 18:22).*

SYRIA

Galatiaid

Fel **1 a 2 Corinthiaid**, ysgrifennwyd llythyr Paul at y Galatiaid mewn ymateb i **gweryl**. Dechreuodd y cyfan ryw 13 mlynedd ar ôl dyddiau Iesu . . .

Cychwynnodd Paul ar ei **daith bregethu gyntaf**, gan fynd â'i ffrind Barnabas gydag e. Teithiodd y ddau i **Galatia**, gan bregethu mewn pedair tref, a ffurfiwyd grwpiau o Gristnogion yno (Actau 13–14). Deuai'r Cristnogion Galataidd yma o blith yr **Iddewon** a'r **Cenedl-ddynion**.

Talaith Rufeinig oedd Galatia, yn nwyrain Twrci ein dyddiau ni.

Pam yr arweiniodd hynny at gweryl?

Oherwydd mai'r cwestiwn beth i'w wneud â'r Cenedl-ddynion yn troi'n Gristnogion oedd **prif broblem** yr eglwys fore. Roedd y Cristnogion cynharaf yn rhanedig iawn ar y mater. Dyma **ddwy ochr y ddadl** . . .

Mae Duw'n trin pawb yr un fath – boed yn Iddewon neu beidio. Mae e am i bawb dderbyn bywyd newydd trwy eu ffydd yn Iesu.

Dyma'r neges a bregethwyd gan Paul

Ond cododd rhai credinwyr o sect y Phariseaid, a dweud, 'Rhaid i bobl o genhedloedd eraill sy'n dod i gredu ufuddhau i Gyfraith Moses a chadw'r ddefod o enwaedu.'

Dyma'r hyn roedd un grŵp yn ei fynnu – gweler Actau 15:5

Roedd y ddadl hon yn mynd at graidd y ffydd newydd – a fwriadwyd hi ar gyfer Iddewon yn unig, neu ar gyfer pobl o **bob hil**? Oedd modd i bobl gael eu hachub yn unig trwy **gredu yn Iesu**, neu a oedd angen ufuddhau i Gyfraith Moses hefyd?

Yr hyn a **sbardunodd** Paul i ysgrifennu ei lythyr oedd iddo glywed fod 'plaid yr enwaediad' (Galatiaid 2:12) wedi ymweld â'r Galatiaid. Roedden nhw, yn gwbl ddiseremoni, wedi gorfodi'r Gyfraith ar y Galatiaid, eu gorfodi i gael eu **henwaedu**, i beidio â bwyta cig **mochyn**, i gadw'r **Saboth** ac ati. Roedd Paul yn gynddeiriog.

Dyma, yn sylfaenol, sut yr aeth i'r afael â'r mater . . .

Dyw'r Gyfraith ddim yn gweithio – *does dim pwynt ceisio plesio Duw trwy gadw holl gyfreithiau'r Hen Destament. Allai neb fyth wneud hynny! Dyna pam y daeth Iesu i'r byd – i agor ffordd newydd at Dduw. Mae glynu at yr hen gyfreithiau fel dull o wneud popeth yn iawn gyda Duw 'run fath yn union â dweud bod Iesu wedi marw'n ofer (Galatiaid 2:21).*

Y Gyfraith neu'r Ysbryd? – *mae Cristnogion yn derbyn eu nerth am fyw bywyd cyfiawn oddi wrth Ysbryd Duw. Peth twp yw cyfnewid nerth Duw am eich ewyllys wan eich hun er mwyn cadw'r Gyfraith. 'Y Galatiaid dwl!' meddai Paul (Galatiaid 3:1–3).*

Eich dewis: rhyddid neu gaethiwed – *daeth Iesu i ryddhau pobl o'r gaethiwed a ddaw yn sgil pechod ac euogrwydd, meddai Paul. Trwy ymostwng i'r Gyfraith, mae'r Galatiaid yn dod yn gaethweision eto. Dylent ddysgu sut i werthfawrogi eu rhyddid (Galatiaid 5:1).*

Rhyddid i fod yn dda – *tua diwedd y llythyr, mae Paul yn rhoi rhybudd. Ystyr rhyddid Cristnogol o'r Gyfraith yw rhyddid i wneud daioni, nid trwydded i ymddwyn yn wael. Dyma yw grym newyddion da Iesu. Mae'n rhoi nerth i bobl fyw yn ôl bwriad Duw (Galatiaid 5:13–15).*

Mae un o rannau mwyaf adnabyddus y llythyr i'w gweld yn Galatiaid 5:22–23, lle mae Paul yn disgrifio 'ffrwyth yr ysbryd', gan ddechrau trwy restru rhinweddau megis cariad, llawenydd a thangnefedd, a chloi gyda hunanddisgyblaeth.

EFFESIAID

Roedd **Effesus**, gyda'i **phorthladd prysur** a'i chysylltiadau â Chorinth a Rhufain, yn un o ddinasoedd pwysicaf yr hen fyd. Roedd ganddi ei duwies ei hun, sef Artemis, a'i theml bedair gwaith maint y Parthenon yn Athen. Gallai ei theatr eistedd hyd at 25,000 o bobl, ac roedd poblogaeth y ddinas dros 300,000.

Os oedd Paul yn Effesus cyn hired â hynny, mae'n rhaid ei fod yn adnabod y rhan fwyaf o'r Cristnogion yn bersonol. Eto, yn ei lythyr at yr Effesiaid, dyw e ddim yn crybwyll neb wrth ei enw. Pam, tybed?

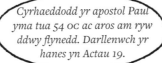

Cyrhaeddodd yr apostol Paul yma tua 54 OC ac aros am ryw ddwy flynedd. Darllenwch yr hanes yn Actau 19.

- Mae rhai arbenigwyr o'r farn **nad Paul oedd awdur** Effesiaid, a hynny'n rhannol oherwydd y diffyg cyfarchion personol (gweler tudalen 221).
- Mae eraill yn credu bod Effesiaid wedi'i ysgrifennu nid yn unig at yr eglwys yn Effesus, ond at **grŵp o eglwysi yn yr ardal**, a'i fod wedi'i drosglwyddo o un eglwys i'r llall (gweler Colosiaid 4:16).

Mae Paul (neu bwy bynnag oedd awdur y llythyr) yn agor trwy ddweud nad rhyw **ddigwyddiad digyswllt** yn hanes y byd oedd marwolaeth Iesu. Yn hytrach, roedd yn elfen allweddol yng **nghynllun mawr Duw** ar gyfer y greadigaeth gyfan (gweler Effesiaid 1). Drwy Iesu, mae Duw'n ein haduno ni â Duw ac â'n gilydd trwy faddau ein pechodau a'n rhyddhau ni i fod yn blant iddo. Dyma sut y mynegodd Paul y cynllun . . .

Mae'n mynd ymlaen i egluro ystyr hyn mewn tair ffordd.

> . . . i ddod â phopeth sy'n bodoli yn y nefoedd ac ar y ddaear at ei gilydd dan un pen, sef y Meseia.

Effesiaid 1:10

Undod newydd – mae marwolaeth Iesu'n aduno pobl â Duw ac â'i gilydd, gan ddymchwel y muriau sy'n rhannu pobl (Effesiaid 2:11–22). Trwy hyn daw Iddewon a Chenedl-ddynion yn un yng Nghrist (Effesiaid 4:1–16).

Bywyd newydd – mae'r gwahaniaeth rhwng byw gyda Duw a byw hebddo'n debyg i'r meirwon yn dod yn fyw unwaith eto (Effesiaid 2:1–10). Yn Effesiaid 4:17 – 5:20, mae Paul yn manylu ar y gwahaniaeth mae hyn yn ei wneud. Mae'n golygu torri i ffwrdd yn gyfan gwbl oddi wrth yr hen ffordd o fyw.

Perthynas newydd – mae'r ffordd newydd hon o fyw i'w gweld yn y berthynas rhwng pobl a'i gilydd. Rhaid i wŷr a gwragedd, rhieni a phlant, rheolwyr a gweithwyr i gyd ymwneud â'i gilydd mewn ffordd newydd (Effesiaid 5:21 – 6:9). 'Dylech fod yn atebol i'ch gilydd,' meddai Paul.

Mewn un rhan adnabyddus o'r Testament Newydd, caiff yr ymdrech i fyw yn y ffordd hon ei phortreadu fel **milwr Rhufeinig** yn gwisgo ar gyfer brwydr (Effesiaid 6:10 –20).

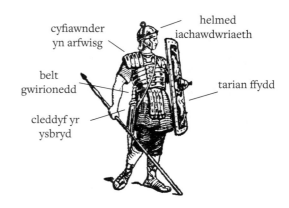

cyfiawnder yn arfwisg

helmed iachawdwriaeth

belt gwirionedd

tarian ffydd

cleddyf yr ysbryd

PHILPIAID

MACEDONIA

Thesalonica

Philipi

Neapolis

Y MÔR EGEAIDD

Mae Philipiaid yn un o bedwar llythyr a ysgrifennwyd o'r carchar . . .

Colosiaid

Philipiaid

Effesiaid

Yn draddodiadol, credir fod Paul wedi ysgrifennu'r llythyrau hyn o'r carchar yn Rhufain (Actau 28). Mae eraill, fodd bynnag, o'r farn eu bod wedi cael eu hysgrifennu yn ystod y ddwy flynedd a dreuliodd yng Nghesarea (Actau 24–26) neu o'r carchar yn Effesus. Ble bynnag roedd Paul pan ysgrifennodd y llythyrau hyn, roedd yn amlwg yn sylweddoli bod ei ddienyddiad yn agos iawn.

Roedd cysylltiad Paul â'r Philipiaid yn **mynd yn ôl ymhell** – i 50 OC, mewn gwirionedd, pan oedd Paul ar ei ail daith genhadu.

Doedd e ddim wedi bwriadu mynd i Philipi (prif ddinas Macedonia) ond, un noson, cafodd **weledigaeth** lle ymddangosodd Groegwr ac ymbil arno . . .

Tyrd draw i Facedonia i'n helpu ni!

Actau 16:9

Cofnodir cyfnod **cythryblus** Paul yn Philipi yn Actau 16, ac mae'n destun dramatig. Ffurfiodd **berthynas agos** â'r eglwys newydd, yn enwedig pan fu'r aelodau o help mawr iddo mewn cyfnod anodd. Darllenwch yr hanes yn Philipiaid 4:15–16.

BLAS AR Y BEIBL

Pam, felly, yr ysgrifennodd at y Philipiaid?

Am **nifer o resymau** . . .

Nodyn i mi: cofio anfon gair at y Philipiaid . . .

1. i ddiolch yn fawr am yr anrhegion ges i ganddyn nhw

2. i ddweud sut le yw'r carchar – dyw e ddim mor wael â hynny!

3. i'w rhybuddio ynghylch y dadleuon maen nhw wedi'u cael

4. i'w rhybuddio ynghylch pa mor beryglus yw'r Hebrewyr (fel y gwnes i gyda'r Galatiaid)

5. i ddweud mod i'n gobeithio'u gweld yn fuan

Oes unrhyw rannau arbennig i edrych allan amdanyn nhw?

Wel, mae'r cyfan yn bur arbennig, ond dyma dair rhan . . .

1

Philipiaid 1:20–26 – mae Paul rhwng dau feddwl; ydy e'n dymuno marw (er mwyn bod gyda Iesu), neu ydy e am barhau â'r gwaith a roddodd Duw iddo ei wneud yn y byd hwn?

2

Philipiaid 2:6–11 – mae Paul yn dyfynnu geiriau cân (a gyfansoddwyd ganddo ef neu rywun arall o blith y Cristnogion cynnar). Mae'r gân yn ddisgrifiad syml, ond gwych, o ddarostyngiad a gorfoledd Iesu.

3

Philipiaid 3:1–11 – mae Paul yn ymosod ar yr athrawon sydd am i Gristnogion ufuddhau i gyfreithiau Iddewig. Mae'n ystyried ei fagwraeth Iddewig gaeth ei hun fel 'sbwriel' o'i chymharu ag adnabod Iesu Grist.

Er gwaetha'r ffaith fod Paul yn ysgrifennu o gell lle gallai wynebu ei farwolaeth ei hun, prif elfen ei lythyr yw llawenydd. Mae'n galw ar ei ddarllenwyr i gyd-lawenhau . . .

Byddwch yn llawen bob amser am eich bod yn perthyn i'r Arglwydd. Dw i'n dweud eto: Byddwch yn llawen!

Philipiaid 4:4

COLOSIAID

Er bod Colosiaid yn **llythyr pwysig** yn y Testament Newydd, mae'r arbenigwyr yn dadlau p'un ai Paul neu rywun arall oedd yr awdur (gweler tudalen 221). Gan roi'r mater hwnnw o'r neilltu am y tro, dyma gynnwys y llythyr.

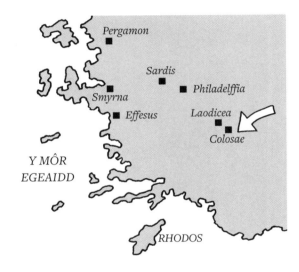

Pergamon

Sardis

Philadelffia

Smyrna

Effesus

Laodicea

Colosae

Y MÔR EGEAIDD

RHODOS

Fel hyn y digwyddodd pethau . . .

Mae Paul **yn y carchar** yn Rhufain yn aros ei brawf. Un diwrnod, mae **Epaffras** – dyn a gafodd droëdigaeth drwy Paul, ac sydd bellach yn athro yn eglwys Colosae – yn cyrraedd Rhufain gan ddod â **newyddion da** a **newyddion drwg** i Paul . . .

Beth oedd y newyddion da?

A'r drwg?

Mae'r eglwys yng Ngholosae yn **gryf** a **sefydlog**.

Mae nifer o **gamsyniadau** wedi digwydd, a dyna pam y teithiodd Epaffras 600 milltir i weld Paul; y rhain yw'r ysgogiad dros anfon y llythyr at y Colosiaid.

Dyma, yn gryno, gynnwys **adroddiad gwael** Epaffras . . .

1. Mae rhai athrawon yn honni bod ganddynt **wybodaeth gyfrinachol** am iachawdwriaeth sy'n **well** na dysgeidiaeth Paul.

2. Mae rhai athrawon hefyd am weld Cristnogion yn mabwysiadu arferion Iddewig, megis **enwaediad**, a dilyn cyfreithiau hynafol ynghylch **bwyd** ac ati.

3. Mae eraill yn rhoi mwy o bwyslais ar bŵer **byd ysbrydion** nag ar bŵer Iesu.

Beth oedd **ymateb** yr awdur? Mae'n gweld y ddysgeidiaeth hon fel ymosodiad ar y lle canolog sydd i Iesu Grist yn iachawdwriaeth yr hil ddynol. Mae'n gwrth-ymosod trwy gyflwyno'i destun llawnaf erioed ar **pwy yw Iesu a'r hyn a gyflawnodd**. Gwelir hwn yn Colosiaid 1:15–20, ac mae'n cynnwys y datganiadau isod ynglŷn â chredu yn Iesu Grist . . .

Mae'n dangos yn union sut un ydy'r Duw anweledig . . .

Cafodd popeth ei greu ganddo fe . . .

. . . y cyntaf i ddod yn ôl yn fyw . . .

. . . yn cymodi popeth ag e'i hun drwyddo . . .

. . . roedd Duw yn gyfan gwbl wedi dewis byw ynddo . . .

Yn ddiweddarach, daeth y geiriau hyn o Colosiaid yn destun allweddol i'r eglwys wrth iddi lunio'i hathrawiaeth ynghylch person Iesu Grist.

Mae enw diddorol i'w weld tua diwedd Colosiaid: roedd **Onesimus** yn un o'r Cristnogion oedd yn gyfrifol am gludo'r llythyr i Golosae. Caethwas ar ffo oedd e, a ddaeth yn ffrind i Paul, ac ef yw testun **llythyr Paul at Philemon** (tudalen 243).

1 THESALONIAID

Roedd Thesalonica'n ddinas bwysig yn nyddiau Paul, ac mae'n parhau felly hyd heddiw. Salonica yw ei henw bellach, ac mae ymwelwyr yn heidio yno ar wyliau. Erstalwm, safai'r ddinas ar un o'r priffyrdd mawr Rhufeinig a redai o'r dwyrain i'r gorllewin, ac roedd yn fan naturiol i Paul ymweld â hi.

> Pryd aeth Paul yno, felly?

Ysgrifennodd Paul ei lythyr am ddau brif reswm. I ddechrau, roedd yn awyddus i annog y Thesaloniaid. Mae naws gynnes i'w lythyr, ac mae'n llawn o fanylion personol sy'n dangos ei ofal a'i gonsýrn.

y Credinwyr
d/o Tŷ Jason
THESALONICA
Macedonia

Ysgrifennodd Paul hefyd er mwyn parhau ei ddysgeidiaeth o'r fan lle gorfodwyd ef i roi'r gorau iddi. Mae'r llythyr hwn yn bwysig oherwydd ei ddysgeidiaeth am ail ddyfodiad Iesu. Gweler 1 Thesaloniaid 4:13–18 am y rhan fwyaf adnabyddus.

Ar ei daith gyntaf i wlad Groeg, ymwelodd Paul â Thesalonica ar ôl iddo fod yn **Philipi** (Actau 17:1–9). Roedd neges Paul yn hollti ei wrandawyr, gyda rhai wedi eu llwyr **argyhoeddi**, ac eraill yn **ffieiddio** ati.

Oherwydd **ymddygiad treisgar** torfeydd o bobl, gorfodwyd Paul i adael y ddinas yn gynnar – cyn cael cyfle i gyflwyno i'r eglwys ifanc y ddysgeidiaeth sylfaenol y byddai arni ei hangen i oroesi mewn lle mor elyniaethus.

Aeth Paul yn ei flaen i Athen a Chorinth, ond aeth **Timotheus** (ei brentis) yn ôl i Thesalonica. Yn fuan, rhoddodd newyddion i Paul am yr eglwys yno, gan sbarduno'i feistr i ysgrifennu'r **llythyr hwn**.

Wyddech chi?

Mae'n debyg mai 1 Thesaloniaid oedd y llythyr cyntaf yn y Testament Newydd i Paul ei ysgrifennu. Os felly, mae'n bosibl mai hwn oedd y testun cyntaf un yn y Testament Newydd i'w nodi ar bapur.

Ysgrifennu llythyrau

Mae'n fwyaf tebyg nad awduron llythyrau'r Testament Newydd eu hunain oedd yn gyfrifol am eu hysgrifennu ar bapur. Yn hytrach, roedden nhw'n arddweud y cyfan wrth *amanuensis*, a hwnnw'n cofnodi'r geiriau.

... y mwya ohonyn nhw ydy ... ym ...

ffydd?

Nid rhyw **gopïwr di-nod** oedd yr *amanuensis*. Roedd hefyd yn helpu'r awdur i fynegi'r hyn oedd ganddo i'w ddweud. Yn Rhufeiniaid 16:22, mae'r ysgrifennydd ei hun yn ychwanegu'r nodyn hwn ...

> A finnau, Tertiws, sydd wedi rhoi'r llythyr yma ar bapur. Dw i'n eich cyfarch chi yn yr Arglwydd hefyd.

Bryd arall, roedd Paul yn llofnodi'r llythyr ei hun, fel yn 2 Thesaloniaid 3:17 ...

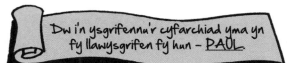

> Dw i'n ysgrifennu'r cyfarchiad yma yn fy llawysgrifen fy hun – PAUL.

Y POST

Ffrindiau'r awdur fyddai'n cario'r llythyrau i wahanol lefydd. Gallai gymryd **6–8 wythnos** i lythyr deithio o Rufain i Philipi, ac roedd y daith o Rufain i Jerwsalem yn cymryd ychydig dros **3 mis**, mewn tywydd ffafriol.

Twt lol! Byddai'r Post Ymerodrol yn cymryd hanner yr amser ...

Doedd llythyrau o Rufain yn y ganrif gyntaf oc ddim yn agor gydag 'Annwyl ...' Dyma oedd y drefn:

- agor gydag enw'r **awdur**
- ychwanegu enw'r **darllenydd**
- yna'r **cyfarchiad**

Defnyddiai Paul y dull Rhufeinig safonol, ond roedd **pwyslais Cristnogol** cryf i'w eiriau: 'Paul, carcharor Crist Iesu ... at Philemon ... Gras a thangnefedd i chwi ...'(Philemon 1:1–3).

2 THESALONIAID

Mae arbenigwyr Beiblaidd yn **anghytuno** ynghylch pwy oedd awdur y llythyr hwn at yr eglwys yn Thesalonica – Paul, ynteu **awdur diweddarach** (gweler tudalen 221). Ysgrifennwyd y llythyr oherwydd i'r awdur glywed si bod pethau'n mynd o chwith yn yr eglwys. Roedd rhai o'r Thesaloniaid yn dweud . . .

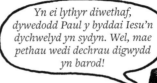

Yn ei lythyr diwethaf, dywedodd Paul y byddai Iesu'n dychwelyd yn sydyn. Wel, mae pethau wedi dechrau digwydd yn barod!

Gwych!

Mewn ymateb i'w dryswch ynghylch amseriad yr **ail ddyfodiad**, anfonodd yr awdur lythyr yn esbonio beth fyddai hyn yn ei olygu. **Meddai** . . .

- Byddai ail ddyfodiad Crist yn gwbl ddigamsyniol ac yn **gataclysmig**. Yn 2 Thesaloniaid 1:7–10, ceir disgrifiad manwl o'r hyn fyddai'n digwydd.

- Cyn ail ddyfodiad Crist, byddai **gwrthryfel byd-eang** yn torri allan yn erbyn Duw, dan arweiniad 'yr un digyfraith'. Ond ni allai ddigwydd eto oherwydd bod grym daioni'n cadw rheolaeth ar ddrygioni (2 Thesaloniaid 2:1–12).

- Yn y cyfamser, dylai Cristnogion Thesalonica **weithio'n galed** yn hytrach na byw bywydau segur (2 Thesaloniaid 3:6–15).

... pan fydd yr Arglwydd Iesu yn dod i'r golwg eto. Bydd yn dod o'r nefoedd gyda'i angylion cryfion. Gyda thân yn llosgi'n wenfflam ...

Ail ddyfodiad Iesu, yn 2 Thesaloniaid 1:1–7

I TIMOTHEUS

Mae'r llythyr hwn at Timotheus yn un o grŵp o dri llythyr. Ysgrifennwyd nhw **ar ddiwedd bywyd Paul**, er bod arbenigwyr Beiblaidd yn **anghytuno** ai ef oedd yr awdur ai peidio (gweler tudalen 221). Mae'r llythyrau'n dangos bod Paul yn poeni beth fyddai tynged yr **eglwysi** y gofalodd amdanyn nhw dros yr holl flynyddoedd. Cyfeiriwyd y llythyrau at ddau o'i gynorthwywyr agosaf, sef **Timotheus** a **Titus**, i'w cynghori beth i'w wneud.

Pwy oedd y Timotheus 'ma, felly?

Dyn ifanc oedd Timotheus (er ei fod, mae'n debyg, dros 40 oed pan ysgrifennwyd 1 Timotheus); Iddewes oedd ei fam, a'i dad yn Roegwr. Daeth yn Gristion pan ymwelodd Paul â Lystra, ei dref enedigol.

Y tro nesaf y galwodd Paul heibio, recriwtiodd Timotheus i ymuno â'r grŵp teithiol (Actau 16:1–5). O hynny mlaen, bu Timotheus yn weithiwr ffyddlon i Paul, a sonnir amdano'n aml ar ddiwedd ei lythyrau.

Dyn ifanc go ddihyder oedd Timotheus, a dyna pam fod Paul, yn 1 a 2 Timotheus, yn rhoi cyfarwyddiadau mor bendant iddo.

Gelwir y tri llythyr uchod yn 'llythyrau bugeiliol', ac ysgrifennwyd nhw at arweinwyr eglwysig.

Mae 1 Timotheus yn canolbwyntio ar **dri maes allweddol . . . Dysgeidiaeth gau** (pennod 1) – dywedir wrth Timotheus am sefyll yn gadarn. **Bywyd yn yr eglwys** (penodau 2 a 3) – canolbwyntir yma ar addoliad ac arweinwyr eglwysig. **Arweinyddiaeth Timotheus** (penodau 4 a 5) – mae'r awdur o'r diwedd yn rhoi cyngor personol i Timotheus.

2 TIMOTHEUS

Y farn gyffredinol yw mai 2 Timotheus oedd y **llythyr olaf i Paul ei ysgrifennu**.

O, na! Ydy hon yn stori drist?

Ddim mewn gwirionedd. Mae'r llythyr yn cynnwys geiriau o **ddiolch**, **anogaeth**, **rhybuddion** ynghylch y dyfodol, **gobaith** a **llawenydd**. Mae'n dangos bod Paul yn wynebu marwolaeth heb ronyn o hunandosturi na chwyno am ei sefyllfa. Unwaith eto, roedd e mewn carchar yn Rhufain – am y tro olaf, gan fod ei ddienyddiad ar fin digwydd (2 Timotheus 4:6).

Mae 2 Timotheus yn darllen bron fel **ewyllys a thestament olaf Paul**. Mae'n cynnwys geiriau olaf Paul wrth Timotheus, **partner iau** Paul yn y ffydd, yn ei atgoffa o'r holl brofiadau gafodd y ddau gyda'i gilydd, ac yn dweud wrtho sut i ymddwyn fel olynydd iddo.

Daw'r rhan **fwyaf cynhyrfus** ym mhennod 4, sy'n crynhoi **natur arwrol** bywyd a gwaith Paul . . .

Dw i wedi ymladd yn galed, dw i wedi rhedeg y ras i'r pen, a dw i wedi aros yn ffyddlon. Bellach mae'r wobr wedi'i chadw i mi, sef coron y bywyd cyfiawn. Bydd yr Arglwydd, y Barnwr cyfiawn, yn ei chyflwyno hi i mi ar y diwrnod pan ddaw yn ôl ...

2 Timotheus 4:7–8

PAUL

EI FLYNYDDOEDD OLAF

Beth ddigwyddodd i'r apostol Paul? Mae ei hanes fel petai'n gorffen yn Actau 28.

Dywed llyfr yr Actau wrthym fod **Paul wedi cael ei arestio** gan yr awdurdodau Rhufeinig yn Jerwsalem, yn dilyn terfysg (Actau 21). Fel dinesydd Rhufeinig, roedd ganddo **hawl i apelio** o flaen yr **ymerawdwr** ei hun. Pan geisiodd wneud hyn, anfonwyd ef mewn llong i Rufain (Actau 27). Ar ddiwedd Actau, mae Paul **dan arestiad tŷ**. Bu'n byw mewn eiddo ar rent am ddwy flynedd wrth aros ei brawf o flaen yr ymerawdwr. Ond beth ddigwyddodd wedyn?

Mae'r llythyrau bugeiliol (1 a 2 Timotheus, a Titus) yn rhoi pytiau o wybodaeth i ni ynghylch beth allai fod wedi digwydd i Paul . . .

ACTAU 28
Mae Paul dan arestiad tŷ yn Rhufain

Mae'n debyg fod Paul wedi bod ar brawf, a'i ryddhau, 63 oc

1 TIMOTHEUS a TITUS
Mae Paul wedi teithio i Effesus, gogledd Groeg a Chreta

2 TIMOTHEUS
Unwaith eto, mae Paul mewn carchar yn Rhufain . . . ac mae'r diwedd yn agos

Y DIWEDD

Yn 64 oc, dinistriwyd y rhan fwyaf o Rufain mewn **tân dychrynllyd**. Beiwyd yr **Ymerawdwr Nero**, ac aeth yntau ati ar unwaith i chwilio am fwch dihangol. Dewisodd y Cristnogion, oherwydd eu bod mor amhoblogaidd, a rhoddwyd nhw i farwolaeth yn y dulliau mwyaf creulon posibl. Y farn gyffredinol yw fod Paul yn un a ddioddefodd o ganlyniad i'r erledigaeth hon, a'i fod wedi'i **ddienyddio â chleddyf** tua 67 oc.

TITUS

Ysgrifennwyd y llythyr hwn at gydymaith agos i Paul ar ynys **Creta**. Roedd Titus yn cael **amser anodd**, oherwydd fod trigolion yr ynys yn benboeth ac wrth eu boddau'n dadlau. Roedd hyn yn wir hyd yn oed am **arweinwyr yr eglwysi**. Bu raid i awdur y llythyr ddweud pethau a ddylai fod yn amlwg iddyn nhw . . .

Rhaid i arweinydd fod yn ddi-fai ... peidio bod yn benstiff, nac yn fyr ei dymer. Ddim yn meddwi, ddim yn ymosodol, a ddim yn gwneud arian ar draul pobl eraill.

Titus 1:7

Sut yn y byd roedd Titus wedi glanio ymhlith y fath giwed yn y lle cyntaf?

Roedd Paul wedi mynd gyda Titus i ynys Creta ar ôl iddo gael ei **ryddhau** o'r carchar, fel y disgrifir yn Actau 28. Gadawodd Paul ei gydymaith yno i ofalu am yr **eglwys ifanc**, ac aeth yntau ymlaen ar ei daith.

HELP!

Ymddengys i'r awdur lunio'r llythyr hwn ar ôl derbyn **cri am gymorth** gan Titus. Yn ôl pob tebyg, doedd Cristnogion Creta ddim yn ei gymryd o ddifrif fel eu harweinydd, a bwriad y llythyr oedd rhoi cefnogaeth gwbl angenrheidiol iddo.

Mae'r awdur yn defnyddio iaith gref: rhaid i Titus **geryddu'n hallt, addysgu, cymell** a **rhybuddio'r** eglwys, gan ddefnyddio'i awdurdod llawn. Nid ar gyfer Titus yn unig y bwriadwyd y llythyr, ac mae'n sicr ei fod wedi rhoi nerth iddo mewn sawl sefyllfa anodd.

Heracleon ■

Creta: doedd cyfnod Titus yma ddim yn un ymlaciol

Philemon

Testun y llythyr byr, personol, hwn a ysgrifennwyd gan Paul, yw gwas o'r enw **Defnyddiol**. Dyna'n union beth roedd ei feistr yn ei alw (**Onesimus** yw'r gair Groegaidd am 'defnyddiol').

Ond tipyn o jôc oedd yr enw, oherwydd gwas pur anobeithiol oedd Defnyddiol; ar ôl **lladrata** oddi ar ei feistr, **rhedodd i ffwrdd**. Byddai unrhyw was yn cael ei gosbi'n llym am wneud y fath beth.

Caethwasiaeth

Roedd nifer o eglwysi'r cyfnod yn cynnwys caethweision a meistri. Beth, felly, oedd barn Paul am gaethwasiaeth?

- *Dywedodd wrth gaethweision am fod yn dda wrth eu gwaith, ond y dylen nhw ennill eu rhyddid os gallent.*

- *Dywedodd wrth y meistri am drin eu caethweision yn garedig.*

- *Er na wnaeth Paul wrthwynebu caethwasiaeth yn agored, roedd yn ei weld fel un o'r pethau roedd Crist wedi dod i'w ddinistrio (gweler Galatiaid 3:28).*

Ond cyfarfu **Defnyddiol â Paul**, a dod yn Gristion. O'r diwedd, dechreuodd bywyd y gwas gyfateb i'w enw, a daeth yn gydymaith gwerthfawr i Paul yn y carchar. Cyffesodd mai gwas ar ffo oedd e, a sylweddolwyd fod ei feistr, **Philemon**, yn Gristion ac yn hen ffrind i Paul.

Felly, trefnodd Paul i **anfon Defnyddiol yn ôl** at Philemon, ynghyd â'r llythyr hwn. Mewn ffordd ysgafn ac ystyriol, ymbiliodd Paul arno i . . .

Wel . . . gallwch ddarllen yr hanes drosoch eich hun!

HEBREAID

Am lyfr od! Dwi'n cael trafferth i fynd ymhellach nag adnod 4 . . .

Mae'r rhan fwyaf o bobl sy'n dechrau darllen y llythyr at yr Hebreaid yn ei weld fel **llyfr dieithr** iawn. Dyw hynny ddim yn syndod, gan iddo gael ei ysgrifennu ar gyfer grŵp penodol o bobl a chanddynt broblemau arbennig. Ond mae neges Hebreaid yn **rhyfeddol o gyfoethog**, felly mae'n werth ceisio dirnad beth oedd bwriad yr awdur wrth ei ysgrifennu.

Mae'n bur debyg mai ar gyfer **Cristnogion Iddewig** yr ysgrifennwyd Hebreaid. Awgrymwyd gan rai arbenigwyr ei fod wedi'i fwriadu ar gyfer **grŵp o offeiriaid** y deml yn Jerwsalem, a oedd wedi cael tröedigaeth yn gynnar yn llyfr yr **Actau**.

> **Roedd neges Duw yn mynd ar led, a nifer y disgyblion yn Jerwsalem yn tyfu'n gyflym. Roedd nifer fawr o'r offeiriaid Iddewig yn dilyn y Meseia hefyd.**
>
> *Actau 6:7*

Pwy bynnag oedden nhw, roeddent wedi wynebu **gwrthwynebiad llym** oherwydd eu ffydd newydd. Caent eu temtio i **roi'r cyfan o'r neilltu** a dychwelyd at Iddewiaeth.

Mae'r holl erledigaeth 'ma'n rhoi pen tost i mi! Beth am i ni fynd yn ôl at ein hen ffydd? Wedi'r cyfan, yr un Duw yw e . . .

Mae awdur Hebreaid yn ymateb i'r **demtasiwn i droi'n ôl** at yr hen grefydd. Dyw dychwelyd at y ffydd Iddewig, meddai, ddim yn opsiwn. Mae'n dangos bod **Iesu'n fwy** na hyd yn oed elfennau mwyaf gwerthfawr ffydd Iddewig yr Hen Destament . . .

ANGYLION

Yn y ffydd Iddewig, roedd angylion yn negeswyr pwysig a anfonid gan Dduw. Ond roedd Iesu'n llawer pwysicach – ef oedd Mab Duw. Mae ei neges hefyd yn bwysicach. Hebreaid 1–2

MOSES

Roedd Moses yn ffigur canolog i'r ffydd Iddewig – cyflwynodd Duw y Gyfraith iddo ar Fynydd Sinai. Er hynny, dim ond gwas ffyddlon oedd Moses; Iesu oedd Mab Duw. Hebreaid 3:1–6

ARCHOFFEIRIAD

Roedd yr Archoffeiriad Iddewig yn aberthu anifeiliaid i dalu am bechodau'r bobl. Ond Iesu ei hun oedd yr Archoffeiriad perffaith – ni chyflawnodd ef ei hun unrhyw bechod. Hebreaid 4:14 – 7:28

ABERTHU

Roedd y ffydd Iddewig yn ddibynnol ar system o addoli lle aberthid anifeiliaid i dalu am bechodau'r ddynoliaeth. Marwolaeth Iesu oedd yr aberth berffaith, ac nid oedd angen ei gwneud ond unwaith. Hebreaid 9:11–28

CYTUNDEB SINAI

Trefniant dros dro oedd yr hen gytundeb ('hen destament') rhwng Duw ac Israel. Daeth marwolaeth Iesu â chytundeb newydd ('testament newydd') yn ei sgil, ac mae hwnnw'n barhaol. Hebreaid 12:18 – 24

Mae'r awdur wedi miniogi ei neges â chyfres o rybuddion ac anogaeth.

Rhybuddion – mewn rhai rhannau (e.e. Hebreaid 6:4–6), mae'r awdur yn dweud y byddai ymwrthod â'r ffydd Gristnogol yn weithred ddi-droi'n-ôl.

Anogaeth – Mae Hebreaid 11 a 12 yn ddwy o'r penodau mwyaf nodedig yn y Beibl cyfan. Ym mhennod 11 crynhoir ffydd gadarn pobl Dduw yn y gorffennol, ac ym mhennod 12 gelwir arnon ninnau i ddilyn yr esiampl hon.

IAGO

Iago? Pa Iago?

Cafwyd peth **anghytuno** ynghylch pa Iago oedd awdur y llythyr hwn. Y farn gynharaf oedd mai **un o frodyr iau Iesu** oedd e. Yn dilyn marwolaeth ac atgyfodiad Iesu, daeth Iago'n gredinwr ac yn **arweinydd yr eglwys** yn Jerwsalem. Posibilrwydd arall yw mai un o edmygwyr diweddarach Iago oedd yr awdur.

Yn wahanol i lythyrau Paul, mae'r pwyslais yn llythyr Iago ar **faterion ymarferol** a wynebai'r Cristnogion a'r gymuned Gristnogol. Craidd y llyfr yw'r **cysylltiad hollbwysig** rhwng ffydd a gweithred (Iago 2:14–26). Mae Iago'n ymosod ar y math o ffydd sy'n **credu un peth** ac yn **gwneud rhywbeth gwahanol**. Mae'n crynhoi ei ymosodiad trwy ddweud . . .

> 66 Os ydy'r 'credu' ddim yn arwain at wneud rhywbeth, mae'n farw gelain. 99

Iago 2:17

MEWN NEU MAS?

Mae rhai pobl wedi cwestiynu a ddylai Iago gael ei le yn y Testament Newydd o gwbl. Nid yw wedi'i gynnwys yn rhai o'r rhestrau cynharaf o lyfrau canonaidd.

Beirniad mwyaf adnabyddus Iago oedd Martin Luther (1483–1546), a oedd o'r farn fod Iago'n gwrth-ddweud athrawiaeth Paul ar gyfiawnhad trwy ffydd yn unig. Yn ôl Luther, roedd Iago'n . . .

epistol o wellt

Mae Iago'n mynd yn ei flaen i ddangos sut mae'r 'ffydd weithredol' hon yn gweithio mewn sefyllfaoedd ymarferol . . .

Y tlodion
(Iago 2:1–13)

Llefaru
(Iago 3:1–12)

Cweryla
(Iago 4:1–12)

Cyfoeth
(Iago 5:1–6)

1 ⟨fish⟩ PEDR

Ysgrifennwyd y llythyr hwn i helpu Cristnogion i baratoi ar gyfer cael eu **herlid** gan y wladwriaeth Rufeinig. Mae'n un o'r llythyrau **mwyaf poblogaidd** yn y Testament Newydd, oherwydd ei naws gynnes a'i anwyldeb tuag at y darllenwyr.

O gyfnod cynnar iawn credid fod **Pedr**, un o ddisgyblion cyntaf Iesu, wedi ysgrifennu'r llythyr hwn **o Rufain**. Mae arbenigwyr cyfoes, fodd bynnag, o'r farn mai un o ddilynwyr diweddarach Pedr oedd yr awdur. Cysylltir Pedr ag erledigaeth, gan iddo ddioddef yn sgil y don gyntaf o erledigaeth dan yr ymerawdwr sadistaidd **Nero**.

> *Ond sut digwyddodd hynny? Ro'n i'n meddwl bod y Rhufeiniaid yn oddefgar o'r Cristnogion ar y dechrau . . .*

Roedd hynny'n wir – tan nawr. Ym mis Gorffennaf 64 OC, dinistriwyd Rhufain gan **dân erchyll**. Ym marn y torfeydd cynddeiriog, ar Nero roedd y bai – ond roedd e'n beio'r Cristnogion diniwed. Manylodd **Tacitus**, yr hanesydd Rhufeinig, ar yr erledigaeth greulon a ddioddefwyd gan y Cristnogion . . .

> Cawsant eu gorchuddio â chrwyn anifeiliaid, a'u llarpio i farwolaeth gan gŵn; croeshoeliwyd rhai, a rhoddwyd eraill ar dân i oleuo'r tywyllwch ar ddiwedd y dydd.

Tacitus

Ysgrifennwyd y llythyr at Gristnogion yn yr ardal sydd bellach yn rhan o **Dwrci**. Math o lawlyfr yw e, i alluogi Cristnogion i oroesi erledigaeth **heb golli eu ffydd**.

Yn groes i'r disgwyl, mae'r llythyr yn llawn **llawenydd**, gyda'r awdur yn dweud wrth ei ddarllenwyr . . .

- *Mae gennych obaith byw. Mae bywyd newydd Iesu'n rhoi nerth i chi'n awr, a'i ail ddyfodiad yn rhoi gobaith i chi i'r dyfodol.*

- *Rydych yn dioddef yn yr un modd ag y gwnaeth Iesu – ef yw eich esiampl.*

- *Gelwir arnoch i ddilyn Iesu yn y modd rydych yn byw, o'i gymharu â'r modd y mae gweddill y byd yn byw.*

2 PEDR

Ysgrifennwyd llythyr 2 Pedr yn **hwyr iawn**; mae nifer o arbenigwyr yn ei ddyddio tua 130 OC, ganrif ar ôl marwolaeth Iesu, gan olygu mai hwn oedd y **llyfr olaf** yn y Beibl i gael ei ysgrifennu. Os felly, rhaid bod yr awdur yn rhywun oedd yn edmygu **Pedr**, disgybl Iesu, ddigon i ysgrifennu yn ei enw ef (gweler tudalen 221 am esboniad pam roedd awduron yn gwneud hyn).

Mae **dwy brif thema** i'r llythyr.

Athrawon ffals

Yn mhennod 2, mae'r awdur yn tywallt llif anhygoel o **ymosodol** yn erbyn yr athrawon gau yn yr eglwys, gan eu portreadu fel ci yn 'troi'n ôl at ei gyfog ei hun' a 'hwch yn ymdrybaeddu yn y llaid'. Dyma enghraifft o'i arddull . . .

> Mae'r bobl yma fel ffynhonnau heb ddŵr ynddyn nhw! Cymylau sy'n cael eu chwythu i ffwrdd gan gorwynt! Mae'r tywyllwch dudew yn barod i'w llyncu nhw!
>
> 2 Pedr 2:17

Yr ail ddyfodiad

Mae pennod 3 o'r llythyr yn canolbwyntio ar ail ddyfodiad Iesu, ac yn mynd i'r afael â **siom** yr eglwys fore nad yw hyn yn debygol o **ddigwydd ar unwaith**. Mae'n esbonio . . .

> I'r Arglwydd mae un diwrnod fel mil o flynyddoedd...
>
> 2 Pedr 3:8

Ymddengys fod awdur 2 Pedr wedi copïo talp o destun o lyfr Jwdas (ailadroddir bron y cyfan o Jwdas yn 2 Pedr, pennod 2!). Dyma un rheswm pam y bu bron i'r llyfr hwn gael ei adael allan o'r Testament Newydd.

1, 2 + 3 Ioan

Roedd y llythyrau hyn ymhlith y **rhannau olaf** o'r Testament Newydd i gael eu hysgrifennu. Y farn draddodiadol oedd mai'r awdur oedd yr apostol Ioan, a oedd hefyd yn awdur **Efengyl Ioan**.

Mae **1 Ioan** yn darllen yn debycach i bamffled nag i lythyr. Mae'n annog Cristnogion i garu Duw a charu'i gilydd, ac yn rhybuddio yn erbyn gelynion y ffydd. Llythyr go iawn yw **2 Ioan**, a ysgrifennwyd â'r un amcanion ag 1 Ioan. Cyfeiriwyd y llythyr at 'Yr Arglwyddes Etholedig' (sef eglwys leol) 'a'i phlant' (yr aelodau).

Llythyr personol at Gaius, un o'r arweinwyr eglwysig, yw **3 Ioan**. Mae'n cynnig anogaeth, ac yn ei rybuddio yn erbyn arweinydd braidd yn falch mewn eglwys gyfagos.

Beth, felly, oedd gan **elynion y ffydd** i'w ddweud?

> *Gwrandewch! Mae gen i ddysgeidiaeth newydd i chi! Mae popeth corfforol yn gwbl aflan ... yn cynnwys ein cyrff. Felly, doedd Iesu ddim yn berson go iawn, oherwydd allai Duw fyth fod yn ddynol a chanddo gorff (ych a fi). Hefyd, gan fod ein cyrff yn aflan beth bynnag, does dim gwahaniaeth beth wnawn ni â nhw. Gallwn ymddwyn fel y dymunwn!*

Atebodd Ioan hyn yn ei lythyr cyntaf trwy ddweud ...

- Person o **gig a gwaed** oedd Iesu; roedd Ioan wedi ei glywed, ei weld a'i gyffwrdd (1 Ioan 1:1).

- Rhaid i ni fyw yn ôl dymuniad Duw, oherwydd **goleuni yw Duw** (1 Ioan 1:5–7), nid tywyllwch.

- Y gair sy'n ymddangos dro ar ôl tro yn llythyrau Ioan yw **cariad**. Dyma sydd wrth wraidd bod yn Gristion.

Cariad ydy Duw
1 Ioan 4:8

Carwch eich gilydd
2 Ioan 1:5

JWDAS

Fel cynifer o lythyrau'r Testament Newydd, ysgrifennwyd Jwdas er mwyn ymosod ar **athrawon ffals** oedd wedi treiddio i mewn i'r eglwys. (Yn eironig, bu heresi'n werthfawr i'r ffydd Gristnogol oherwydd iddo orfodi Jwdas, Ioan, Paul ac awduron eraill i esbonio'n fwy manwl beth yn union roedden nhw'n ei gredu.)

Pwy oedd y Jwdas 'ma, felly?

Yn draddodiadol, câi ei adnabod fel **brawd iau** Iesu. Ar ddechrau ei lythyr mae'n cyfeirio ato'i hun fel 'brawd **Iago**', a gwyddom fod gan Iesu ddau frawd â'r enwau hynny (Marc 6:3).

Yn ôl Jwdas, roedd ar ganol ysgrifennu llythyr hir, mwy manwl, yn esbonio'r ffydd Gristnogol, pan dderbyniodd **newyddion drwg** i ddweud bod yr athrawon ffals wedi bod wrthi eto'n lledaenu celwyddau. Penderfynodd Jwdas osod y llythyr cyntaf i'r naill ochr, ac yn lle hynny ysgrifennodd **ymosodiad tanllyd** ar yr athrawon ffals. Mae Jwdas yn fwyaf adnabyddus am y **fawlgan** ysbrydoledig sy'n cloi ei lyfr . . .

Stopia sgrifennu!

Clod i Dduw! Fe ydy'r un sy'n gallu'ch cadw chi rhag llithro. Fe fydd yn eich galw i mewn i'w gwmni bendigedig, yn gwbl ddi-fai, i gael profi llawenydd anhygoel! Fe ydy'r unig Dduw, sy'n ein hachub ni drwy Iesu Grist ein Harglwydd. Mae e'n haeddu ei foli a'i fawrygu, ac mae ganddo nerth ac awdurdod absoliwt. Mae hynny o'r dechrau cyntaf, yn awr yn y presennol, ac am byth! Amen.

Jwdas, adnodau 24–25

Y DIWEDD

Does yr un llyfr tebyg i'r Beibl am gynhyrchu **diweddglo cwbl unigryw**. Mae'r llyfr olaf un yn y Beibl yn cynnwys miloedd o bobl, corau o seintiau ac angylion, brwydr ffyrnig rhwng grymoedd **goleuni a thywyllwch**, a pharadwys a adenillwyd ar gyfer y cyfiawn. Mae hyn yn golygu bod y Beibl yn agor ac yn cloi **gyda Duw**, ac â'r addewid y bydd y stori ddynol – er gwaethaf aml bennod llawn dioddefaint ac anobaith – yn **diweddu mewn cariad**.

Datguddiad – *yn codi'r llen ar yr hyn mae Duw'n ei wneud tra bod y byd yn simsanu trwy ddioddefaint ac erchylltra dyddiau olaf hanes y ddynoliaeth. Er bod y cymeriadau braidd yn 'dabloidaidd' – yn cynnwys y diafol a phutain Babilon – mae rhyw fawredd rhyfeddol yn perthyn i'r llyfr na welir mo'i debyg yn unman arall yn y Beibl.*

DATGUDDIAD

Yr Apocalyps yw'r enw arall ar lyfr Datguddiad – gair Groegaidd sy'n golygu **dadorchuddio** neu **ddatgelu** rhywbeth cuddiedig. Ysgrifennwyd y llyfr gan Gristion o'r enw Ioan, pan oedd ar ynys **Patmos**, Groeg.

Nage wir, yn anffodus. **Alltudiwyd** Ioan i Patmos fel cosb am fod yn Gristion. Roedd Cristnogion ar hyd a lled yr ymerodraeth yn cael eu **herlid**, a bwriad y llyfr hwn oedd eu helpu i fod yn gryf a gorchfygu eu treialon.

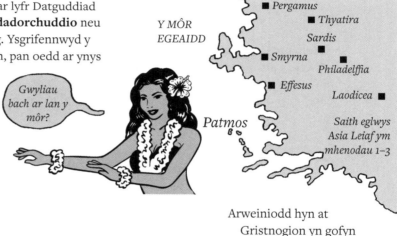

Y MÔR EGEAIDD

■ Pergamus
■ Thyatira
Sardis
■ Smyrna
Philadelffia ■
■ Effesus
Laodicea ■

Patmos

Saith eglwys Asia Leiaf ym mhenodau 1–3

Gwyliau bach ar lan y môr?

Arweiniodd hyn at Gristnogion yn gofyn **cwestiynau** megis . . .

Pam mae drygioni'n drech na daioni?

Fyddwn ni i gyd yn cael ein dinistrio?

Pa mor hir fydd raid aros cyn i Dduw <u>wneud rhywbeth?</u>

Yr Ymerawdwr Domitian, a fu'n llywodraethu rhwng 81 a 96 OC, gychwynnodd yr erledigaeth oedd, mae'n debyg, yn gefndir i apocalyps Ioan. Dechreuodd Domitian ei alw'i hun yn 'feistr a duw', gan orfodi pobl i'w addoli. Câi unrhyw un a wrthodai wneud hynny ei weld fel bradwr, a wynebu'r posibilrwydd o gael ei ladd. Bu raid i nifer fawr o Gristnogion ddioddef a marw dros eu ffydd yn y cyfnod hwn.

Ymateb uniongyrchol oedd apocalyps Ioan i'r dryswch, yr amheuaeth a'r anobaith a deimlid gan lawer o Gristnogion. Daeth yr apocalyps iddo mewn cyfres o **weledigaethau bisâr**, sy'n debyg yn eu hanfod i'r gweledigaethau a geir yn llyfrau **Daniel** a **Sechareia** yn yr Hen Destament.

Sut roedd y llyfr yn helpu'r Cristnogion oedd yn cael eu herlid?

Mae gweledigaethau Ioan yn rhoi cipolwg i ni y **tu ôl i lenni hanes**. Er bod gwrthryfel ffyrnig rhwng grymoedd drygioni a daioni, Duw yw **llywodraethwr diamod** y cyfan sy'n digwydd. Yn ôl y llyfr, er bod Rhufain a'i drygioni'n ymddangos fel petai'n rheoli'r cyfan, dylech ymddiried yn Nuw, **Brenin y brenhinoedd** ac **Arglwydd yr arglwyddi**.

Mae rhestr o brif gymeriadau'r llyfr yn rhoi syniad i chi o gynnwys gweledigaethau Ioan, a gall eich helpu i ddod o hyd i'ch ffordd o gwmpas . . .

YR OEN
Symbol o Iesu, a roddodd ei fywyd yn aberth (penodau 5, 14 a 19).

Y PEDWAR MARCHOG
Maen nhw'n dod â choncwest, rhyfel, newyn a marwolaeth (pennod 6).

SAITH ANGEL Â SAITH UTGORN
Mae pob sain ar yr utgorn yn cyhoeddi barn Duw (penodau 8–11).

Y WRAIG YN RHOI GENEDIGAETH
Mae hi'n cynrychioli pobl Dduw, a'i phlentyn yw y meseia (pennod 12).

Y DDRAIG
Mae ganddi saith pen a deg corn – mae'n symbol o Satan (penodau 12 a 20).

BWYSTFILOD Y DDAEAR A'R MÔR
Symbolau o bŵerau ac awdurdodau gwrth-Dduw (pennod 13).

SAITH ANGEL Â SAITH PLA
Plâu sy'n debyg i'r rhai yn Exodus (penodau 15–16).

PUTAIN BABILON
Symbol o ddinas Rhufain – ond mae gan bob cyfnod ei 'Fabilon' ei hun (penodau 17–18).

Y BRIODFERCH
Mae hi'n gwbl wahanol i butain Babilon, ac yn cynrychioli'r eglwys (pennod 19).

MARCHOG Y CEFFYL GWYN
Hwn yw Mab Duw yn ei rym anhygoel (pennod 19).

Daw'r llyfr i ben ym mhenodau 21 a 22 gyda gweledigaeth o'r **nef newydd a'r ddaear newydd**. Mewn modd hynod ddramatig, mae'r penodau hyn yn disgrifio sut y cwblheir gwaith Duw yn Iesu, trwy ail-greu byd a ddifethwyd gan bechod dynol.

y Saith eglwys

Cyfeiriodd Ioan lyfr y Datguddiad at **saith eglwys** yn nhalaith Rufeinig Asia (sef gorllewin Twrci heddiw – gweler y map ar dudalen 252). Mae tair pennod gyntaf Datguddiad yn cynnwys saith **nodyn byr**, a phob un wedi'i gyfeirio at un o'r saith eglwys.

POST MÔR

At: Eglwysi yn Effesus, Smyrna, Pergamus, Thyatira, Sardis, Philadelffia a Laodicea

Mae gan Ioan neges arbennig oddi wrth Dduw i bob un o'r saith eglwys, a'r un **strwythur** sydd i bob nodyn byr . . .

Beth yw'r cynnwys, felly?

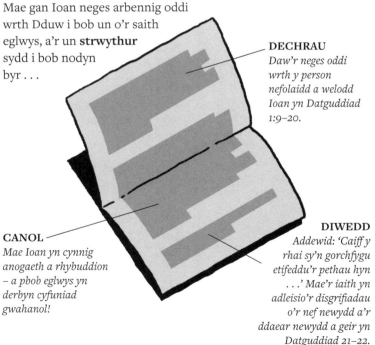

DECHRAU
Daw'r neges oddi wrth y person nefolaidd a welodd Ioan yn Datguddiad 1:9–20.

CANOL
Mae Ioan yn cynnig anogaeth a rhybuddion – a pbob eglwys yn derbyn cyfuniad gwahanol!

DIWEDD
Addewid: 'Caiff y rhai sy'n gorchfygu etifeddu'r pethau hyn . . .' Mae'r iaith yn adleisio'r disgrifiadau o'r nef newydd a'r ddaear newydd a geir yn Datguddiad 21–22.

Ar ddiwedd y ganrif gyntaf OC, wynebai'r saith eglwys **nifer o broblemau**, yn cynnwys apostolion gau, crefyddau paganaidd, addoli'r ymerawdwr, ac erledigaeth. Yn ogystal, ceid **problemau mewnol**: y cariad tuag at Dduw yn oeri, ynghyd â difaterwch ac anfoesoldeb. Derbyniodd yr eglwysi **rybuddion** diflewyn-ar-dafod ynghylch pob un o'r rhain.

DEALL Y CYFAN

Am beth mae llyfr y Datguddiad yn sôn?

Mae llyfr y Datguddiad yn anodd iawn ei ddeall. A gafodd ei ysgrifennu mewn cod, tybed? Ydy e'n rhoi dyddiad i ni pryd y daw'r byd i ben? Pwy yw'r Anghrist? Beth ar y ddaear yw ystyr y cyfan? Dyma i chi dri darn o gyngor i'ch helpu i ddechrau mynd i'r afael â'r llyfr gwych-ond-rhyfedd hwn . . .

1 Dechreuwch gyda'r gorffennol

Dechreuwch trwy edrych ar y llyfr trwy lygaid y darllenwyr cyntaf. Mae'r un peth yn wir am unrhyw ran o'r Beibl. Roedd y darllenwyr cyntaf yn dioddef erledigaeth ac yn chwilio am gysur ac anogaeth. Drwy'r llyfr, bydden nhw'n gweld cyfeiriadau at Rufain a'r gobaith y câi ei dinistrio'n llwyr.

2 Ewch ymlaen i'r dyfodol

Mae Datguddiad yn edrych ymlaen at ddiwedd amser – nid yn unig at gwymp ymerodraeth yr hen Rufain. Mae barn Duw ar yr ymerodraeth Rufeinig yn ddarlun o'r hyn a wnaiff i bob pŵer dieflig – yn y gorffennol, y presennol a'r dyfodol. Mae dwy lefel o broffwydoliaeth ar waith yma: un yn ymwneud â chwymp Rhufain, a'r llall â chwymp y drygioni oedd yn ysbrydoli Rhufain.

3 Peidiwch â phoeni am y manylion

Mae rhai awduron yn ceisio dod o hyd i ystyron modern ar gyfer y manylion lleiaf yn y llyfr, tra bod eraill yn ei ddefnyddio i geisio pennu dyddiad ar gyfer yr ail ddyfodiad. Gwell fyddai osgoi'r math yma o beth yn llwyr. Nid llyfr o god, yn aros i gael ei ddatrys, yw Datguddiad.

Y DIWEDD